DJIHAD.CA

Catalogage avant publication de Bibliothèque et Archives nationales du Québec et Bibliothèque et Archives Canada

Pierrebourg, Fabrice de
Djihad.ca : loups solitaires, cellules dormantes et combattants
ISBN 978-2-89705-385-7
1. Islamisme - Canada. 2. Jihãd. I. Larouche, Vincent, 1983- .
II. Titre.
BP173.7.P532 2015 320.55'70971 C2015-940404-5

Présidente : Caroline Jamet
Directeur de l'édition : Éric Fourlanty
Directrice de la commercialisation : Sandrine Donkers
Responsable, gestion de la production : Carla Menza
Communications : Marie-Pierre Hamel

Éditeur délégué : Yves Bellefleur
Conception graphique : Simon L'Archevêque
Révision linguistique : Élise Tétreault
Correction d'épreuves : Michèle Jean
Photos de couverture :
En haut, à droite : W. Lloyd MacKenzie, via Flickr
@ http://www.flickr.com/photos/saffron_blaze/
Au centre, à gauche : Édouard Plante-Fréchette, *La Presse*

L'éditeur bénéficie du soutien de la Société de développement des entreprises culturelles du Québec (SODEC) pour son programme d'édition et pour ses activités de promotion.

L'éditeur remercie le gouvernement du Québec de l'aide financière accordée à l'édition de cet ouvrage par l'entremise du Programme de crédit d'impôt pour l'édition de livres, administré par la SODEC.

Nous reconnaissons l'aide financière du gouvernement du Canada par l'entremise du Fonds du livre du Canada (FLC).

Nous remercions le Conseil des arts du Canada de l'aide accordée à notre programme de publication.

Dépôt légal — 3e trimestre 2015
ISBN 978-2-89705-385-7
Imprimé et relié au Canada

LES ÉDITIONS **LA PRESSE**
Les Éditions La Presse
7, rue Saint-Jacques
Montréal (Québec)
H2Y 1K9

Fabrice de Pierrebourg
avec Vincent Larouche

DJIHAD.CA

LOUPS SOLITAIRES, CELLULES DORMANTES ET COMBATTANTS

LES ÉDITIONS **LA PRESSE**

TABLE DES MATIÈRES

Préambule

—

QUAND LE « PETIT VOISIN » DEVIENT TERRORISTE...

« Nous comprenons jusqu'à un certain point le processus de radicalisation, mais il nous reste encore beaucoup de questions sur la façon dont le petit voisin devient un kamikaze ou un extrémiste préparant un attentat terroriste contre une cible civile. »

Cette phrase extraite d'un rapport interne du Service canadien du renseignement de sécurité (SCRS) portant sur les radicalisateurs et la menace extrémiste intérieure n'a pas été rédigée après les deux attentats successifs d'octobre 2014 à Saint-Jean-sur-Richelieu et à Ottawa, mais sept ans plus tôt, en 2007.

Les années ont passé, mais on se perd tout autant en conjectures. Les questions sont toujours aussi nombreuses, les réponses multiples et les désaccords fréquents. Pourquoi ? En partie parce qu'il n'y a pas de processus de radicalisation unique et encore moins de profil type du radicalisé, comme vous le constaterez au fil des pages de cet ouvrage.

La seule différence comparativement à 2007, ce sont les sentiments d'urgence et de panique qui habitent désormais les gouvernements provinciaux et fédéral. Mais l'émotivité, le dogmatisme et les joutes politiques sont de mauvais conseillers. La lutte au terrorisme est un terrain miné qui exige au contraire patience, recul et froideur.

« On riait de nous il y a dix ans. Personne ne se sentait menacé et d'un seul coup tout le monde s'est réveillé. Mais le terrorisme existait déjà au Canada avant Bibeau et Rouleau », fait remarquer sur un ton mi-sarcastique, mi-dépité, l'un de nos interlocuteurs.

En effet, a-t-on oublié les « 18 de Toronto », arrêtés en 2006, qui prévoyaient entre autres de prendre le parlement d'assaut ? Chiheb Esseghaier et Raed Jaser, neutralisés en 2014, qui avaient pour cible un train de VIA Rail ? Ou encore Saïd Namouh, le terroriste de Maskinongé dont le « grand rêve » était, disait-il, de « mourir en martyr » au volant d'une voiture bourrée d'explosifs ? Ou, dans les années 1990, la bande de la cellule de Montréal, avec en particulier Ahmed Ressam, qui voulait faire exploser l'aéroport de Los Angeles ?

Qui se souvient de l'assassinat de l'attaché militaire turc en 1982, à Ottawa, puis de l'attaque de l'ambassade turque à Ottawa, en 1985, par un commando de l'Armée révolutionnaire arménienne ? Des 52 morts dans l'explosion d'un avion de la compagnie Canadian Pacific en 1965 ? Ou encore du vol 182 d'Air India qui s'est désintégré au-dessus de l'Atlantique le 23 juin 1985 ? Les 379 passagers n'ont pas été tués au Canada, mais le complot était canadien : la bombe avait été fabriquée au Canada et placée dans l'avion à Vancouver, probablement par des extrémistes radicaux sikhs canadiens.

Et il y a Richard Henry Bain, qui a abattu froidement le technicien de scène du Métropolis Denis Blanchette en voulant s'attaquer, pour des motifs politiques, à la chef du Parti québécois, Pauline Marois, le soir de son élection, en septembre 2012. Son geste n'a pas été qualifié de terroriste par la justice, mais il correspond pourtant à la définition du Code criminel en la matière.

Cet attentat au Métropolis figure en bonne place dans la base de données du Réseau canadien de recherche sur le terrorisme, la sécurité et la société (TSAS), qui a comptabilisé 1170 évènements de nature terroriste et 450 victimes au Canada depuis 1960 !

On retrouve des points communs entre la plupart de ces extrémistes, en particulier le recours à la violence jugé légitime pour faire progresser leur cause.

De 2006 à ce jour, une vingtaine de personnes ont été condamnées pour des délits de nature terroriste inspirés par l'idéologie islamiste radicale au Canada. Des complots ont aussi été tués dans l'œuf en toute discrétion et des individus ont préféré quitter le Canada parce que la pression sur eux était trop forte.

Il y a aussi ce nouveau fléau incarné par ces dizaines de Canadiens, de plus en plus jeunes, qui abandonnent tout pour se lancer sur le chemin du djihad en Syrie et en Irak. Dans le passé, c'était l'Afghanistan, la Bosnie, la Tchétchénie, le Daghestan, la Somalie, l'Algérie… Bientôt ce sera peut-être la Libye.

Ils sont plusieurs à avoir laissé, depuis ces dernières années, des empreintes indélébiles. Des empreintes faites d'explosions, de tirs d'AK-47, de sang, de larmes et de mort. Un élan que ni les efforts des policiers ni des lois de plus en plus coercitives ne réussissent à entraver.

Et, au moment d'achever l'écriture de cet ouvrage, au début de l'été 2015, des centaines d'individus étaient sur le radar des policiers et des agents du SCRS.

Djihad.ca n'est pas un pamphlet. C'est avant tout un récit journalistique sans prétention académique ou arrière-pensée politique. Notre métier est d'enquêter sur le terrain, de rencontrer puis de raconter. Le terrorisme est l'un de nos centres d'intérêt depuis des années* au même titre que l'espionnage, le crime organisé ou les affaires de corruption.

---

* Fabrice de Pierrebourg a publié *Montréalistan - Enquête sur la mouvance islamiste* en 2007 (Stanké).

Nous ne faisons pas l'apologie de la violence. Nous ne relayons pas la propagande djihadiste. Pour comprendre, il faut écouter les arguments de chaque côté de la clôture, y compris les discours de ceux qui propagent les idées radicales et extrémistes, qu'elles nous plaisent ou non, et de ceux qui se sont laissé séduire par cette cause.

Nous ne considérons pas non plus qu'il faut banaliser cette menace, la traiter comme un phénomène marginal sans lendemain ou classer ces gestes dans la filière « acte isolé d'un fou », puis passer à autre chose. La tentation peut être grande de minimiser les gestes de Martin Couture-Rouleau et de Michael Zehaf-Bibeau sous prétexte que le nombre de victimes était peu élevé et leur niveau de préparation amateur si on compare cela avec les opérations paramilitaires des frères Kouachi à Paris ou avec le bilan des victimes des frères Tsarnaev à Boston. Grave erreur.

Djihad.ca a un parti pris. Celui d'aborder concrètement, sous l'angle humain, ce phénomène inquiétant et galopant de la radicalisation qui peut conduire à l'extrémisme violent, et celui de la menace intérieure, notamment à travers le destin, souvent tragique, de plusieurs personnages.

Ce livre tente de décrire notamment le parcours intérieur qui peut conduire un jeune Canadien à se transformer en terroriste « domestique » ou à vouloir rejoindre une terre de djihad. Il s'intéresse aussi aux acteurs qui tirent les ficelles dans l'ombre et attisent le feu. « Celui qui donne la tape dans le dos est aussi coupable que celui qui se fait sauter », avait dit le procureur de la Couronne lors du procès de Saïd Namouh.

Djihad.ca a été élaboré à partir de multiples entrevues, de témoignages, de confessions, d'échanges parfois fugaces avec des djihadistes, de rencontres sur le terrain, au Canada, en Europe et jusqu'au Moyen-Orient, y compris aux portes de l'État Islamique (EI), où nous nous sommes déplacés pour tenter de comprendre comment des centaines de djihadistes réussissent à déjouer les contrôles et à s'y volatiliser.

Pour effectuer notre travail, nous nous sommes aussi plongés dans des documents judiciaires canadiens et étrangers. Nous avons néanmoins dû faire des choix et occulter, ou aborder brièvement, certains dossiers qui ont été médiatisés dans le passé pour ne conserver que les plus représentatifs.

Nous souhaitons aussi faire deux mises au point. À propos du titre tout d'abord. Le mot « djihad » dans son sens originel signifie l'effort intérieur, notamment spirituel. Ce sont les pères fondateurs d'Al-Qaïda, en particulier le maître à penser cheikh Abdullah Azzam (assassiné en 1989), qui ont popularisé et « légitimé » lors du conflit afghan des années 1980 le terme djihad dans son sens belliqueux de combat armé défensif ou offensif.

Bien que tous les combattants et leurs groupes d'affiliation revendiquent haut et fort ce statut de djihadistes, certains experts considèrent qu'il faudrait plutôt les qualifier de néo-djihadistes, et non de djihadistes, afin d'éviter tout amalgame.

N'oublions pas que ceux qui se revendiquent de cette idéologie violente ne représentent qu'une infime fraction de la communauté musulmane. Une communauté qui, comme toutes les autres, n'est pas une et indivisible, mais présente de multiples facettes et qui est traversée, en ce qui concerne les pratiquants, par de nombreux courants religieux.

Dans cet ouvrage, il est évidemment aussi beaucoup question de l'EI, milice extrémiste sunnite qui s'est appropriée en un temps record par les armes et la terreur un large territoire en Irak puis en Syrie. L'utilisation du terme État islamique suscite la controverse dans le monde politique et journalistique parce qu'elle octroierait de facto, soutiennent ceux qui s'y opposent, le statut de nation au territoire conquis par les combattants du calife autoproclamé Abou Bakr Al-Baghdadi.

Nous avons choisi de le conserver plutôt que d'employer le terme péjoratif de « Daesh » ou encore de « groupe État islamique » que l'on peut lire et entendre ici et là. En premier lieu parce que c'est ainsi qu'il s'est baptisé. Personne ne remet en question les appellations Al-Qaïda, Jabhat-al-Nusra, Émirat du Caucase ni celui d'aucun autre groupe classé terroriste en Occident. Ensuite parce que c'est sous le vocable État islamique que ce groupe figure, par exemple, sur la liste officielle des entités terroristes établie par le Canada ou les documents officiels de l'ONU.

— Fabrice de Pierrebourg et Vincent Larouche

Égoportrait de Martin Couture-Rouleau à l'aéroport Trudeau avant son envol raté vers le Pakistan.

Michael Zehaf-Bibeau,
le mercredi 23 octobre 2014 à Ottawa.

Chapitre 1

—

LA FABRICATION D'UNE BOMBE À RETARDEMENT

Il y en aura d'autres qui vont suivre les exemples de [...] Martin Couture-Rouleau et Michael Zehaf-Bibeau au Canada et tout ce que l'Occident sera capable de faire, c'est d'attendre avec inquiétude la prochaine série de tueries puis d'émettre les mêmes déclarations de condamnation éculées et remplies de clichés.

— Extrait de la revue internet Dabiq, diffusée par l'État islamique

Saint-Jean-sur-Richelieu, le lundi 20 octobre 2014, 11 h 30. L'adjudant Patrice Vincent, du 438e Escadron tactique d'hélicoptères, vêtu de son uniforme, marche en compagnie de deux collègues, un caporal habillé en civil bientôt retraité et une autre collègue en uniforme, dans les allées du stationnement du 320, boulevard du Séminaire Nord.

Les trois militaires discutent en se dirigeant tranquillement vers l'entrée d'un édifice. Le bâtiment de deux étages en béton abrite notamment les bureaux du Centre intégré de soutien du personnel des Forces canadiennes, dont est membre Patrice Vincent, du ministère des Anciens Combattants ainsi que ceux de Services Canada et de la SAAQ.

L'adjudant Vincent en est à sa 28e année au sein des Forces. Ce gaillard de 54 ans aux cheveux poivre et sel, réputé discret, a passé une partie de sa carrière à bourlinguer dans le monde entier, en particulier sur des navires de guerre de la marine. Ses amis et collègues apprécient son humanisme et son caractère de bon vivant. C'est aussi un travailleur vaillant qui rêve à sa retraite prévue en mai 2015, où il pourra assouvir ses passions du voyage et de l'ébénisterie.

Affecté désormais à la base d'hélicoptères de Saint-Hubert, chez les « Wildcats », Vincent est aussi un « miraculé » qui a subi en 2013 une opération majeure à cœur ouvert. Mais il consacre aussi une partie de son temps aux autres, à ses collègues souffrant de blessures physiques ou psychologiques. C'est pour cette raison qu'il est appelé à se rendre fréquemment à Saint-Jean, comme en ce gris lundi d'automne fatidique. Cruel signe du destin, le caporal qui l'accompagne ce lundi est quant à lui un vétéran de l'Afghanistan.

Assis au volant d'une Nissan Altima beige, un individu suit le trio du regard avec trois couteaux à portée de la main, dont un énorme poignard au manche sculpté et à la lame dentelée et finement ciselée comme les couteaux japonais. Cela fait maintenant deux heures qu'il s'est stationné juste assez en retrait afin d'observer, sans attirer l'attention, les allées et venues des militaires toujours nombreux à cet endroit.

Sur le côté opposé du stationnement, c'est déjà l'affluence comme chaque mi-journée dans le Tim Hortons, toujours très fréquenté par les militaires. Le guichet du service au volant offre une vue directe sur l'endroit qui va bientôt servir de cadre à ce qui sera considéré comme la première attaque terroriste inspirée par l'islamisme radical au Canada.

Les trois soldats ne sont plus qu'à quelques mètres de l'entrée. Ils sont pile dans la ligne de mire. À découvert. Vulnérables. En uniforme, malgré les craintes qui circulent déjà au sein de l'armée au Québec, donc facilement identifiables.

Celui qui les observe attend ce moment avec impatience. Le moment de la vengeance. Les idées se bousculent dans sa tête. Fébrile, il démarre le moteur de son automobile et appuie de toutes ses forces sur l'accélérateur.

Il est 11 h 33. Des cris d'effroi retentissent. Un patrouilleur de la Sûreté municipale qui se trouve à quelques mètres de là pour une intervention mineure essaie de comprendre ce qui se passe, car il n'a pas de vue directe sur la scène de l'incident. C'est alors qu'il aperçoit, pétrifié, un corps projeté dans les airs.

C'est la panique dans le stationnement. Des témoins effarés se précipitent pour porter secours aux trois victimes de celui qui n'est pour le moment dans l'esprit de tous qu'un chauffard ayant commis un délit de fuite.

Martin Rouleau, qui s'est rebaptisé « Ahmad le converti », vient de réaliser son rêve. Il vient de faire payer ces mécréants, ceux qui tuent ses nouveaux frères en Afghanistan, en Irak et en Syrie.

Mais le plan qu'il a échafaudé ces derniers jours dans son cerveau perturbé par des revers et des échecs n'est pas achevé. Il profite de la confusion pour s'enfuir. Une auto-patrouille qui passe sur le boulevard à ce moment-là tente de lui barrer le chemin. En vain.

Sur leur radio, les policiers de Saint-Jean-sur-Richelieu qui viennent d'arriver sur les lieux du drame réclament deux ambulances : « On a deux victimes ! » L'adjudant Vincent qui gît au sol ensanglanté est déjà dans un triste état.

Pendant ce temps-là, d'autres auto-patrouilles se lancent dans la poursuite. Les policiers de cette ville de garnison réputée tranquille tentent de trouver une façon de prendre la Nissan en souricière et de l'intercepter sans provoquer d'accident.

Pour une raison que l'on ignore, le fuyard choisit de s'engager dans un quartier résidentiel aux rues étroites au lieu de continuer à fuir sur le boulevard. Il tourne presque en rond dans ce labyrinthe.

— Il va te tomber dans les mains, dit l'un d'eux.

— On va lui couper le chemin, répond un collègue.

Mais les policiers n'arrivent pas à stopper la Nissan. Et lorsque Rouleau s'approche d'une école, ils ralentissent la cadence, puis décident d'abandonner cette poursuite devenue trop risquée pour la sécurité de la population.

Après avoir zigzagué dans ce quartier pendant quelques minutes, Rouleau s'engage à nouveau sur le boulevard du Séminaire, mais en direction sud cette fois, vers la sortie de la ville, en direction de la frontière américaine. « Il roule à une vitesse normale », note un policier qui l'aperçoit approchant dans son champ de vision.

Le fuyard se trouve désormais au début d'une longue ligne droite bordée par des champs. Rouleau jette un œil dans son rétroviseur et constate que les policiers sont toujours lancés à sa poursuite.

Il lève un peu le pied de l'accélérateur comme s'il voulait leur permettre de le rattraper, puis saisit son téléphone portable. Il compose le 911. Le répartiteur décroche.

— C'est Martin... Je viens de frapper un soldat !

La conversation s'engage entre les deux hommes.

Rouleau parle sur un ton posé. Il dit que son geste est un « avertissement » au Canada qui vient de se lancer dans la bataille contre l'État islamique. Jamais il ne fera référence à Allah, contrairement à ce qui a été mentionné par la suite dans les médias.

— Je leur demande de débarquer de la Coalition, ajoute-t-il.

— Pourquoi tu ne te rends pas Martin ? lui demande l'employé du 911.

— Je ne me rendrai pas, réplique Rouleau, je vais croiser un autre soldat et l'abattre.

La conversation s'interrompt. Martin repart en chasse de sa ou ses prochaines victimes.

Mais dans la radio des policiers, on comprend que la fin de sa cavale est proche.

— Je le pousse vers le sud, indique l'un d'eux à ses collègues.

Une longue courbe à gauche se profile devant le capot de son automobile.

La Nissan Altima s'engage dans le virage. C'est alors que Rouleau aperçoit le tapis à clous étalé au sol, quelques mètres devant lui. Il tente une manoeuvre d'évitement, fonce vers les policiers présents, mais perd le contrôle de son auto qui finit sa course sur le toit, dans un large fossé. Perchés sur leur échafaudage, des ouvriers qui travaillent sur une maison en construction, à une centaine de mètres de là, sursautent. Ils comprennent qu'il se passe quelque chose de grave.

— Le véhicule a essayé de foncer sur B. (nom du policier) volontairement, entend-on sur les ondes.

Sur le terrain, la situation prend une tournure encore plus dramatique. Une policière s'approche avec précaution de l'auto et fracasse une vitre.

— Sortez de votre auto ! Sortez de votre auto ! crie-t-elle à Rouleau.

« Ahmad le converti » est sonné par l'accident, mais il ne s'avoue pas vaincu. Il s'extrait du véhicule en levant les bras en l'air pour simuler sa reddition, puis, dans un ultime geste de bravade, il charge la policière son poignard à la main.

— Il a un couteau… il a un couteau, crie l'un d'eux.

Il est 11 h 41. Une vingtaine de coups de feu claquent, Rouleau s'effondre, atteint à la tête et au corps devant l'objectif de la caméra du véhicule de police. Il n'était plus qu'à moins de deux mètres d'un des agents.

— Centrale, ça nous prend une ambulance, Séminaire et Schubert… un blessé par balles.

Le poignard terrifiant planté en diagonale dans le sol attirera les regards des premiers témoins qui se présentent sur la scène de crime. Au-delà du symbole, il faut se demander si le plan initial de Rouleau n'était pas d'imiter les tueurs de Woolwich, du nom de cette ville de la banlieue londonienne. En mai 2013, deux convertis djihadistes d'origine nigériane avaient renversé un soldat avec leur automobile avant de se jeter sur lui pour le larder de coups de couteau et de hachoir à viande avant d'entreprendre de le décapiter. Un vrai carnage en pleine rue sous les yeux horrifiés de dizaines de témoins.

À plusieurs reprises, y compris dans les instants qui avaient suivi cette boucherie en public, Michael Adebolajo et Michael Adebowale mentionnèrent avoir agi en représailles de la politique étrangère britannique et pour venger « les musulmans tués par des soldats britanniques ». « Choisir un soldat est ce qu'il y a de plus juste. Quand ils rejoignent l'armée, ils savent que leur vie est en danger », justifiera Adebolajo. Ce dernier pointera surtout les bombardements massifs lors de l'opération « Choc et effroi », en 2003 en Irak, comme déclencheur de son adhésion à une idéologie radicale et sa volonté de se transformer en « moudjahidin d'Al-Qaïda » impitoyable.

Quelques heures après le drame de Saint-Jean, un ami québécois d'Ahmad Rouleau écrit ceci sur Facebook :

Salam a toi vieux frere! Un ptit mot pour te dire que jpense a toi pis que jpleure la personne que j'ai connu. Que ton âme repose en paix dans ton paradis martin

Au petit matin du 21 octobre, c'est au tour de l'adjudant Patrice Vincent de rendre son dernier souffle.

Quelque part en Syrie, un jeune Torontois converti, identifié sous le pseudonyme de « Abu Khalid al-Kanadi », rend un autre type d'hommage à Martin Couture-Rouleau :

Canadian Brother Martin Rouleau rams two soldiers with his vehicle, then achieves martyrdom after police shoot him. ALLAHU AKBAR!, écrit-il sur son compte Twitter.

Le même individu, très vindicatif sur les réseaux sociaux, avait déjà appelé les musulmans canadiens à passer à l'action en réplique aux attaques aériennes lancées par le Canada dès le 7 octobre contre l'EI.

ZEHAF-BIBEAU LE LIBYEN

Pendant que des spécialistes discutaient *ad nauseam* du profil psychologique de Martin Couture-Rouleau et de la nature de son acte – attaque terroriste pour les uns, geste isolé d'un fou pour les autres –, à 200 kilomètres plus à l'ouest, en Ontario, Michael Zehaf-Bibeau, 32 ans, achevait ses préparatifs.

Ce jeune converti, qui suivait aussi sur Twitter les diatribes d'Abu Khalid al-Kanadi et communiquait aussi avec lui, quitta Ottawa le mardi 21 octobre 2014 en direction de Mont-Tremblant au volant d'une vieille Toyota Corolla 1995 sans plaque d'immatriculation, achetée 650 dollars comptant le matin même. Le papier qu'il avait fixé sur le bord intérieur gauche de la lunette arrière n'avait rien d'un certificat d'immatriculation temporaire. Il s'agissait en fait d'un bon de commande de calendriers publicitaires. L'illusion serait juste assez parfaite, devait-il se dire, pour tromper la vigilance des policiers de la province voisine.

Michael avait laissé au vendeur une drôle d'impression tant il semblait agité et stressé à cause des complications entourant le processus bureaucratique d'immatriculation de l'auto : « Il n'arrêtait pas de dire des *fuck, fuck, fuck* et il se passait nerveusement la main dans ses longs cheveux. » Le jeune homme s'était pointé chez le vendeur à 7 heures du matin et avait tambouriné avec frénésie sur sa porte d'entrée.

Le même vendeur qui avait accompagné Zehaf-Bibeau à un proche bureau de ServiceOntario pour tenter de résoudre le problème d'immatriculation fut aussi le témoin d'une violente altercation verbale entre son jeune acheteur et un autre homme qui patientait comme eux dans la file d'attente. La discussion envenimée tournait autour des interventions militaires canadiennes et américaines. Zehaf-Bibeau lança alors cette phrase à son interlocuteur : « Si des soldats bombardaient votre famille, ne voudriez-vous pas les tuer ? »

Lorsque sa tante Monique lui ouvrit la porte de sa maison à Mont-Tremblant, elle eut tout un choc. Sur le coup, elle ne reconnut pas son « petit neveu » qu'elle n'avait pas vu depuis dix ans. L'individu qui se tenait sur le pas de sa porte avait de longs cheveux noirs hirsutes et une barbe imposante. Au souper, ils discutèrent « de tout et de rien », de ses années passées dans l'Ouest canadien. Michael lui annonça toutefois au détour de la conversation qu'il s'était converti à l'islam, mais ils passèrent rapidement à un autre sujet. Son neveu ne souffla mot de ses problèmes judiciaires, de sa dépendance au crack, de ses projets avortés de voyage en Libye, pays de naissance de son père, pas plus qu'il lui tint des propos laissant transparaître ses intentions criminelles.

Il se faisait tard. La tante proposa à son neveu prodigue de passer la nuit au calme, dans sa petite maison blanche avec vue sur le lac. Le lendemain, aux environs de 7 heures, Michael la remercia pour son hospitalité et reprit la route pour Ottawa, une vieille carabine de chasse Winchester de calibre 30-30 et un long poignard à la lame dentelée dissimulés dans le coffre. Deux armes qu'il aurait cachées quelques années auparavant sur la propriété de sa tante? Deux armes qui seraient alors la vraie raison de son aller et retour à Mont-Tremblant?

Il lui restait une dernière tâche à accomplir avant de passer à l'action. Sitôt arrivé à Ottawa, Michael Zehaf-Bibeau se stationna à l'arrière d'un petit immeuble de la rue Metcalfe, coupa le contact de sa Toyota puis prit son téléphone intelligent dans sa main et le mit en face de son visage. Il appuya sur le bouton déclenchant l'enregistrement vidéo et commença à livrer son discours sur un ton déterminé. Dans ce document semblable aux manifestes des tueurs de masse et tenu secret pendant cinq mois par le gouvernement canadien, le jeune Québécois de naissance évoquera «des motifs idéologiques et politiques» à son geste criminel. Et terroriste.

[...] À ceux qui sont impliqués et regardent cette vidéo, ceci est en représailles pour l'Afghanistan et aussi parce que Harper a décidé d'envoyer ses troupes en Irak. C'est donc pour venger les moudjahidin du monde entier. Le Canada est devenu officiellement un de nos ennemis en nous déclarant la guerre et en nous bombardant ainsi et créant beaucoup de terreur dans nos pays en nous assassinant et en tuant nos innocents. Alors, je vais juste cibler quelques-uns de vos soldats, juste pour démontrer que vous n'êtes aucunement en sécurité dans votre propre pays, vous devriez faire attention.

Alors, que le Seigneur puisse accepter notre geste. C'est un déshonneur dans lequel vous tombez en oubliant Dieu, gérant ainsi votre pays sans aucune décence. Nous ne voulons pas ceci. Nous sommes de bonnes personnes, vertueuses et qui croyons en Dieu, en ses lois et ses prophètes, que la paix et le salut soient sur eux tous. Et mon message pour vous tous en ceci est que si Dieu le veut nous n'arrêterons pas jusqu'à ce que vous décidiez d'être un pays paisible et que vous vous occupiez de vos propres affaires, que vous arrêtiez d'aller attaquer et envahir d'autres pays et tuer nos plus vertueux qui essayent de rétablir la Loi de Dieu dans nos pays. Que le

Seigneur puisse m'accepter et que la paix et le salut soient sur les Mujahedins. Que Dieu vous maudisse.

Merci [...]

Bien que son discours soit plus élaboré que celui tenu deux jours plus tôt par Martin Couture-Rouleau, on ne peut qu'être frappé et troublé par le fait que les deux hommes exprimeront les mêmes rancœurs et les mêmes arguments pour justifier leurs attaques envers des soldats canadiens. Tu frappes ma communauté n'importe où dans le monde, je suis légitimé de me venger sur ton propre sol. Œil pour œil. Dent pour dent. La loi du talion évoquée aussi par Dzhokhar Tsarnaev (Boston), Man Haron Monis (Sydney) et bien d'autres.

L'horloge de la Tour de la Paix, édifice central du parlement canadien, affichait 9 h 52 en ce mercredi 22 octobre 2014 lorsque le 911 d'Ottawa reçut un appel pour une fusillade au pied du Monument commémoratif de la guerre. Le caporal Nathan Frank Cirillo, 24 ans, venait de s'effondrer en contrebas des quelques marches, atteint mortellement. Le réserviste qui montait la garde ce jour-là, en kilt et désarmé, n'avait eu aucune chance d'esquiver les trois tirs de son assaillant qui avait surgi dans son dos. Son partenaire, le caporal Kyle Button, s'en tirera miraculeusement indemne en revanche. Il ne put rien faire pour sauver son collègue et ami.

Le tireur, son long couteau attaché à sa ceinture, se dirigea alors d'un pas assuré vers son automobile garée à quelques mètres, rue Wellington. La circulation était encore dense à cette heure-là. Il fit demi-tour en direction des édifices de la colline parlementaire. Quatre-vingt-dix secondes plus tard, Zehaf-Bibeau immobilisa à nouveau son automobile et partit au pas de course, le visage à moitié caché par son inséparable keffieh noir et blanc, ses longs cheveux noirs flottant au vent et la Winchester à la main en direction de la limousine d'une ministre stationnée moteur en marche devant l'édifice est. Il expulsa le malheureux chauffeur, prit place derrière le volant pour parcourir, deux voitures de police à ses trousses, la courte distance qui le séparait de la porte principale du parlement, dans l'édifice du centre.

Une course folle de plus d'une minute qu'aucun policier n'entravera... Zehaf-Bibeau, qui avait une longueur d'avance sur ses poursuivants, joua sur l'effet de surprise et la désorganisation pour pénétrer dans l'édifice. Les mesures de protection défaillantes – entre autres faute d'intégration des différents services de sécurité voulant conserver leurs prérogatives sur leur petit territoire respectif, malgré les menaces proférées à plusieurs reprises contre le Canada par des groupes terroristes – et des précédents d'intrusion jouèrent aussi en sa faveur. Ajoutons aussi des fréquences radio non harmonisées et tous les ingrédients d'une catastrophe étaient réunis. Le tireur, lui, venait de traverser trois paliers de sécurité. Ceux des services de police d'Ottawa et de la GRC chargés de l'extérieur du parlement et celui des constables qui avaient autorité dans l'enceinte de l'édifice. Un « royaume » que ces derniers ont toujours défendu un peu trop farouchement face aux deux autres corps de police, n'hésitant pas à jouer physiquement du coude au besoin. Les frictions entre constables et agents de la GRC n'étaient pas rares, en particulier lors de visites officielles de dignitaires étrangers dans l'enceinte du parlement.

Un premier constable tentera de désarmer Zehaf-Bibeau en saisissant le canon de son arme. Dans la courte bousculade qui suivit, un coup de feu partit, blessant l'agent au pied. « *Gun, gun, gun* », cria-t-il alors pour avertir ses collègues du danger. Il pointa ensuite son arme vers la poitrine d'un autre constable tout en le fixant droit dans les yeux, mais ne tira pas.

Zehaf-Bibeau avança, toujours aussi déterminé, dans la Rotonde devant des témoins médusés. Il pénétra dans le Hall d'honneur suivi à distance par un groupe de policiers, armes à la main, et d'agents de sécurité. La tension était indescriptible. Ses poursuivants avançaient avec précaution, certains longeant les murs.

— *Go! Go! Go!*

Plusieurs agents de la GRC, armés, étaient déjà dans l'enceinte du parlement pour assurer la sécurité du premier ministre, présent en cette journée de caucus. Par chance, Zehaf-Bibeau n'eut pas le réflexe d'ouvrir l'une des deux grosses portes situées de chaque côté du Hall d'honneur. En arrière de celles-ci, dans leur salle de caucus respective, les députés néo-démocrates et conservateurs avaient entrepris de barricader les issues en empilant à la hâte derrière les lourdes portes tout le mobilier qu'ils avaient à portée de la main. On enferma même le premier ministre dans un placard...

Une première série de coups de feu retentirent sous les majestueuses voûtes néo-gothiques en pierre. Zehaf-Bibeau, atteint au moins une fois, chercha refuge dans un recoin, derrière une colonne, près de l'entrée de la bibliothèque du parlement. On entendit alors une fusillade nourrie. Le moudjahid venait d'être criblé de balles et stoppé net dans son élan meurtrier. Il se trouvait alors à proximité du bureau du sergent d'armes Kevin Vickers. Ce retraité de la GRC, chargé depuis 2006 de la sécurité au parlement, était sorti en trombe de son bureau avec son pistolet semi-automatique de service à la main. Toujours selon la version officielle, c'est ce flegmatique quinquagénaire aux cheveux gris qui réussira à achever Zehaf-Bibeau après s'être jeté à terre et avoir effectué une roulade tout en vidant son chargeur dans une scène digne d'un film d'Hollywood. Un exploit qui fera le tour du monde et vaudra au sergent d'armes de recevoir tous les honneurs puis d'être nommé ambassadeur du Canada en Irlande. Néanmoins, l'autopsie et l'examen balistique pratiqués par la suite révéleront que le forcené avait été atteint par 31 balles et que huit étaient demeurées dans son corps. Quatre provenaient effectivement du chargeur de Vickers. Mais c'est une balle tirée dans l'arrière de la tête par un constable de la GRC qui aurait provoqué le décès de Zehaf-Bibeau. L'autopsie ne détecta aucune trace d'alcool ou de stupéfiant dans son organisme.

Des spécialistes et des experts ont parlé d'un effet *copycat*, un effet d'imitation spontanée du geste de Martin Couture-Rouleau par Michael Zehaf-Bibeau. Ce scénario est difficile à avaler lorsque l'on sait que les caméras de surveillance du parlement ont capté les images du futur tireur alors que celui-ci participait à une visite guidée de l'édifice le 4 octobre 2014, soit trois semaines avant la fusillade. Bibeau ne faisait pas du tourisme, mais bel et bien du repérage.

Dans leur califat de l'autre bout du monde, les dirigeants de l'organisation État islamique et leurs soldats exultèrent. Et, un mois plus tard, le groupe s'attribuera en toute logique la paternité de ces attaques qu'il considérera comme le fruit de ses appels au djihad individuel en Occident : « Toutes ces attaques ont été le résultat immédiat des appels à l'action du Shaykh (le porte-parole du groupe EI, Abou Mohammed Al-Adnani) et elles révèlent la poudrière prête à s'embraser dans chaque pays occidental et qui n'attend plus que le bon moment pour exploser et provoquer des actions violentes. »

Un mois plus tôt, le même porte-parole avait lancé un appel au meurtre dans une longue diatribe d'une dizaine de pages relayée sur tous les réseaux sociaux :

Fais trembler la terre sous leurs pieds, rends-leur la vie impossible, et si tu peux tuer un mécréant américain ou européen, et particulièrement un Français haineux et impur, un Australien, un Canadien ou autre que cela parmi les mécréants en état de guerre, habitants des pays qui se sont coalisés contre l'État islamique, alors place ta confiance en Allâh et tue-le par n'importe quel moyen. [...] Si tu ne peux pas par l'explosif ou la balle, alors isole-toi avec l'Américain ou le Français mécréant ou n'importe quel de leurs alliés, écrase leur tête avec une pierre ou égorge-les avec un couteau, écrase-le avec ta voiture ou pousse-le d'une montagne ou étrangle-le ou empoisonne-le.

La fin de l'année 2014 sera marquée par une succession d'évènements en France rappelant le geste de Rouleau. À quelques jours de Noël, deux individus foncèrent délibérément avec leur véhicule sur des passants à Dijon puis à Nantes (un mort et une vingtaine de blessés au total). Dans les deux cas, ces attaques à la voiture-bélier seront présentées encore comme des gestes isolés de déséquilibrés. Le conducteur de Dijon, que des témoins avaient entendu crier *Allah akbar!* («Dieu est le plus grand»), affirma aux enquêteurs avoir «agi pour les enfants tchétchènes». On découvrit rapidement que l'homme avait un lourd passé psychiatrique (157 visites en unité psychiatrique depuis 2001). La procureure de la République de Dijon conclura que ce geste n'était pas de nature terroriste. Même conclusion à Nantes en raison, là aussi, de l'état de santé mental précaire du suspect.

«BIG MART» VOULAIT DEVENIR MOUDJAHID

Que s'est-il passé pour qu'en quelques mois Martin Couture-Rouleau, jeune père de famille sociable et généreux surnommé «Big Mart» par ses copains, photographié dans la piscine d'un tout inclus une grosse chaîne au cou et une cannette de bière à la main, se transforme d'abord en un Ahmad Rouleau se donnant des airs de prédicateur radical, avec le collier de barbe et l'index tendu en l'air, puis en tueur déterminé?

Cette métamorphose rapide tant psychologique que physique stupéfia ses proches, mais aussi ses voisins de la rue du Blé qui ne reconnaissaient plus le «Big Mart» d'avant. Et pas seulement parce qu'il avait laissé tomber ses vêtements habituels pour porter une longue tunique et se laisser pousser la barbe. Ses copains du secondaire étaient eux aussi mystifiés, eux qui se souvenaient d'un jeune garçon «bien correct» et «loin d'être renfermé».

Mais, comme nous le verrons, ce processus de radicalisation était déjà bien connu et décrit depuis plusieurs années dans de nombreux rapports rédigés par des services de renseignement occidentaux.

Rouleau s'était converti au printemps 2013 dans la foulée de déboires professionnels, mais aussi personnels. Il avait alors 23 ans. La compagnie JMTR Lavage à pression Inc., fondée en mars 2012 et dont il assumait la direction, battait de l'aile et les relations avec l'un de ses deux partenaires d'affaires étaient plus que tendues.

Les associés durent vite se résoudre à mettre la clé sous la porte. Rouleau, qui avait investi toute son énergie dans cette aventure, encaissa très durement cette déconvenue. Le trésorier de la firme, qui avait investi près de 80 000$ dans l'affaire et a tout perdu lui aussi, attribue cet échec rapide au défaut de paiement d'un gros client. Ce bailleur de fonds connaissait bien Martin Couture-Rouleau. Le jeune homme avait travaillé pendant près de trois ans dans son entreprise de transport de la Rive-Sud de Montréal avant de se lancer tous les deux en affaires. Martin semblait fonder tous ses espoirs dans ce projet. Cet investisseur nous le décrira comme un «bon garçon, motivé, bon travailleur et tout à fait normal». Il sera néanmoins témoin d'un changement rapide tant dans son apparence physique que dans sa personnalité, mais pas au point de le qualifier de «fou» comme plusieurs le feront, insiste-t-il lors de notre conversation.

La vie privée de Rouleau n'était guère plus reluisante. Il était le père d'un jeune garçon né au printemps 2011. Un bonheur de courte durée, car son couple éclatera au cours de l'été suivant. Il obtiendra néanmoins la garde partagée du bambin. Les relations entre les deux parents s'envenimèrent, semble-t-il, lorsque l'ex-conjointe prit conscience de cette ferveur qui obsédait de plus en plus Martin Couture-Rouleau, et des propos de plus en plus virulents qu'il tenait en privé et sur les réseaux sociaux. Il en voulait presque à la terre entière, en plus d'être presque obsédé par des théories conspirationnistes.

Ses deux comptes Facebook (créés en mai 2013 et à l'été 2014) – « Ahmad LeConverti » et « Ahmad Rouleau » – ainsi que son compte Twitter enregistré au nom d'Abu Ibrahim AlCanadi (@AhmadRouleau) sont le miroir parfait de sa longue descente aux enfers et non pas vers le paradis fantasmé. C'est un florilège de photos, en particulier de la bannière noire avec la profession de foi adoptée par l'EI, de messages vindicatifs, de sourates (chapitres) du Coran et de *hadiths* (actes considérés comme des principes de gouvernance personnelle et collective pour les musulmans) du prophète. Extraits choisis :

Aux hypocrites, hommes et femmes, et aux mécréants, Allah a promis le feu de l'Enfer pour qu'ils y demeurent éternellement. C'est suffisant pour eux. Allah les a maudits. Et pour eux, il y aura un châtiment permanent.

Mieux vaut vivre un jour comme un lion que cent ans comme un mouton.

Les mécréants ressemblent à du bétail auquel on crie et qui entend seulement appel et voix confus. Sourds, muets, aveugles, ils ne raisonnent point.

Quelque part au Pakistan, un jeune homme avec qui Rouleau s'était lié d'amitié croit aujourd'hui que ceux qui qualifient son geste de celui d'un fou extrémiste font fausse route : « Pour comprendre Ahmad, nous dit-il, vous devez étudier toute la pensée (*thinking*) entourant l'État islamique et les lois fondamentales islamiques. Cela devrait vous aider à comprendre pourquoi il a tué ce soldat. [...] Les gens qualifient d'extrémistes ceux qui suivent le vrai Islam, ce qui était le cas d'Ahmad. C'est une interprétation erronée. Si nous nous dévouons à un pays, nous devons tout faire pour lui. Si nous nous dévouons envers notre religion, y sommes attachés et loyaux, c'est la même chose. C'est ce qu'Ahmad faisait, être un musulman. Nous devons suivre chaque règle qu'Allah s.w.t (*Soubhanahou wa ta'ala*) nous a édictée. »

Le Pakistanais et le Québécois étaient entrés en contact au cours de l'été 2013 sur un forum Internet consacré à la Da'wah, une « invitation à découvrir l'islam » adressée aux non-musulmans. Très vite, les deux sympathisèrent et cette idée de voyage au Pakistan germa vite dans leurs discussions. Ahmad semblait vouloir parfaire son éducation religieuse et subir le rituel de la circoncision (*khatna*) au cours de ce séjour d'un mois prévu pour la mi-février 2014.

Mais nous découvrirons au cours de nos recherches qu'il avait une autre idée en tête, un peu folle celle-ci : rejoindre le groupe « Tehrik-e-Taliban Pakistan ». Un groupe de talibans pakistanais réputé redoutable, inscrit sur la liste des organisations terroristes, auteur de plusieurs attentats dont celui contre une école de Peshawar en décembre 2014 et contre la jeune étudiante Malala Yousafzai (aujourd'hui prix Nobel de la paix). Parole en l'air ou réel projet ? Indice intéressant : Rouleau suivait sur Twitter les faits et gestes de cette organisation terroriste. « Il était un grand fan des moudjahidin. Lui-même voulait devenir un moudjahidin », nous révélera son ami. Ce dernier se disait prêt néanmoins à le dissuader de rejoindre le groupe taliban.

Le jeune Québécois réussira à accumuler assez d'argent pour se payer un billet d'avion Montréal/Washington/Dubaï/Karachi. Son père, qui désapprouvait son projet, refusa de l'accompagner à l'aéroport. C'est l'un des meilleurs copains d'Ahmad Rouleau qui accepta de l'y conduire. Son père passa néanmoins un dernier coup de fil à son fiston pour l'avertir, aussi sarcastique qu'inquiet, qu'un attentat meurtrier contre un bus transportant des policiers venait de survenir dans la capitale pakistanaise.

Rouleau n'avait cure des réticences paternelles. L'aspirant moudjahid avait vraiment hâte de s'envoler pour ce long périple initiatique et de retrouver son ami virtuel. Il prit même la peine de lui envoyer un *selfie* où on le voyait avec un sourire radieux dans le hall des départs de l'aéroport montréalais.

Mais le sort en décida autrement. Une tempête de neige aux États-Unis entraîna l'annulation de son premier vol et, par effet domino, il devenait évident qu'il serait dans l'impossibilité d'attraper son vol de correspondance vers Dubaï. Rouleau rentra dépité dans son sous-sol à Saint-Jean-sur-Richelieu.

Il reprit vite son petit train-train quotidien. Sa foi ne faiblissait pas pour autant, bien au contraire. Il continua à se bâtir via Facebook un petit réseau d'amis dans quelques pays du Moyen-Orient, de Peshawar, au Pakistan, jusqu'à Bagdad, en Irak, et jusqu'en Arabie saoudite. L'un d'eux nous dira avoir vite rompu tout contact avec le Québécois que le réseau social lui avait suggéré peu avant comme ami.

Ahmad Rouleau devint en même temps un fidèle assidu de la mosquée locale. Ce lieu de culte est hébergé dans un modeste bâtiment commercial de la ville. Il s'y rendra parfois, dit-on, jusqu'à cinq fois par jour pour les prières rituelles, de celle « de l'aube » jusqu'à celle « du soir ». Le président de l'association musulmane qui gère ce lieu de culte affirmera, après l'attaque, ne l'avoir vu pourtant que quelques fois par semaine, en particulier le matin. De la même façon, il assurera n'avoir jamais rien remarqué d'inquiétant dans les propos ou l'attitude de ce jeune converti dont il ne connaissait même pas le nom de famille.

Le même responsable révélera surtout la présence régulière, parmi les fidèles, d'un agent de la GRC de confession musulmane et résidant dans la même municipalité. Un gendarme qui, selon ses dires, « a parlé plusieurs fois » au jeune Rouleau et « avait son dossier » entre les mains.

Hormis Rouleau et ce mystérieux agent de la GRC, la petite mosquée de Saint-Jean-sur-Richelieu était aussi fréquentée par un individu qui allait être propulsé l'année suivante à l'avant-scène médiatique : l'imam Hamza Chaoui (voir le chapitre 2). Ce jeune prédicateur prosélyte d'origine marocaine était « invité assez souvent », en particulier pour la prière du vendredi, par l'association qui n'avait pas d'imam attitré et qui jugeait surtout son discours «pas du tout radical».

La question qui trottera bien sûr dans toutes les têtes par la suite, en particulier celles des enquêteurs, fut de savoir s'il y eut contact entre l'imam Chaoui et Ahmad Rouleau. Si oui, est-ce que le bouillant imam aurait joué un rôle quelconque, directement ou indirectement, dans la radicalisation du néo-converti?

L'imam Chaoui apportera lui-même un début de réponse cinq mois plus tard. Dans une entrevue accordée au printemps 2015, il dira se souvenir de contacts éphémères avec Rouleau: «Je ne le connais pas personnellement. Il était présent parmi les fidèles lors des conférences que je donnais là-bas. À la fin d'une des conférences, il est venu comme les autres fidèles pour me saluer, me parler, me remercier. C'est le seul contact que j'ai eu avec lui.»

Rouleau se déplacera aussi parfois dans le quartier Parc-Extension à Montréal pour prier à la mosquée Assunah, lieu de culte très connu et très fréquenté par la communauté. Lui-même assez prosélyte, il convaincra une poignée de copains de se convertir à la religion musulmane. Et se montra pressant auprès de certains d'entre eux, allant même jusqu'à leur proposer de payer leur voyage vers l'Afghanistan. Néanmoins, ils refuseront de suivre Rouleau dans sa voie radicale et la plupart couperont les ponts avec lui. Seul un ami d'enfance continuera de maintenir les liens avec «Big Mart» et de lui rendre visite fréquemment.

Lorsqu'il ne priait pas, Rouleau était rivé à son écran d'ordinateur et s'abreuvait de vidéos de propagande djihadiste (que certains surnomment *jihadi porn*). De quoi contrarier et inquiéter son père. Ne pas comprendre les propos entendus n'empêchait nullement le pauvre homme de bien percevoir la nature du contenu de ces films.

Jour après jour, la déception engendrée par l'annulation forcée de son voyage vers le Pakistan laissa place à la contrariété et à l'impatience. Rouleau se rendait quotidiennement à sa boîte postale et lorsqu'il ouvrait la petite porte, il fouillait frénétiquement à la recherche d'une enveloppe contenant le chèque de remboursement de son voyage annulé. Il attendra longtemps.

Il frappa aussi à la porte du modeste consulat du Pakistan, rue Peel à Montréal, pour tenter d'obtenir un visa, mais il se heurta à un refus. Il entreprit aussi de prendre du poids afin d'être capable, dira-t-il, de se battre et d'utiliser des armes de guerre.

Désemparé par la dérive de son fils, Gilles Rouleau se décida à le traîner presque de force dans un centre d'intervention psychosociale. Après quelques évaluations et rencontres, y compris avec une thérapeute d'origine musulmane, les spécialistes considérèrent que son cas ne relevait pas vraiment de la santé mentale. C'est en tout cas ce que Martin Rouleau expliqua à son père aussitôt de retour au domicile familial. Un diagnostic qui choqua le pauvre homme, convaincu au contraire que son fils était malade et avait besoin de soins.

L'histoire de ce jeune homme troublé arriva néanmoins aux oreilles des policiers de Saint-Jean-sur-Richelieu au début avril. Détectant un cas potentiel de radicalisation, ils jugèrent opportun de refiler son dossier sans délai à la Sûreté du Québec et à la GRC. La machine se mit en marche. Les enquêteurs responsables des affaires de sécurité nationale ne prirent pas le cas de Rouleau à la légère et déployèrent tout leur attirail technologique et humain disponible pour scruter chaque fait et geste du suspect. On lui attribua un code réservé aux individus qui deviennent des cibles d'enquête de la GRC. En parallèle, il fut aussi rencontré à plusieurs reprises pour « essayer de le déradicaliser [...] dans son cheminement qui prenait de l'ampleur de jour en jour ».

Les autorités canadiennes trouvèrent aussi une parade pour l'empêcher de partir à l'étranger, ou du moins retarder le plus possible l'achat d'un nouveau billet : bloquer le remboursement de son billet par la compagnie aérienne.

Pendant ce temps-là, en mai, la chicane entre Rouleau et son ex-conjointe atteignait son paroxysme : elle refusait désormais de laisser le bambin chez son père. Rouleau était désespéré. Il assura n'avoir aucune intention d'imposer sa religion à qui que ce soit, y compris son fils.

L'avocate chez qui il se rendra le 2 octobre pour être assisté dans cette procédure se rappelle avoir perçu en Ahmad Rouleau « un homme tout à fait ordinaire, à part sa barbe très longue, peut-être. Il était aimable, cordial, très calme et visiblement plein d'amour pour son fiston ».

Son petit garçon était une véritable source de déchirement intérieur. Un ami de Rouleau au Pakistan nous a confié que celui-ci aurait pourtant jonglé avec l'idée d'attendre que son fils grandisse un peu avant de l'emmener avec lui en Syrie. Jusqu'au moment où il comprit qu'il ne le reverrait jamais. Dès lors, plus rien ne le retenait au Canada. «Je n'aurais pas aimé être dans ses souliers», nous avouera un ex-policier de l'antiterrorisme.

Même s'il se savait surveillé, Rouleau était décidé à s'envoler vers ce califat dont la création officielle venait d'être annoncée par un État islamique qui ne cessait d'étendre son emprise territoriale en Irak et en Syrie. Il acheta un billet pour la Turquie, sas d'entrée incontournable pour les milliers de moudjahidin affluant du monde entier vers cette terre de djihad. Mais, pour la seconde fois en quelques mois, il subit un revers. Pas à cause de la météo : il sera arrêté par la GRC et son passeport sera confisqué. Mais aucune accusation ne sera portée contre lui par le Service des poursuites pénales du Canada (SPPC). Ni en vertu de l'article 83.181, qui sanctionne l'intention de quitter le territoire pour participer aux activités d'un groupe terroriste. Ni en vertu de l'article 83.3, qui permet l'arrestation préventive sans mandat, puis la comparution rapide devant un juge qui peut soit le placer en détention, soit le libérer avec un engagement de ne pas troubler l'ordre public.

La GRC expliquera par la suite qu'« il fut déterminé que la preuve ne permettait pas de l'inculper. Si nous avions cru qu'il allait commettre un acte criminel, nous ne l'aurions pas relâché ». Le Service des poursuites pénales et criminelles du Canada répliquera n'avoir jamais été sollicité par la GRC pour porter des accusations en vertu de l'article 83.3. Lorsque nous avons demandé des éclaircissements sur ces versions contradictoires, le SPPC répliqua ne pas pouvoir « commenter les propos de la GRC en matière d'enquête » ni souhaiter entrer « dans les détails des discussions entre enquêteurs et la poursuite ».

Le 9 octobre 2014, Ahmad Rouleau rencontrera à nouveau des agents de la GRC à Saint-Jean-sur-Richelieu en présence d'un imam montréalais collaborant régulièrement avec les autorités sur les dossiers de radicalisation. Une longue discussion qui, lorsqu'elle s'achèvera, laissera les policiers sur l'impression que leur cible s'était assagie et qu'elle souhaitait sincèrement s'amender. Erreur.

C'était peut-être le cas à ce moment-là, tempère l'un de nos interlocuteurs, qui mentionne la difficulté à déterminer ce qui fut l'effet déclencheur chez Rouleau. Peut-être que celui-ci est survenu après sa rencontre avec les policiers.

Rouleau maîtrisait peut-être aussi la *taqiya*, cette technique dite de dissimulation que connaissent bien les djihadistes et qui, de l'avis du juge antiterroriste français Marc Trévidic, qui a vu défiler beaucoup de ces individus devant lui, est « une clé de compréhension indispensable du terrorisme islamique ». « L'art de la dissimulation est une réalité. C'est même une stratégie. Et dans cette stratégie, dans l'exercice de cet art, certains sont de grands stratèges, de grands artistes », écrit-il dans son ouvrage intitulé *Terroristes : les 7 piliers de la déraison*.

Effectivement, Rouleau ne sera pas le premier apprenti terroriste qui réussira ainsi à berner les forces de sécurité. « Prenez le cas de Mohamed Merah rencontré par la Direction centrale du renseignement intérieur français (DCRI) à l'automne 2011 et qui commet ses attentats quatre mois plus tard, nous fait remarquer Louis Caprioli, l'ex-numéro 1 de la lutte au terrorisme à la Direction de surveillance du territoire (DST). [...] Ce sont des individus qui pratiquent la dissimulation. Dès lors qu'ils sont interrogés dans un cadre administratif, c'est-à-dire pas mis en garde à vue pour 48 ou 96 heures, ils ont tout loisir de raconter ce qu'ils veulent. »

C'est ainsi que le dossier du futur terroriste devint moins urgent et descendit d'au moins un cran sur l'échelle de la menace et des priorités. On peut aussi en déduire que les mandats obtenus de la cour étaient venus à échéance et que rien ne permettait de convaincre le juge de les prolonger.

C'est cette même gestion par priorité et les impératifs judiciaires qui feront en sorte que de l'autre côté de l'Atlantique, les services antiterroristes prirent la décision au début de l'année 2014 de se dessaisir des dossiers des deux frères Kouachi. Chérif et Saïd se tenaient tranquilles. En même temps, la France devait gérer un flot de plus en plus important de djihadistes de retour des zones de combat. Pourtant, certains indicateurs, en particulier un récent séjour au Yémen, auraient dû convaincre les services antiterroristes de la nécessité de maintenir un feu rouge allumé au-dessus de leur tête.

Si on revient au cas de Rouleau, il était évident que le jeune converti, qui s'abreuvait plus que jamais et ouvertement de propagande djihadiste et ne cachait plus sa haine de l'Occident, était mûr depuis un moment déjà pour faire une grosse bêtise. Les policiers se défendirent en expliquant que jamais il n'évoqua son funeste projet lors de ses conversations téléphoniques ou en ligne avec ses amis de l'autre bout du monde. Une évidence, s'il était vraiment ce loup solitaire dans l'exécution de son acte, sans complices impliqués activement dans son projet.

Aucun plan de ce genre ne parvint aux oreilles des policiers chargés de le surveiller, pas plus qu'il ne fut surpris en train de faire des repérages ou de la surveillance dans les environs du stationnement où il faucha par la suite les trois militaires.

Néanmoins, une employée du Tim Hortons nous assura formellement avoir vu Rouleau parmi ses clients à au moins deux reprises dans les jours précédant l'attaque. Plusieurs semaines après les faits, celle-ci se souvenait parfaitement et sans confusion possible de ce jeune homme « très poli » au *look* particulier qui s'était attablé avec un café près de la fenêtre et qui avait même reçu à une occasion la visite d'un autre homme. Impossible, dira-t-elle, de ne pas se souvenir de ces deux individus dont l'apparence physique et vestimentaire tranchait au milieu de la clientèle composée de nombreux militaires.

Ce témoignage n'a pu être corroboré. Mais, comment croire que Rouleau ait pu tendre son piège à cet endroit le 20 octobre au matin sans un minimum de préparation ? Le hasard, si ce n'est dans le choix de ses victimes, n'a pas place dans cette histoire.

Et cette préparation, il a attendu que les policiers de la GRC aient relâché la pression sur lui et débranché leurs lignes pour s'y atteler. Triste ironie du sort, au moment où se déroulait l'attaque, le directeur adjoint des opérations du Service canadien du renseignement de sécurité (SCRS), Jeff Yaworski, évoquait justement devant les membres du Comité sénatorial de la sécurité nationale et de la défense à Ottawa la notion de « capacité de gestion du risque ». En clair, comment faire le maximum avec des « ressources limitées » compte tenu du nombre croissant d'individus apparaissant sur leur radar. Jauger le niveau de menace des cibles d'enquête est une tâche ardue et ingrate, tout comme celle qui consiste à établir les priorités en fonction de ce même niveau de menace et des ressources disponibles.

Le 17 octobre, trois jours avant le drame, Rouleau modifia la photo de couverture d'un de ses comptes Facebook. Il afficha une illustration représentant deux portes ouvertes côte à côte, l'une vers le paradis et l'autre vers les flammes de l'enfer.

Le lendemain soir, Rouleau conversa brièvement avec un autre Québécois via Facebook. Celui-ci nous expliqua être entré en contact avec « Ahmad LeConverti » à la suite d'une suggestion du réseau social et, en particulier, de ses fameux algorithmes qui observent et analysent vos habitudes, vos passions et vos relations ! Mais il crut avoir affaire à un imposteur tant le niveau de connaissance religieuse de Rouleau semblait faible à ses yeux et les messages qu'il postait sur son mur étaient caricaturaux et presque outranciers. Rouleau venait de se faire bannir d'un groupe Facebook de musulmans québécois après avoir affiché un message appelant à « terroriser les mécréants ». Furieux, il les avait traités de « mécréants » et d'« hypocrites » promis à l'enfer et avait accompagné ses messages hargneux de vidéos d'Oussama ben Laden et du défunt chef d'Al-Qaïda en péninsule arabique, Anwar al-Awlaki. Les deux conversèrent brièvement à propos de l'islam par le biais de la messagerie privée. L'échange prit fin ainsi :

— Es-tu à Montréal ? Es-tu athée ou chrétien ? questionna Rouleau.

— Pourquoi ?

— On pourrait se rencontrer.

— Peut-être.

UN RADICALISATEUR INTÉRESSÉ ?

Dans les heures qui suivirent l'attaque, la GRC s'intéressa rapidement à tous ceux qui avaient conversé et tissé des liens avec Rouleau, à la recherche d'éventuels complices. Ils se penchèrent sur le contenu de son ordinateur, de son téléphone, épluchèrent ses contacts, ses appels téléphoniques et ses messages textes. Un jeune délinquant récidiviste montréalais de 28 ans, Mohamed Derouiche, actif dans le quartier Saint-Léonard avec qui Rouleau communiquait assidûment depuis quelques mois, se retrouva alors dans leur ligne de mire.

La nature de leurs échanges leur donna l'impression que Mohamed Derouiche, dont le père avait été jusqu'à récemment l'administrateur du Centre islamique Badr, avait joué un rôle majeur dans la radicalisation de Rouleau, une radicalisation dont le but était probablement plus mercantile et intéressé que religieux. L'une des théories qui émergèrent de l'enquête fut que Derouiche aurait plutôt profité de la vulnérabilité psychologique et de la naïveté de Rouleau pour le pousser à bout et le manipuler au nom du djihad afin de faire main basse sur ses biens une fois celui-ci parti en Syrie ou en Irak.

Chose plus inquiétante, en revanche, les enquêteurs de la GRC découvrirent que Derouiche possédait les coordonnées d'un employé de la Bourse de Montréal, qui ne le connaissait pas. En épluchant les images des caméras de surveillance, ils constatèrent que Derouiche était entré et sorti à deux reprises dans les bureaux de la Bourse, square Victoria, où le public n'est pas admis, et y était resté plusieurs minutes.

Mais, dans l'immédiat, le défi pour les gendarmes fut de le neutraliser sans pour autant éveiller des soupçons sur les vraies raisons de son interpellation. Une simple consultation dans les bases de données policières leur fournira un prétexte : leur cible était recherchée par la justice pour non-respect des conditions dans un dossier de vols et complots. Mohamed Derouiche fut intercepté le soir même dans le quartier Rosemont par les policiers de Montréal, à la demande de leurs collègues de la cellule antiterroriste de la GRC. Le domicile de ses parents, en banlieue nord de Montréal, fut également perquisitionné. Le jeune caïd protesta. « Il était très offusqué par le travail de la GRC dans cette histoire. Ils ont entaché sa réputation. Et à ma connaissance, ils n'ont rien trouvé qui le relie à l'évènement », dira son avocat. Quelques semaines plus tard, Derouiche fut condamné à une peine de 20 mois d'incarcération et envoyé derrière les barreaux, où il se fit vite remarquer pour sa ferveur religieuse... Mais le cas Derouiche était réglé. Du moins temporairement.

Le caporal blessé lors de l'attaque du 20 octobre restera longtemps sous le choc. Déjà marqué par son séjour en Afghanistan, il se refermera sur lui-même, limitant ses contacts avec le monde extérieur. Il se réfugiera dans un hôtel quelques jours. L'autre militaire qui les accompagnait restera marquée elle aussi et refusera toute rencontre pour ne pas rouvrir des plaies encore vives.

Quant aux proches de l'adjudant, ils apprirent avec stupeur et colère que Rouleau n'avait pas pu être accusé et qu'il n'était plus une source d'intérêt prioritaire au moment du drame. « Nous ne pouvons pas suivre ces individus 24 heures sur 24 », répondra un haut gradé de la Sûreté du Québec à Louise Vincent, la sœur aînée du défunt, lorsque celle-ci chercha à savoir pourquoi et comment un individu fiché a pu commettre un attentat.

Le père de l'assassin, Gilles Rouleau, restera à jamais marqué et inconsolable devant le geste de son fils, « un jeune qui était malade » et qui restera gravé dans les mémoires comme « le premier à avoir commis ce geste au Canada ». Il éprouvera surtout rage et colère envers « ceux qui ont manipulé son fils », sans nous en dire davantage.

L'histoire de Martin « Ahmad » Rouleau demeurera aussi l'illustration sanglante de la faillite du système de prévention et d'aide pour les familles aux prises avec un enfant aux visées radicales et djihadistes. L'illustration aussi, aux yeux de son père, de l'inadaptation de l'arsenal législatif à la disposition des forces policières. « On me disait qu'avec la loi actuelle, il faut qu'une personne dise qu'elle va faire quelque chose ou qu'elle pose un geste, dira-t-il en entrevue à *La Presse*. Lui, il l'a fait, son *move*. [...] Moi, je le voyais, mon gars. Ça n'allait pas et il ne pensait pas bien. Je lui disais : *Viens avec moi, ta pensée n'est pas bonne, on va aller voir du monde*. Je lui en parlais toutes les semaines, pratiquement. »

Dans les milieux policiers, on nous affirmera à plusieurs reprises avoir fait dans ce dossier « tout ce qu'il était possible légalement de faire ». Lorsqu'il a comparu devant le Comité sénatorial de la sécurité nationale, en décembre 2014, Jocelyn Latulippe, l'ex-grand patron des enquêtes et de la sécurité intérieure de la Sûreté du Québec, fut questionné avec insistance sur les scénarios qui avaient été envisagés pour neutraliser la « menace Rouleau » qui devenait plus qu'évidente. Comme, par exemple, le « recours à l'engagement de ne pas troubler l'ordre public, ou un bracelet de surveillance électronique ou un quelconque autre système pour le suivre à la trace ».

« Il y a eu l'examen de plusieurs stratégies différentes sans entrer dans le détail de l'enquête, répondit le policier. Encore là, les décisions les plus optimales ont été prises compte tenu des exigences légales et du cas que nous avions à traiter, mais je vous dirais, simplement pour confirmer, que toutes ces avenues avaient été examinées, oui. »

Des propos qui surprendront les proches de l'adjudant Vincent, eux qui cherchaient encore des mois plus tard qui avait bien pu échapper la balle dans ce dossier. Plus choquant encore, ils seront tenus dans l'ignorance des différentes enquêtes menées depuis l'attaque. On leur fera aussi comprendre rapidement qu'ils n'auraient peut-être jamais de réponses à leurs questionnements légitimes.

À Karachi, le jeune ami de Rouleau croit avoir trouvé une explication rationnelle à son geste. Une attaque symbolique motivée politiquement, et non un coup de folie : « Si le Canada ne l'avait pas empêché de partir en Syrie, au Pakistan ou en Irak, tout ceci ne serait jamais arrivé, nous dira-t-il au cours d'un de nos nombreux échanges. C'était une réaction… Constatant qu'il ne pouvait rien faire pour les musulmans sur le terrain, il pouvait participer en revanche à la résistance sur le sol canadien. C'est pour ça qu'il s'en est pris aux soldats. Personne ne peut comprendre. Et maintenant qu'il a été tué, il a emporté les réponses avec lui. Mais c'était une personne calme et forte psychologiquement. »

Le 20 octobre 2014, Jeff Yaworski, le sous-directeur aux opérations du SCRS, déclara d'ailleurs ceci: «Chaque extrémiste que nous empêchons d'aller s'adonner outre-mer à des activités extrémistes est une personne de plus à suivre de près parce qu'elle s'est radicalisée au point de vouloir partir.»

À Paris, Louis Caprioli abondera dans le même sens: «Il faut bien comprendre et percevoir cette détermination qu'ils possèdent à vouloir faire le djihad. Certains individus comme Rouleau peuvent ne pas supporter d'en être empêchés par différents moyens, privé de passeport dans son cas. Ils vont alors passer à l'action chez eux. Il faudrait les surveiller en permanence. Mais les services de renseignement n'ont pas les moyens humains suffisants pour prendre en charge toutes ces cibles qui apparaissent.»

Des considérations d'ordre opérationnel dont se soucie peu le jeune Pakistanais avant de nous envoyer un *selfie* de son défunt ami le visage souriant: «J'étais triste, vraiment triste, quand j'ai appris ce qu'il a fait. Mais ensuite, j'ai pensé: au moins, il n'est pas mort dans son sommeil. C'est mieux de mourir en montrant au monde que plus on souffle de l'air dans un ballon, plus il risque d'exploser.»

LE RÊVE LIBYEN DE ZEHAF-BIBEAU

Michael Zehaf-Bibeau aussi voulait fuir le Canada. Pour la Libye, disait-il, la terre de naissance de son père, Bulgasem Zehaf, qui a lui-même pris les armes en 2011 contre le régime Kadhafi.

Retourner en Libye était un projet que Michael chérissait depuis des années. Sa course vers ses racines a été entravée. Il a disjoncté. C'est dans un cercueil que son rêve sera exaucé. Un mois après sa mort, son père a accompagné sa dépouille vers le cimetière musulman de Zawiya, à l'ouest de Tripoli, où il repose depuis.

Pour sa mère, Susan Bibeau, haute fonctionnaire à la Commission de l'immigration et du statut de réfugié, son fils s'est « senti coincé, incapable de continuer à vivre ainsi et il n'a pas pu passer à autre chose comme il le voulait ».

Le jeune converti séjournait dans la capitale nationale depuis le 2 octobre. Il débarquait tout juste d'un long périple d'une dizaine de jours en auto-stop et en bus en partance de l'Ouest canadien, où il vivait depuis quelques années. Zehaf-Bibeau travaillait dans l'industrie du pétrole. Il gagnait un bon salaire, de l'ordre de 90 000 $ par an, ce qui lui a permis d'amasser une somme d'argent qualifiée de considérable par la GRC. Selon ses ex-collègues, il priait cinq fois par jour et parlait ouvertement de son appui aux talibans afghans. Ils notèrent aussi une métamorphose dans son habillement. Zehaf-Bibeau avait délaissé ses habits de sport pour une tenue traditionnelle. « Le *Mike* Zehaf que j'ai connu était un homme bien, gentil, amical, poli et reconnaissant. Il avait toujours de bonnes manières », dira de lui un de ses anciens superviseurs.

En 2011, il avait exhorté un juge de la Colombie-Britannique à l'incarcérer, après une tentative de vol à main armée, afin qu'il puisse soigner sa dépendance au crack. « Je veux sacrifier ma liberté et les bons côtés de la vie pendant un an [...], peut-être même suivre un traitement si vous pouvez le décider, un peu comme une cure de désintoxication », avait-il dit au magistrat.

Ottawa était le voyage de la dernière chance pour tenter de renouveler son passeport auprès de l'ambassade libyenne. Deux mois plus tôt, Michael avait déjà essuyé un revers auprès de Passeport Canada à Vancouver. Sa demande avait été rejetée. Et cela n'augurait rien de bon du côté libyen. Son dossier devait être envoyé en Libye pour un examen approfondi en raison d'« incohérences ».

« Il nous a dit combien il haïssait le Canada parce qu'on a retenu son passeport. Il ne pouvait pas sortir du pays, ça le frustrait », s'est souvenu un pensionnaire de l'Ottawa Mission, centre pour sans-abri d'Ottawa où Zehaf-Bibeau a séjourné jusque dans les jours qui ont précédé son épopée sanglante.

COLÈRE ET HAINE, DE PUISSANTS CATALYSEURS

Bien que le mot « radicalisation » soit devenu à la mode et ait été servi à toutes les sauces depuis ces deux drames, le parcours et la dérive terroriste de Martin Couture-Rouleau et de Michael Zehaf-Bibeau correspondent en tous points à des mécanismes identifiés et étudiés de longue date par les services de renseignement occidentaux et le monde universitaire. À lui seul, le SCRS a publié au moins une vingtaine de rapports sur le phénomène de l'islam sunnite radical ou extrémiste vu sous différents angles, depuis 2001. Sans oublier les mouvements idéologiques ou politiques dont le spectre s'étend de l'extrême gauche à l'extrême droite. Dans les années 1980, c'était le radicalisme sikh qui était l'objet de toutes les attentions au Canada, *a fortiori* après l'attentat contre le Boeing d'Air India.

Le constat dressé par plusieurs responsables de services de police et du renseignement à travers le pays est inquiétant. La menace se serait accentuée au cours des cinq dernières années et la radicalisation islamique touche une population de plus en plus jeune au sein des différentes collectivités. C'est la tranche des 15-25 ans qui est désormais considérée comme la plus à risque.

Les autorités policières et du renseignement canadiennes définissent la radicalisation comme un processus social à travers lequel un individu « délaisse des idées modérées et généralement admises au profit d'une idéologie extrémiste politique ou religieuse. » Si la pensée radicale en soi n'est pas un délit, elle devient une menace à la sécurité nationale, précise la GRC, lorsqu'une personne ou un groupe préconise la violence ou y a recours afin de promouvoir l'extrémisme politique, idéologique ou religieux.

Une fois qu'on a dit cela, le problème se corse lorsqu'on cherche à pousser plus loin la réflexion, à établir un portrait-robot du radicalisé et à décortiquer le processus de radicalisation qui peut éventuellement conduire à la violence (djihadisation), sans tomber dans la caricature et le profilage.

Chaque cas est unique, rappellent avec raison les policiers et agents du renseignement, même s'il existe des liens communs, en particulier dans le comportement. Les radicalisés proviennent de tous les horizons ethniques, familiaux et socioculturels. La radicalisation peut survenir totalement ou en partie à l'intérieur d'un petit groupe de copains ou d'une même famille.

« La radicalisation violente est un processus très complexe, fait remarquer Noomane Raboudi, politologue et islamologue à l'Université d'Ottawa. Chacun va évoluer dans une dynamique et dans un contexte social, politique, économique et intellectuel qui lui est propre. En plus du parcours individuel, il y a un tronc commun. Le terrorisme, c'est une quête de sens. On veut se prouver des choses à soi-même et aux autres. Le dernier ingrédient est idéologique. C'est la référence, la justification, la légitimation, ou la manipulation historico-religieuse. Ainsi, une personne inoffensive peut devenir un bourreau. »

La grande erreur est probablement de désigner Internet comme le grand responsable de la radicalisation ou de l'autoradicalisation. Mais ce processus n'a rien d'abstrait ni de virtuel. Le Web n'est qu'un vecteur de communication qui sert à propager des idées extrémistes et terroristes. Derrière le clavier des dizaines de milliers de comptes Twitter, Facebook et de chaînes YouTube dispersant cette propagande violente, il y a toujours un ou plusieurs humains.

« Le facteur humain est essentiel », notait déjà le SCRS en 2006, ajoutant que « même si la décision de se radicaliser est un choix personnel, il semble que le passage de la foi à la participation concrète à des activités extrémistes ne soit complété qu'après une interaction avec quelqu'un, que ce soit en personne ou virtuellement, où l'extrémiste est recruté».

Tous ces influenceurs ou incitateurs savent sur quels leviers appuyer pour attiser la colère et la haine, et faire basculer des individus vers la violence. Quels sont ces réseaux d'influence? Des prédicateurs haineux (voir le chapitre 2), des militants présents en Occident, des djihadistes sur les champs de bataille ou des «vétérans» de retour au pays.

Michael Zehaf-Bibeau, «un désillusionné qui nourrissait des croyances extrémistes», selon le commissaire Bob Paulson de la GRC, suivait avec assiduité le compte Twitter d'Abu Khalid Al-Kanadi, qui incitait à répétition «ses frères» canadiens à commettre des attentats sur leur propre sol. Zehaf-Bibeau entretenait aussi des liens avec Hasibullah Yusufzai, parti en Syrie en janvier 2014. Les deux hommes s'étaient rencontrés en Colombie-Britannique. «Zehaf-Bibeau n'a pas agi seul. Il n'a pas commis cet acte seul. Il n'en est pas arrivé là seul», a insisté le commissaire Paulson lors de la diffusion de la vidéo de revendication.

Les facteurs de radicalisation sont nombreux. Si, en Europe, on insiste beaucoup sur les difficultés d'intégration et de racisme, ce sont les enjeux qui entreraient le moins en ligne de compte au Canada. C'est l'un des constats dressés par le SCRS, en 2010, dans le cadre d'une vaste étude sur la radicalisation qui tord le cou à quelques mythes qui ont la vie dure, dont celui du terroriste éternel damné de la terre peu éduqué.

Momin Khawaja, condamné à la perpétuité, était informaticien au ministère des Affaires étrangères. Le Montréalais Chiheb Esseghaier, reconnu coupable en 2015 de complot contre un train de VIA Rail, était un chercheur brillant et réputé, auteur de nombreuses publications scientifiques. Lorsque nous l'avons rencontré en prison (voir le chapitre 7), nous lui avons bien sûr demandé ce qui avait provoqué cette cassure alors qu'il était promis à un bel avenir.

Sa réponse fut plutôt confuse : « Ma carrière scientifique, mes études, c'était un moyen et non un but, nous avait-il dit. La vie sur terre est un moyen. Le but, c'est de satisfaire le créateur de cette vie. Moi, j'ai essayé d'étudier et d'utiliser mes moyens matériels pour satisfaire le créateur parce que le jour du jugement dernier va venir. »

Selon Noomane Raboudi, de l'Université d'Ottawa, que des petits génies comme Esseghaier puissent être si facilement manipulés n'a rien de paradoxal. « La plupart des extrémistes les plus virulents viennent de filières scientifiques et non sociales. Chiheb Esseghaier est un étudiant et un scientifique brillant. En même temps, d'après ce que j'ai su, il est extrêmement naïf et psychologiquement effacé. C'est l'exemple typique du candidat recherché par les recruteurs d'Al-Qaïda. Lorsque le discours rationnel scientifique entre en conflit avec la référence identitaire, c'est cette dernière qui prendra le dessus. »

La majorité des jeunes Québécois ayant quitté le pays pour participer au djihad en Syrie sont issus de familles de la classe moyenne. Mais leurs propos et leurs écrits trahissaient une colère, une rancœur et un sentiment d'outrage et d'injustice palpables dès le début du soulèvement contre le régime de Bachar al-Assad. Un sentiment d'exclusion, aussi, engendré par la polarisation du débat entourant le projet mort-né de Charte des valeurs québécoises.

L'Occident était (et est encore) accusé de laisser le président syrien massacrer sa population, d'être indifférent à sa souffrance, d'être plus préoccupé par les victimes de l'attentat au marathon de Boston ou à la rédaction de *Charlie Hebdo* que par celles de Damas ou d'Alep. Mêmes récriminations lors de l'intervention israélienne à Gaza, en 2014. Pourtant, dans le cas de la Syrie, ce sont les enlèvements et les décapitations de journalistes par l'EI qui ont quasiment porté un coup d'arrêt aux velléités de reportages sur le terrain, puis entraîné les frappes occidentales. Qui ont, à leur tour, fait tourner l'engrenage infernal de la terreur.

Michael Zehaf-Bibeau et Martin Couture-Rouleau, tout comme les assassins du soldat Rigby à Londres et les frères Tsarnaev à Boston, ont déclaré avoir agi en représailles des actions militaires occidentales dans le monde arabo-musulman. Chiheb Esseghaier avait dénoncé à plusieurs reprises avant son arrestation et jusqu'à son procès la présence d'armées étrangères en sol musulman, décrite comme une agression. La perspective de tuer femmes et enfants lors de son projet d'attentat contre un train de VIA Rail ne suscitait aucun remords chez lui. Au contraire, il s'agissait selon lui d'un juste retour du balancier pour l'Occident qui tue femmes et enfants sur les terres musulmanes.

Opportunistes, les djihadistes et prêcheurs radicaux ont aussi saisi au bond les bavures policières ayant coûté la vie à plusieurs Noirs aux États-Unis, en particulier les cas très médiatisés de Michael Brown, à Ferguson, et d'Eric Garner, à New York, pour exacerber sur les réseaux sociaux le sentiment d'injustice et tenter de l'instrumentaliser en faveur de leur cause.

Les influenceurs, radicalisateurs et autres recruteurs vont aussi jouer sur le registre de la glorification et de l'image du « bon gars comme les autres ». « J'étais l'un de vous. J'étais un Canadien typique. J'ai grandi sur une patinoire et passé mon adolescence sur une scène à jouer de la guitare. Je n'avais pas de casier judiciaire, j'étais un étudiant brillant et je maintenais une bonne moyenne à l'université », récitait dans un décor de ruines John Maguire, rebaptisé Abu Anwar Al-Kanadi, dans sa vidéo de menace destinée au Canada en décembre 2014.

« L'État islamique consacre énormément d'efforts à donner une idée romantique du conflit, à donner un attrait romantique à une activité qui est en réalité sanglante et horrible. C'est ainsi qu'il glorifie des personnes qui sont, en fait, des terroristes s'adonnant à des activités de terrorisme », mentionna Jeff Yaworski, directeur adjoint des opérations du SCRS lors d'un témoignage au Sénat.

L'ex-policier antiterroriste Paul Laurier, qui mène des recherches sur les crimes motivés par la haine, croit qu'il est difficile de jauger l'influence réelle des appels au meurtre lancés par l'EI sur des individus comme Rouleau ou Bibeau. « Les terroristes ont une poussée narcissique importante et éprouvent le besoin de se retrouver sous les projecteurs comme beaucoup de tueurs de masse et d'amener ainsi avec eux des innocents dans la mort. L'État islamique leur fournit une justification-excuse à leur geste. C'est ce qui génère une nouvelle catégorie de tueurs. »

L'INCUBATEUR CARCÉRAL

L'un des lieux propices à cette radicalisation serait la prison. En théorie, il n'y aurait pas de meilleur endroit, en effet, que ce que l'on appelle « l'école du crime » pour se livrer au prosélytisme et au recrutement.

Selon un document classé « secret » du Centre intégré d'évaluation du terrorisme (CIET), l'univers carcéral serait un véritable incubateur à terroristes et un terreau propice à la radicalisation où, par exemple, les terroristes et extrémistes deviennent des icônes et font du prosélytisme, parfois « sous la pression ». Lorsqu'il était incarcéré à Sainte-Anne-des-Plaines, au Québec, le terroriste Ali Mohamed Dirie – décédé depuis en Syrie – avait d'ailleurs tenté de convertir plusieurs codétenus.

Comment pourrait-il en être autrement dans un environnement où la promiscuité facilite le contact permanent entre les radicalisateurs et leurs proies, des individus qui peuvent ressentir de la colère contre la société, malléables psychologiquement. « Les conditions carcérales peuvent rendre certains détenus vulnérables à la persuasion et aux influences négatives », explique-t-on dans ce document daté de 2011 qui évoque les « efforts d'endoctrinement » menés par des « islamistes qui font preuve d'une autorité charismatique ». On y indique que « le nombre de détenus musulmans a augmenté de 86 % entre 2002 et 2010 ». Ce nombre ne tient pas compte des conversions qui seraient aussi en hausse en prison. Selon les services correctionnels tant fédéral que provinciaux, ce sont des raisons plus terre-à-terre qui motivent certains détenus à réciter la profession de foi islamique : « le désir d'obtenir des avantages propres aux détenus musulmans [...] notamment un régime alimentaire particulier et une plus grande liberté de mouvement dans les établissements pour participer aux prières ».

Le cas d'Omar Bulphred est particulièrement éloquent. Ce jeune Québécois, qui avait été arrêté, accusé et condamné en 2009 pour une attaque au cocktail Molotov contre une école juive et une tentative d'attentat contre un centre communautaire juif au nom du djihad islamique, nous a décortiqué dans ses moindres détails tout le processus qui l'a fait sombrer dans la radicalisation violente lors d'un séjour derrière les barreaux. Un processus alimenté par un détenu radicalisateur.

Pendant plusieurs semaines, en 2013, le jeune homme nous a raconté de sa cellule comment et pourquoi il avait été séduit par les thèses islamistes radicales, « des chaînes qu'aucune clé ne pouvait déverrouiller ».

Précipité dans un véritable chaos intérieur, Omar Bulphred était prêt à « mourir à 20 ans pour l'islam » : « J'étais en mission, j'étais un soldat d'Allah. (...) J'avais un but, devenir un martyr. Je rêvais d'un aller simple pour le paradis, je devais me sacrifier pour la cause. » Ici ou parmi ses « frères sur le front en Afghanistan, en Palestine [...] pour partager leurs joies et leurs souffrances ».

En suivant ce fil d'Ariane de la terreur, il était remonté jusqu'à ses 19 ans. Immigré depuis l'âge de 9 ans au Québec avec sa mère chrétienne d'origine russe et son nouveau conjoint « violent et sadique », Bulphred n'est alors qu'un petit délinquant ordinaire lorsqu'il est emprisonné à Bordeaux, à Montréal. Il y purge une peine d'un an à la suite de menaces de mort. Aussitôt entre les murs, il se rapproche des détenus musulmans. « On m'a demandé si j'étais musulman, j'ai répondu que non. Alors, l'un d'eux me dit : *Ton père est algérien, tu dois être musulman aussi.* Ainsi, je me suis converti, mais avec plus de désir d'appartenance que de croyance. »

Omar Bulphred s'imprégna de cette nouvelle ferveur avec le zèle du converti. Il découvrit le Coran, fit « la prière de façon plutôt archaïque avec ses nouveaux frères ». Il changea aussi de comportement. Fini la viande de porc, la musique, le jeu d'échecs et l'habitude de serrer la main d'une femme.

Libéré, mais seul, Omar Bulphred poursuivit sa quête au contact des livres et d'Internet afin de trouver des réponses à ses multiples questionnements. « Comment devenir un bon musulman ? Pourquoi le 11 Septembre ? Qui est Ben Laden et Al-Qaïda ? Je me disais : l'islam se défend contre ses oppresseurs. J'avais enfin une identité et un but, devenir un martyr. »

« Pour s'imprégner de l'atmosphère et de la culture musulmane », Omar Bulphred fréquenta quelques mosquées à Montréal, dont une, en particulier, « pour sa réputation de repaire d'islamistes et leurs prêches virulents ».

Mais, c'est derrière son ordinateur que ce loup solitaire poursuivra son saut vers la djihadisation. « Je m'abreuvais d'images de guerre, de vidéos de propagande et de combattants djihadistes. » L'outrage le plus grand, il le ressentira à la suite des scandales de « torture dans les prisons », une référence aux dérapages d'Abou Ghraib, en Irak. « Plus personne ne pouvait désamorcer cette horloge intérieure. Le désir suprême d'être un djihadiste pour le martyr », poursuit Bulphred. Aidé par son complice Azim Ibragimov, il fomente le projet de détruire des « établissements juifs » parce que c'étaient des cibles faciles et que cela leur assurerait une couverture médiatique. Au nom du djihad islamique et pour exiger la libération des « 18 de

Toronto» arrêtés par la Gendarmerie royale du Canada et le SCRS, en 2006, pour avoir voulu notamment faire exploser la tour du CN.

En septembre 2006, un engin incendiaire est lancé contre une école juive d'Outremont. Dix jours plus tard, un véhicule subit le même sort. Le 3 avril 2007, un engin explosif artisanal est déposé devant un centre communautaire juif, mais l'attentat échoue. Ce que Bulphred ne sait pas, c'est qu'il est désormais placé sous surveillance électronique par la police de Montréal (et non la GRC, qui ne croyait pas en la nature terroriste du dossier, avons-nous appris). Ses préparatifs sont captés par des micros dissimulés dans son appartement. Le 5 avril, lors d'une perquisition secrète, les policiers découvrent différents objets pouvant servir à la fabrication d'une bombe. Les deux complices seront arrêtés une semaine plus tard.

Notre interlocuteur ne nous révéla pas s'il était entré en contact avec des éléments adeptes du djihad violent pendant sa première incarcération. Ce fut en revanche le cas après sa condamnation à sept ans de prison en 2009 pour les faits mentionnés plus haut. Il croisera alors d'autres extrémistes derrière les barreaux. En particulier un Algérien qui «ne voulait pas mourir à 80 ans paisiblement chez lui, mais plutôt en martyr. [...] Il détestait les homosexuels. Il me racontait avec le sourire ses aventures dans les montagnes d'Algérie».

Omar Bulphred, chez qui l'on a décelé par la suite le syndrome d'Asperger, a suivi des thérapies en prison. C'est aujourd'hui un homme totalement libre qui veut laisser ces années noires derrière lui. Il vit en couple, travaille et rêve à des projets de voyage. Il s'inquiète aussi de la radicalisation grandissante des jeunes séduits par les mirages et la propagande de l'EI: «Chacun a son parcours, mais ça revient toujours à l'islamisation. Ils cherchent un sens à leur vie. Ils pensent qu'en faisant la guerre, ils vont gagner le paradis. Ce sont des illusions, mais comment peux-tu arrêter l'idéologie? Tu peux arrêter quelqu'un, le mettre en cage, mais comment arrêter la propagande?»

ISOLER OU PAS ?

Il y a une dizaine d'années déjà, le SCRS avait étudié l'impact de la détention sur des « extrémistes islamiques » et les répercussions dans la société après leur libération. Les espions canadiens avaient conclu que « l'incarcération n'est pas une garantie que l'extrémiste adoucira sa position avec le temps, c'est plutôt le contraire ».

Le document s'attardait sur plusieurs figures du terrorisme dont la détention avait décuplé la dangerosité et leur sentiment de haine envers l'Occident. Au Canada, la vingtaine d'individus condamnés pour terrorisme, dont Momin Khawaja et Saïd Namouh, sont en majorité incarcérés dans des pénitenciers fédéraux au milieu de la population carcérale normale. Même chose pour ceux qui sont détenus préventivement en attente de leurs procès dans des établissements provinciaux.

La vision alarmiste partagée par plusieurs services de renseignement et policiers occidentaux, ainsi que par des intervenants sociaux, serait sans fondement, selon les résultats préliminaires d'une étude menée depuis plusieurs années par les services correctionnels canadiens avec le ministère de la Défense. Les chercheurs qui planchent sur le sujet n'auraient trouvé jusqu'à présent aucune preuve tangible permettant de conclure à une relation de cause à effet entre incarcération et radicalisation.

En attendant, aucune politique ni aucun programme n'existent au niveau fédéral pour contrer et traiter le phénomène de la radicalisation en milieu carcéral. C'est cette lacune qui a notamment provoqué la démission, en 2014, du seul imam musulman employé par le gouvernement fédéral comme aumônier dans les prisons. En 2006, la police française avait dénoncé le manque « cruel » d'aumôniers musulmans dans les prisons de ce pays, ce qui laissait le champ libre à des détenus transformés en « prêcheurs enflammés ».

Le Montréalais Mohammad Shafia, reconnu coupable du meurtre de ses trois filles et de sa femme noyées en 2009 dans une écluse, se serait transformé lui-même en prédicateur prosélyte dans la prison de Kingston, en Ontario. Chaque fois qu'il en avait l'occasion, il dirigeait la prière du vendredi et imposait sa vision ultra-radicale de la religion. C'est en tout cas ce qu'a affirmé un ancien psychologue du Service correctionnel du Canada. Le patriarche d'origine afghane aurait aussi fait régner un climat d'intimidation et de terreur auprès de ses coreligionnaires.

Aux États-Unis, certains terroristes de haut niveau sont incarcérés en isolement dans la prison à sécurité maximum de Florence, au Colorado. C'est le cas par exemple d'Ahmed Ressam, le Montréalais surnommé le «Millenium Bomber». En France, pour tenter d'endiguer le phénomène de la radicalisation, on décida au cours de l'année 2015 de créer des «quartiers dédiés» pour y regrouper les quelque 170 détenus fichés comme des islamistes radicaux à différents stades. Mais seuls les plus virulents d'entre eux furent placés en isolement.

Le gouvernement fédéral canadien avait aménagé en 2006, au coût de 3,2 millions de dollars, une aile spéciale dans l'établissement à sécurité maximale de Millhaven, en Ontario. Cette unité de seulement six cellules, surnommée la «Guantanamo du Nord» par ses détracteurs, était destinée à accueillir en isolement total des individus suspectés de terrorisme par le gouvernement et détenus par l'Agence des services frontaliers en vertu des controversés certificats de sécurité. Le Syrien Hassan Almrei, les Égyptiens Mahmoud Jaballah et Mohamed Mahjoub ainsi que l'Algérien Mohamed Harkat y ont passé plusieurs mois en isolement presque total, dans un uniforme orange, avant d'être libérés.

Cette unité controversée a été fermée en 2012. Mais l'idée de regrouper les terroristes dans les pénitenciers fédéraux est rapidement réapparue dans les cartons du gouvernement conservateur. L'isolement individuel est déjà de mise au Canada, mais cette mesure est davantage destinée à garantir la sécurité des détenus à haut risque que de se prémunir contre le prosélytisme. La cohabitation entre terroristes n'est pas toujours harmonieuse, pas plus qu'elle ne l'est entre membres de gangs. Les gardiens ont rapidement observé des luttes de pouvoir allant jusqu'à des agressions et des coups échangés entre des membres des « 18 de Toronto » incarcérés dans la même prison, un climat d'extrême violence qu'ils firent subir aussi à d'autres détenus. Momin Khawaja, le premier terroriste condamné à la prison à vie au Canada, fut ébouillanté en 2012 au centre spécial de détention de Sainte-Anne-des-Plaines. Son agresseur était Zakaria Amara, un membre des « 18 de Toronto ». Amara l'avait attaqué par surprise en l'aspergeant d'eau bouillante mélangée à une substance chimique au moment où les deux hommes préparaient leur repas du soir. Khawaja avait été hospitalisé à Montréal le temps de soigner ses blessures sur les deux tiers de son corps.

GESTES DE DÉSÉQUILIBRÉS... VRAIMENT ?

Pour être qualifié de terroriste, un acte doit-il être commis par un individu sain d'esprit ? Vu sous l'angle policier ou celui du renseignement, la présomption de maladie mentale n'est pas un critère éliminatoire qui prémunirait un suspect d'être visé par une enquête criminelle. Ce débat est réservé aux cours et aux experts appelés éventuellement à réaliser des évaluations psychiatriques.

Le converti John Stewart Nuttall, qui voulait faire exploser des cocottes-minute piégées le 1er juillet 2013 en Colombie-Britannique, était accro à l'héroïne et souffrait de graves problèmes mentaux. Les policiers en étaient conscients. Son appartement était une porcherie répugnante. Le sol était jonché de contenants de méthadone vides et de litière de chat imbibée d'excréments et d'urine. Sa télévision était barbouillée de peinture. Mais sa dangerosité tenait plus de sa farouche intention de démontrer sa dévotion à la cause djihadiste et de se « venger » des interventions militaires canadiennes que de son état psychiatrique.

Après avoir vu la vidéo enregistrée par son fils avant de passer à l'action, la mère de Michael Zehaf-Bibeau avait estimé qu'il n'était « pas bien dans sa peau », mais que ce n'était pas pour autant un « fou ».

« Si Michael Zehaf-Bibeau n'avait pas été tué, mais plutôt mis en détention, nous aurions porté contre lui des accusations de terrorisme, a pris soin de préciser le commissaire Paulson de la GRC. La définition d'activité terroriste est prévue à l'alinéa 83.01 (1) (b) du Code criminel. Selon les preuves recueillies, la GRC estime que M. Zehaf-Bibeau était un terroriste. »

Après les attentats de Saint-Jean-sur-Richelieu et d'Ottawa, le commissaire de la GRC avait démonté la tendance actuelle qui consiste à coller aussi hâtivement que systématiquement une étiquette de fou et de déséquilibré à quiconque commet un acte terroriste pour en limiter la portée ou le circonscrire dans ce carcan. « Si on regarde les gestes délibérés, réfléchis et prémédités qui ont été posés récemment, je ne suis pas du tout convaincu que la maladie mentale en est l'origine, avait-il dit. Ce qui est à la source de ces problèmes est une perspective perverse qui peut se manifester chez les gens souffrant de problèmes de santé mentale. Mais à mon avis, ces deux éléments sont tout à fait distincts. »

Louis Caprioli va plus loin encore. Selon lui, la carte de la folie évite « de mettre en avant le support doctrinal qui motive les terroristes, c'est-à-dire une interprétation erronée, à notre sens, de la religion musulmane ».

Chose certaine, non seulement la carte de la folie clôt-elle le débat, mais elle empêche, selon certains experts comme le psychologue Jocelyn Bélanger, de mieux cerner le problème. « Croire que les radicalisés sont des êtres cinglés et qu'ils n'ont pas toute leur tête, c'est commettre notre première erreur en ce qui concerne l'élaboration de stratégies efficaces de lutte contre le terrorisme, a-t-il expliqué devant le Comité sénatorial de la sécurité nationale. L'hypothèse de l'instabilité mentale reflète plutôt notre incompréhension profonde du processus de radicalisation. La nature humaine a tendance à démoniser ce qu'elle ne comprend pas, et nous sommes souvent portés à tenir trop vite pour acquis que quelque chose ne va pas dans la tête de ces personnes. »

L'embauche de psychologues judiciaires au sein des corps policiers, comme c'est déjà le cas au sein du FBI, aurait peut-être réussi à mieux cerner les intentions cachées de Martin Couture-Rouleau lors de sa dernière rencontre avec les agents des Équipes intégrées de la sécurité nationale (EISN). Le niveau de formation des agents de la paix au Canada est nettement insuffisant, voire nul, pour faire face à une telle problématique.

Fou ou pas, malade ou non, en plus de cette incertitude qui obsède les policiers sur la capacité réelle de passage à l'acte d'un individu déjà radicalisé, la priorité est d'arriver à l'anticiper en détectant son comportement. C'est d'ailleurs le but de plusieurs recherches menées entre autres aux États-Unis depuis le drame de Columbine. « Nous attendons tous celui qui arrivera à trouver la clé permettant de cerner le moment où il y a propension de passage à l'acte terroriste », nous confie un interlocuteur œuvrant dans la lutte au terrorisme.

L'indice de dangerosité d'un futur tueur de masse peut être déterminé par l'analyse de son discours entre autres sur les réseaux sociaux, avec qui il discute et ce qu'il veut montrer de sa personnalité narcissique, rappelle l'ex-policier antiterroriste Paul Laurier. « La quasi-majorité de ceux qui passent à l'acte se suicident, ce qui est aussi une caractéristique des actes terroristes que l'on peut qualifier de kamikazes. Ce sont là possiblement des pistes à explorer pour résoudre ce mystère », conclut-il.

L'imam Omar Bakri devant son quartier général de Tripoli avec l'auteur Fabrice de Pierrebourg.

Chapitre 2

—

PRÊCHEURS 2.0 DE LA COLÈRE

Il y a ceux qui tirent les ficelles et il y a les marionnettes.

— Marc Trévidic,
« Terroristes, les 7 piliers de la déraison »

« Je vous mets en garde… Celui qui s'aligne avec les États-Unis dans ce qu'ils qualifient de guerre au terrorisme implique son peuple dans un affrontement, dans un djihad avec les groupes salafistes et radicaux partout au monde. […] Est-ce qu'il y a des troupes afghanes au Canada ? Est-ce qu'Al-Qaïda a des troupes au Canada ? Pourquoi alors le Canada envoie-t-il des troupes en Afghanistan ? Pourquoi soutenir des régimes dictatoriaux ? Le Canada, longtemps connu comme pacifiste et ami, est désormais perçu par un certain nombre de musulmans et de djihadistes comme un pays ennemi. Mais il n'est jamais trop tard pour éviter que le sang coule. »

Ainsi s'exprimait il y a quelques années le cheikh Omar Bakri Muhammad Fostok. C'était sept ans avant que le Canada s'implique dans la coalition anti-État islamique. Sept ans avant que Martin

Couture-Rouleau et Michael Zehaf-Bibeau revendiquent leurs attaques comme des représailles de l'engagement militaire canadien au Moyen-Orient !

J'avais rencontré ce célèbre prédicateur djihadiste dans son fief de Tripoli, le berceau du salafisme au Liban. Son allure débonnaire de grand-père rassurant avec ses formes rondouillardes, tout de blanc vêtu, et son côté avenant et jovial contrastaient avec le caractère menaçant et résolument anti-occidental de ses propos. Bien que controversé, Omar Bakri est encore aujourd'hui un mentor et une source d'inspiration pour nombre de jeunes extrémistes, en particulier les convertis ou reconvertis (les *born again*) à la culture religieuse limitée.

On le dit né en Syrie, mais le cheikh revendique des origines libanaises. Peu importe, cette confusion entretient son mythe de personnage insaisissable, à l'image de son discours. L'homme aime aussi se faire appeler « OBM », pour Omar Bakri Muhammad, autre clin d'œil à son idole de l'époque, Oussama ben Laden, dit OBL : « Une grande légende qui a défendu une juste cause. Il mérite le respect comme toute personne qui confronte un agresseur. »

Sur le plan religieux, Omar Bakri dit adhérer à l'idéologie salafiste, doctrine devenue la « bête noire » de l'Occident, déplore-t-il. « Je suis un prêcheur radical, pas un combattant radical. Le salafisme (salaf signifie *pieux prédécesseurs*), c'est le retour à l'islam des origines tel qu'il était vécu au temps du Prophète. Tous les autres courants sont des déviances. » Discours classique.

Nous avions passé une partie de l'après-midi dans sa « bibliothèque pour la lecture et la recherche scientifique », sur les hauteurs de Tripoli, à discuter de religion, d'Al-Qaïda, de djihad et de terrorisme.

Le cheikh Bakri distillait la rhétorique habituelle du « avec nous ou contre nous » très en vogue dans les milieux islamistes radicaux. Son argumentaire tournait autour de la notion de « pacte de sécurité tacite » existant selon lui entre les musulmans et les pays occidentaux où ils résident. Un pacte qui, poursuivait le cheikh, se «brise» *de facto* lorsque ces mêmes pays «arrêtent des prêcheurs radicaux qui n'ont commis aucun crime et dont les propos s'inscrivent plutôt dans le cadre de la liberté d'expression» – «un leurre» selon lui –, adoptent des lois antiterroristes «répressives» ou s'engagent dans des conflits en sol musulman: «C'est en agissant ainsi que vous poussez les gens à joindre les rangs des radicaux djihadistes.»

Au passage, il avait décoché quelques flèches à l'endroit de ceux qu'il surnomme les *chocolate muslims*, son expression favorite pour désigner ses «frères musulmans qui s'intègrent et se laissent dissoudre» dans la société occidentale. «Ceux que vous appelez des modérés», ajouta-t-il avec sarcasme.

Le ton devint plus grave, plus sec, lorsque la discussion porta sur l'opération militaire étrangère, dont canadienne, en Afghanistan. Le cheikh Bakri fronçait les sourcils et faisait de grands gestes avec ses mains. Il était redevenu ce tribun qui, à une époque pas si lointaine, faisait des prêches enflammés au cœur de ce qu'on appelait alors le *Londonistan* britannique. Le même qui rêvait à haute voix de voir flotter le drapeau noir de l'islam non seulement au-dessus du 10, Downing Street (la résidence du premier ministre britannique), mais au-dessus du monde entier. Projet repris depuis par le calife autoproclamé de l'EI.

À plusieurs reprises depuis septembre 2001, la nébuleuse du défunt Oussama ben Laden avait déjà averti dans des messages audio et vidéo les «peuples des pays alliés» de la «clique meurtrière de la Maison-Blanche» qu'ils risquaient de subir la loi du talion. «Il est juste que les deux parties reçoivent le même traitement. Comme vous nous assassinez, vous le serez aussi, et comme vous nous bombardez, vous le serez également», prédisait un mystérieux interlocuteur dans un enregistrement diffusé sur des sites Internet djihadistes.

Pour le prédicateur, les Canadiens devaient prendre plus au sérieux les menaces d'Al-Qaïda. «Al-Qaïda considère que toute la planète est un territoire de guerre (*Dar al-Harb*). Il travaille sur du long terme. Il mène une guerre fantôme. C'est un ennemi qui te voit, mais que tu ne vois pas», soulignait-il. La seule solution qu'il entrevoyait pour les Occidentaux était de négocier avec Al-Qaïda. «Vous avez dialogué avec Nelson Mandela, l'IRA, l'OLP, etc., que vous considériez pourtant comme des terroristes», dira-t-il avec aplomb.

C'est en raison de ce genre de discours que le cheikh Bakri s'était retrouvé *persona non grata* en Grande-Bretagne. Il avait pris un billet aller simple pour le Liban. C'était juste après les attentats de l'été 2005 à Londres qu'il avait «prédits» quelques mois plus tôt. «Je n'avais fait qu'une mise en garde. Mais les médias et les autorités ont dit que c'était de la faute d'Omar Bakri.» Le prédicateur soutient qu'il n'a pas été expulsé, mais qu'il a au contraire «émigré» (la *hijra*) au Liban de son plein gré parce qu'il n'est «pas permis à un musulman de demeurer dans un pays s'il ne peut pas y exercer sa religion et ses devoirs de croyant ni exhorter la société à adopter la charia (la loi islamique)».

Sitôt arrivé à Beyrouth, il ouvrit une faculté de la charia qui ne tarda pas à attirer une cohorte d'«étudiants» salafistes londoniens. Deux semaines plus tard, il était contraint de mettre la clé sous la porte à la suite des pressions sur le Liban du gouvernement britannique. Londres craignait que les étudiants du bouillant prédicateur aboutissent ensuite dans un camp d'entraînement terroriste.

Le prédicateur avait posé ses valises à Londres vingt ans plus tôt, après son expulsion d'Arabie saoudite. Il était rapidement devenu l'une des figures emblématiques de la mouvance islamiste locale, comme Abou Hamza, l'imam borgne et aux crochets en guise de mains (extradé aux États-Unis puis condamné à la prison à perpétuité en janvier 2015).

Surnommé «l'ayatollah de Tottenham», Bakri a d'abord été à la tête d'une section locale du Hizb-ut-Tahir, groupe islamiste banni dans plusieurs pays. Il quitta ce mouvement en 1996 pour fonder al-Mouhajiroun (les émigrés), qu'il a dissous en 2004.

L'audience de ce personnage sulfureux, maître dans l'art d'évoluer sur un mince fil sémantique lorsque vient le temps de parler de terrorisme, a rapidement dépassé les frontières au point de devenir un incontournable dans le paysage du radicalisme. L'un de ses coups d'éclat médiatiques fut d'organiser des conférences portant sur les « 19 magnifiques », autrement dit les 19 pirates de l'air de l'attentat du 11 septembre 2001.

« Je n'ai pas condamné les attentats du 11 Septembre parce qu'ils avaient été commis par des djihadistes venus de l'étranger, qui avaient leur propre lecture du djihad. [...] Il y a un *hadith* qui dit: *Soutiens ton frère musulman, qu'il soit opprimé ou oppresseur.* » Et mon interlocuteur d'ajouter: « Le 11 Septembre était un aboutissement. Est-ce qu'auparavant il n'y avait pas eu de massacres en Afghanistan, Bosnie, Tchétchénie ? Les causes sont toujours là. L'Occident n'a rien compris. »

« Le djihad au service de Dieu, c'est le 6e pilier de l'islam, dans le sens de déployer des efforts pour établir un État islamiste par le biais de la bonne parole et par le djihad armé pour défendre cet État islamiste. » Ironie du sort, pendant que le cheikh Bakri s'exprimait, le camp de réfugiés libanais de Nahr al-Bared était le théâtre de violents affrontements entre des combattants djihadistes du Fatah al-Islam et l'armée libanaise, qui tentait de les déloger. Encore aujourd'hui, le bruit des armes se fait entendre dans cette cité balnéaire agitée par des combats sporadiques entre diverses factions sunnites, et aussi contre la minorité alaouite fidèle au pouvoir syrien dont l'armée a occupé les lieux jusqu'en 2005.

Le cheikh Omar Bakri ne fait plus partie du décor local. Il a été arrêté au printemps 2014 par les forces de sécurité libanaises et accusé d'« appartenance à des organisations terroristes, dont l'EI, le Front Al-Nosra et Al-Qaïda, et de vouloir établir un émirat islamique dans le nord du Liban ». On lui reprocha aussi d'avoir organisé des entraînements au maniement d'armes et d'explosifs et d'avoir « donné des leçons religieuses qui comprennent du mépris pour l'État et l'armée et qui incitent à la guerre civile ». De graves accusations qui auraient pu lui valoir une condamnation à mort, mais il s'en tira avec une peine de trois ans d'incarcération infligée par un tribunal militaire.

Pour les autorités libanaises, il semblait acquis que cet acrobate des mots était passé du stade de la parole au stade opérationnel. Chose certaine, le bouillant cheikh n'avait pas tempéré ses ardeurs depuis notre rencontre, prêtant même allégeance à l'EI et à son calife autoproclamé, Abou Bakr al-Baghdadi. Pour ses détracteurs, ses invocations et autres menaces n'étaient que des paroles lancées en l'air par un provocateur clownesque et il souffrait d'un problème de crédibilité auprès de certains groupes djihadistes locaux. Pourtant, sa cote auprès des aspirants djihadistes avait augmenté. Les réseaux sociaux avaient contribué à décupler son influence et la propagation de son discours radical sur tous les continents.

Omar Bakri se retrouva vraiment sur la sellette après l'assassinat du soldat Lee Rigby, 25 ans, à Londres en mai 2013. Michael Adebolago et Michael Adebolawe avaient d'abord renversé le militaire avec leur automobile, puis s'étaient acharnés sur lui avec un couteau et un hachoir devant des passants horrifiés. Adebolago se laissa même filmer par des témoins les mains couvertes du sang ruisselant de sa victime.

Le fait que Bakri eut promptement qualifié d'« acte courageux » les gestes des deux assassins aurait pu passer pour une autre provocation de sa part. Or, on apprit très vite qu'Adebolago était un disciple de Bakri. Les deux se connaissaient depuis environ 2004. Le jeune homme issu d'une famille chrétienne s'était converti après avoir assisté à quelques séances d'enseignement du prédicateur. Le contact avait été maintenu par la suite malgré l'exil libanais de Bakri.

« Lorsqu'il s'est converti, a déclaré Bakri au quotidien *The Independent*, il s'est fait connaître sous le prénom d'Abdullah. J'ai appris ensuite qu'il s'était attribué le nom de Muhajid. Il me posait des questions à propos de la religion. Il était curieux. Il a commencé à venir lorsqu'il y avait beaucoup de colère à propos de la guerre en Irak et de la guerre au terrorisme. Je ne sais pas si je l'ai influencé ou pas. C'était un garçon tranquille, donc quelque chose a dû se passer. »

En 2013, la GRC s'était penchée sur l'utilisation du réseau social Facebook par les extrémistes islamistes, en particulier pour faire l'apologie du terrorisme. L'analyse des policiers était basée notamment sur l'examen approfondi des comptes de deux terroristes. Ils avaient fouillé dans leurs listes d'amis, décortiqué leurs messages et exploré les liens et sites recommandés. Les auteurs du rapport de renseignement concluaient que ces individus avaient « probablement été influencés par les mêmes prêcheurs radicaux », en particulier Omar Bakri.

Toujours selon les policiers de la GRC, les deux terroristes avaient utilisé Facebook « pour établir un contact avec les groupes extrémistes » et « avoir accès à de la propagande extrémiste via le partage de liens ». Le graphique qui accompagnait le rapport décortiquait les liens Facebook et connexions virtuelles entre les terroristes et les leaders religieux considérés comme influenceurs. Le *chat room* PalTalk et des forums de discussions comme Authentic Tawheed étaient déjà (et sont encore) cités comme des plateformes offrant un contact direct entre ces prêcheurs radicaux et leurs élèves.

MENTOR D'AHMAD ROULEAU ?

Le second prêcheur ciblé dans le document de la GRC est le Londonien Anjem Choudary. Cet ex-avocat de formation d'origine pakistanaise est un disciple inconditionnel du cheikh Bakri, avec qui il avait fondé al-Muhajiroun, et dont il assure avec une certaine efficacité et assiduité la succession en Grande-Bretagne.

Ce sympathisant se réclamant de l'EI, ennemi juré des tabloïds britanniques, est connu lui aussi pour ses idées radicales, ses *fatwas* retentissantes et ses propos vitrioliques qu'il diffuse notamment par l'entremise de son compte Twitter, de son site Internet – quand celui-ci n'est pas bloqué – et de discussions sur PalTalk.

Choudary considère que les conclusions des analystes de la GRC que je lui ai soumises ne sont que de la « pure spéculation » ne reposant que sur son activité et sa présence en ligne. Il assure n'avoir jamais connu, ou avoir eu des informations, sur les deux terroristes étudiés dans le rapport avant qu'ils soient arrêtés.

Selon ce salafiste djihadiste, il n'y a pas d'islam modéré ou d'islam radical, mais un seul islam, celui qui est fidèle aux écrits et aux propos du « Coran, de la sunna et du prophète ». « Une femme est enceinte ou ne l'est pas », a-t-il déjà répliqué à un journaliste de CNN qui le questionnait sur les conversions à l'islam radical dont il serait l'initiateur.

Son discours séduit sans conteste les radicaux canadiens. Martin Couture-Rouleau, alias Abu Ibrahim Al-Canadi, à qui il a souhaité « que Dieu lui offre une place au paradis », figurait parmi ses adeptes. Tout comme Michael Zehaf-Bibeau. On sent aussi son influence chez plusieurs jeunes Montréalais qui relaient activement ses propos et écrits sur les réseaux sociaux.

Anjem Choudary m'avait longuement exposé sa doctrine et sa vision des choses, en 2013, lors d'un échange par écrit qui survenait peu après l'attentat du marathon de Boston et l'arrestation par la GRC du scientifique Chiheb Esseghaier et de son complice Rahed Jaser, reconnus coupables depuis de complot contre un train de VIA Rail (voir le chapitre 7). Il avait rendu hommage à tous ces « musulmans pour la plupart éduqués qui décident de sacrifier leur vie et leur richesse dans le but d'obtenir une place au paradis ».

« L'idée de terroriser l'ennemi dans le cadre du djihad est mentionnée dans le Coran, chapitre 8, verset 60, justifiait-il. Il est impossible de nier que le djihad (que l'on peut traduire par *effort*) fait partie du Coran, qu'il soit verbal, financier ou physique. »

À un islamologue canadien qui déplorait la «manipulation historico-religieuse» qui peut transformer une personne inoffensive en bourreau, Anjem Choudary répliqua que le «facteur le plus important» qui peut inciter un individu à «s'engager dans un djihad physique» et à «terroriser l'ennemi dans sa propre cour arrière» est plutôt l'envoi par des «régimes brutaux, tels les États-Unis, le Royaume-Uni et la France, de soldats pour attaquer les musulmans et leur voler leurs ressources».

Ces trois pays avaient été le théâtre d'attentats de «type œil pour œil» au *modus operandi* minimaliste, aux antipodes du «complexe» 11 Septembre, faisait remarquer Choudary. Mais le résultat était à ses yeux aussi important à chaque fois, car «porteur de messages qui sèment la peur dans le cœur» des Occidentaux.

Le Canada aussi se retrouvait dans la mire du prêcheur radical en raison du soutien inconditionnel du gouvernement conservateur à Israël et à sa «guerre à la terreur, considérée par les musulmans comme une guerre contre l'islam». Anjem Choudary réitérait l'argument maintes fois exprimé, y compris par Omar Bakri, voulant qu'une attaque dirigée contre une partie de l'*oumma* (la communauté des croyants) signifie une attaque contre tous les musulmans, et qu'une population est redevable des décisions de ses élus.

Ces propos virulents exprimés quelques mois avant que Michael Zehaf-Bibeau passe à l'action avaient alerté les services de renseignement canadiens. Ils sont repris dans un rapport confidentiel de six pages consacré aux «menaces visant la capitale nationale». Point troublant, les auteurs de ce rapport s'attardaient sur l'hypothèse d'une attaque à petite échelle à Ottawa perpétrée par un «tireur actif», une «situation imprévisible et évoluant rapidement».

Force est de constater que ni ce rapport, ni les avertissements lancés par ce mentor notoire de la mouvance extrémiste, ni les deux complots avortés en 2006 et en 2010 visant la Chambre des communes n'ont été pris suffisamment au sérieux par les responsables de la sécurité de la colline du Parlement.

À CHACUN SON SALAFISME

« Les gens pensent qu'on a un gourou, une sorte de gourou qui met des choses dans la tête, mais en fait, non, je n'ai jamais rencontré personne », confiait depuis Raqqa, en Syrie, le djihadiste Maxime Hauchard à la chaîne de télévision française BFM. C'était quelques mois avant de voir son nom et sa photo faire le tour du monde.

En novembre 2014, l'EI diffusa une vidéo insoutenable de décapitation collective de 18 militaires irakiens et de l'otage américain Peter Kassig. Rapidement, les autorités françaises identifièrent Maxime Hauchard, 22 ans, comme l'un des bourreaux qui tranchèrent la gorge de leurs otages, l'un après l'autre, dans une mise en scène macabre.

Maxime Hauchard n'était pas un inconnu des services de renseignement français. Il était entré en Syrie au cours de l'été 2013 via la Turquie sans se faire poser de questions malgré sa barbe, ses cheveux longs et ses bottes militaires. Dans le petit village normand où il avait grandi, ce fut la stupeur. Comment Maxime, ce garçon timide élevé dans une « bonne famille », avait-il pu sombrer dans l'horreur ?

Maxime Hauchard avait commencé dans Internet son processus de radicalisation en s'abreuvant des discours des prédicateurs salafistes. Sur son compte Facebook enregistré sous le nom de Tariq Abdallah al Faransî, il avait relayé dès 2012 l'un des prêches enflammés d'un imam montréalais, Sulaiman Al-Hayiti.

Telles des abeilles frénétiques, les jeunes radicalisés, en particulier les néo-convertis, ont tendance à butiner ici et là les propos de prêcheurs salafistes omniprésents dans l'espace virtuel, y compris ceux qualifiés de « quiétistes ». Or, la particularité de ces « quiétistes » est d'être en conflit ouvert avec les mouvements djihadistes comme l'EI et leurs « grandes gueules » qui se revendiquent eux aussi du salafisme – comme Omar Bakri, les Londoniens Anjem Choudary et Mizanur Rahman, alias Abou Baraa. Ils les considèrent comme des imposteurs « déviants », « égarés », des « takfiristes » (radicaux qui excommunient les musulmans qui ne pensent pas comme eux et qui considèrent légitime de les tuer).

Al-Hayiti fait partie de ces « quiétistes ». Il est décrit sur un site Internet salafiste comme un « prêcheur du juste milieu, sans extrémisme (terrorisme) et sans laxisme (islam de France) ». Né dans une famille catholique, converti à la religion musulmane à l'âge de 16 ans puis formé à l'Université de Médine, en Arabie saoudite, il prône sans surprise une interprétation très stricte des textes du Coran et de la sunna de « l'islam dans toute sa pureté ». Al-Hayiti, c'est le zèle du converti mêlé à l'ultra-orthodoxie du salafisme, phénomène classique. Lui aussi doit sa notoriété et sa résonance à Internet, grâce auquel il diffuse depuis des années ses « cours », et plus récemment aux réseaux sociaux. Le fait qu'il prêche en français lui permet de toucher un large auditoire dans la francophonie outre-Atlantique.

En parfait porte-voix de la doctrine salafiste, l'imam Al-Hayiti pourfend la démocratie et prône notamment l'interdiction de la mixité homme-femme, y compris dans les lieux publics, et prône le port du voile intégral. Selon lui, la mixité entraîne « l'adultère, la fornication, le viol, la pédophilie, les MTS, le sida, les enfants illégitimes, la délinquance, l'impudeur, l'obscénité, le crime, la violence, etc ». Et d'ajouter : « Toutes ces choses sont des punitions d'Allah. »

L'imam montréalais ne tarda pas à se dissocier publiquement des agissements du bourreau français et de tous les « malades mentaux » [*sic*] de l'EI et d'affirmer que rien dans le Coran, dans la sunna et la charia ne permet de justifier leurs actions ou de se revendiquer du salafisme : « Les grands savants salafi du monde musulman ont tous, sans exception, condamné les actions des groupes extrémistes comme Da'ish (Daesh ou EI), Al-Qaa'idah (Al-Qaïda), Boko Haram, Jaysh An-Nousrah, Ansar Ash-Shari'ah, le GIA, ainsi que tous les autres groupes semblables de tendance djihadiste», écrivit-il alors sur Internet.

La suite de son argumentaire mérite d'être lue avec attention: «Si Hauchard avait réellement étudié l'islam par l'intermédiaire de mes cours ou des cours d'autres prêcheurs salafi francophones avec sincérité et rigueur, il n'aurait jamais terminé avec Da'ish (Daesh ou EI). Mais, au lieu de cela, il a préféré écouter un peu n'importe qui et n'importe quoi sur YouTube et sur Internet et il a mélangé les enseignements des prêcheurs salafi et les enseignements de ceux qui s'opposent à ceux-ci, parmi ceux qu'il a partagés sur son mur sur Facebook sans faire aucune distinction.»

Au cours des dernières années, les services de renseignement canadiens, comme la plupart de leurs homologues occidentaux, ont tenté de mesurer l'influence et les «efforts de guides spirituels charismatiques aux opinions extrémistes» parmi les causes de radicalisation, notamment auprès des jeunes «impressionnables», mais sans pour autant s'attarder sur ce clivage entre courants «quiétistes» et djihadistes. Un salafiste «quiétiste» ancré dans ses idées n'est pas forcément dangereux, mais la ligne est mince, concède l'un de nos interlocuteurs. Dans les arcanes du renseignement et de la lutte au terrorisme, on a plutôt tendance à considérer que quiconque prône une idéologie bâtie sur une opposition à l'autre et favorisant le repli sur soi contribue à la radicalisation en particulier des jeunes plus influençables, impulsifs, voire perturbés et pour la plupart sans réelle culture religieuse.

Cette emprise s'est accentuée avec l'avènement d'Internet qui permet une accessibilité en continu sept jours sur sept, 24 heures sur 24, de ces influenceurs. En 2011, le SCRS soulignait avoir remarqué une tendance impliquant des extrémistes «qui ont été radicalisés, c'est-à-dire embrassé une vision salafiste de la religion, presque uniquement sur Internet, sans aucune ou peu d'influence du monde réel».

En analysant statistiquement les réseaux sociaux à la recherche d'indices (entre autres grâce à des logiciels), il est désormais possible d'identifier rapidement les influenceurs – personnes ou organismes. Ceux-ci bombardent des messages subtils contre l'Occident sans toutefois être au centre d'une discussion. Ils chauffent la marmite de l'extérieur afin de modifier le ton des conversations. C'est en quelque sorte l'armée djihadiste des réseaux sociaux.

Si, de fait, les mosquées officielles et les petits *musallâs* (salles de prières), certaines clandestines, ont perdu leur attrait et leur importance dans le processus de recrutement et de radicalisation, certaines, y compris à Montréal, seraient toujours sur le radar des policiers et du SCRS. Les infiltrer en utilisant des agents doubles représente néanmoins un défi. «La tâche n'est pas simple, confie un autre policier. Ils se méfient. Le nouveau venu risque d'être questionné. On lui demandera, par exemple, de quel village il vient afin de vérifier par la suite auprès de fidèles originaires du même secteur et tenter d'en savoir plus sur lui.»

Le mot se passe aussi parmi certains jeunes aspirants au djihad montréalais que la GRC est «partout dans les mosquées». Certains vont même plus loin en accusant les imams au Canada d'être «corrompus» et de «cacher les vraies paroles du prophète».

Au niveau fédéral, le SCRS a déjà concédé aborder les enquêtes visant des lieux de culte «avec délicatesse [...] en raison des répercussions évidentes que pourrait y causer toute activité d'enquête ou opérationnelle. Cela ne veut pas dire que nous les laissons de côté ou les considérons intouchables». Légalement, le SCRS n'enquête que sur des individus et des activités qui représentent une menace grave contre des personnes ou des biens, peu importe le lieu où se situe la menace.

De leur côté, depuis des années certains leaders religieux canadiens très en vue se sont montrés ouvertement réfractaires à toute collaboration entre la communauté et le SCRS. Un organisme a déjà publié un communiqué encourageant « tous les musulmans » à garder le silence et même à éventuellement appeler la police en cas de visite d'un agent de renseignement.

La partie n'est jamais gagnée d'avance pour les policiers qui souhaitent enquêter sur un lieu de culte, un prêcheur radical qui souffle sur les braises de la colère ou encore l'administrateur d'un site Internet extrémiste. Ceux qui gravitent dans le domaine ont souvent ressenti dans le passé un inconfort soit de leur exécutif « lié au politique qui, lui, calcule toujours en fonction du nombre de votes », soit de l'appareil judiciaire lorsque vient le temps, par exemple, de pousser plus loin une enquête et réclamer un mandat d'écoute électronique. À moins que l'individu ou le groupe visé ait les deux mains dans la « cocotte-minute pleine de clous »... « Il y a une frilosité, observe l'un de nos interlocuteurs. On nous a déjà invoqué la liberté d'expression et les chartes pour nous refuser un mandat. Et pourtant, inciter à la haine envers un groupe identifiable, que ce soit les femmes ou les homosexuels, est criminel. »

Pour neutraliser l'imam Saïd Jaziri, considéré comme un agitateur, le gouvernement fédéral avait plutôt utilisé le prétexte qu'il avait omis de déclarer aux fonctionnaires de l'Immigration ses antécédents criminels en France. L'imam a finalement été expulsé en Tunisie, en 2007, dans un avion privé affrété par le gouvernement canadien. Il avait longtemps invoqué le risque de torture si on le renvoyait à Tunis. Mais, sitôt débarqué en Tunisie, Saïd Jaziri a accusé les fonctionnaires canadiens qui l'escortaient de l'avoir torturé physiquement dans l'avion.

L'imam a resurgi dans l'actualité en décembre 2011 après que des douaniers américains l'eurent découvert caché dans le coffre de la voiture d'un passeur, entre la frontière mexicaine et San Diego, en Californie. Le Tunisien tentait de revenir au Canada en clandestinité. «J'ai vécu dix ans et demi au Québec, les meilleurs moments de ma vie. Au début, j'étais modéré, mais j'ai dérapé. Le résultat de trop de tensions, de l'ignorance aussi», m'avait-il confié alors qu'il était incarcéré aux États-Unis.

Aujourd'hui, Saïd Jaziri dirige le parti «Errahma» (la miséricorde) considéré comme inféodé au salafisme et qui prône l'introduction de la charia dans la constitution tunisienne. Néanmoins, il n'a pas tiré un trait sur sa volonté de revenir légalement au Canada, pays dont il est banni depuis son expulsion.

Le fait d'être éloigné géographiquement du Canada ne l'empêche pas d'être présent dans le paysage religieux local, loin de là. L'imam Saïd Jaziri dirige toujours la mosquée Al Qods, rue Bélanger à Montréal, ainsi que l'Association coranique de Montréal, qui la gère, reconnue comme un organisme de bienfaisance. Ses actifs montréalais sont évalués à 2,5 millions de dollars.

PRÉLUDE AU RECRUTEMENT

L'endoctrinement salafiste, bête noire de l'Occident, peut-il être directement tenu responsable du basculement vers l'extrémisme violent et la djihadisation?

Syed Badiuddin Soharwardy, imam d'origine pakistanaise et fondateur de l'organisme Musulmans contre le terrorisme, est d'avis que le terrorisme islamiste se nourrit de ce discours intégriste religieux, qu'il soit «quiétiste ou non». Lors d'une comparution devant un comité parlementaire, à Ottawa, il a exhorté le gouvernement à lutter «contre cette idéologie d'intolérance qui facilite et ouvre la porte au recrutement des gens par des organisations terroristes» qui ont «pris sa religion en otage».

L'imam raconta l'anecdote suivante pour illustrer cette diffusion du discours d'intolérance au Canada: «J'assistais à la prière du vendredi, dans une mosquée de Toronto. L'imam a dit ouvertement aux 300 à 400 personnes présentes: *Lorsque vous voyez un non-musulman venir vers vous dans la rue, ne lui cédez pas le passage, essayez de lui bloquer la voie afin qu'il doive se tasser contre le mur.* »

L'imam a eu surtout des mots assez durs envers l'Arabie saoudite, fidèle allié du Canada et «terreau de l'idéologie qui crée le terrorisme» incarné par Boko Haram, Al-Shabab, Al-Qaïda, l'EI et tous les autres. «Ce n'est pas l'islam qui les unit, c'est leur idéologie wahhabite salafiste. Ces gens sont financés, soutenus, formés par l'Arabie saoudite.»

Dans un document secret rédigé en 2007 sur la radicalisation au Canada, les analystes du SCRS relevaient ceci: «Bien que tous les salafistes et les islamistes ne soient pas extrémistes, tous les extrémistes sont salafistes et islamistes.» Un point de vue réfuté fermement par l'imam salafiste Al-Hayiti: «Être contre la démocratie, la laïcité, la mixité, la mécréance, l'idolâtrie et défendre la charia ne fait pas de quelqu'un un terroriste.» Fait intéressant, l'imam a déjà affirmé sur son compte Twitter que «certaines mosquées à Montréal font l'apologie des atrocités» de l'EI: «Ça, il faut l'interdire sans hésitation!»

Ses déclarations publiques condamnant les actes de violence commis au nom de l'idéologie djihadiste n'ont pas empêché le prêcheur montréalais d'être banni de l'autre côté de l'Atlantique. L'imam Al-Hayiti en a fait la douloureuse expérience en 2013 à son arrivée à Amsterdam, première escale avant de poursuivre vers Montpellier, dans le sud de la France, où il était attendu pour un séminaire salafiste. Le Montréalais fut contraint de rebrousser chemin vers Montréal après avoir été avisé qu'il était interdit de séjour dans l'espace européen.

RADICALISATION OSTENTATOIRE

La question de l'influence réelle des prêcheurs sur l'endoctrinement et la radicalisation des jeunes musulmans s'est posée plus récemment encore, toujours au Québec, avec les dossiers médiatisés d'Adil Charkaoui et de Hamza Chaoui. Les deux leaders religieux, dont il est question à plusieurs reprises dans cet ouvrage, ont en point commun de faire du prosélytisme et de cibler les jeunes auprès de qui ils exercent autant d'attrait que de fascination. Ils sont aussi à l'origine de nombreuses conversions.

De leur côté, les agents affectés au renseignement constataient un crescendo dans les propos et messages relayés sur les réseaux sociaux (Twitter, Instagram, Facebook) par plusieurs des jeunes adeptes affichés et inconditionnels des deux imams Charkaoui et Chaoui.

Adil Charkaoui s'était emporté lorsque nous l'avions interpellé à ce sujet, en février 2015, lors d'une conférence de presse sous haute tension. Comment pouvait-il ne pas être au courant de la radicalisation du discours des jeunes étudiants du Collège de Rosemont partis en Syrie ? lui avions-nous demandé, sachant que la plupart d'entre eux fréquentaient son centre et interagissaient avec lui sur Facebook et Twitter. Piqué au vif, l'imam renvoya plutôt la balle dans le camp de la police et du SCRS qu'il accusa de se livrer à des opérations d'espionnage dans les mosquées.

Pour Adil Charkaoui, les imams comme lui constitueraient au contraire un rempart contre le terrorisme : « Martin Couture-Rouleau ou Michael Zehaf-Bibeau avaient été mis au ban de leur communauté, ils étaient isolés alors que nous, on fait de la déradicalisation en offrant des activités d'implication citoyenne, des manifestations, des pétitions. »

Omar Bakri s'était défini lui aussi lors de notre entretien comme un déradicalisateur avant l'heure, une soupape de sûreté : « Nous avons empêché les jeunes radicaux de basculer dans des actes djihadistes militaires. Les jeunes musulmans éprouvent un fort ressentiment. Ils sont furieux qu'il y ait des morts partout dans le monde musulman, en Palestine, en Afghanistan... Notre rôle, c'est de canaliser cette colère vers des conférences, des rencontres, etc. »

Cette radicalisation de plus en plus ostentatoire, sans complexe et inquiétante, conduisait ces jeunes Québécois à s'afficher comme « soldats d'Allah », à exprimer ouvertement, pêle-mêle, leurs sympathies envers Oussama ben Laden ou l'EI, à justifier la tuerie de *Charlie Hebdo*, à se revendiquer des frères Kouachi et de figures du djihadisme tels Anwar al-Awlaki (chef d'Al-Qaïda en péninsule arabique tué par un tir de drone en 2011) et Abou Moussab al-Zarkaoui (chef d'Al-Qaïda en Irak tué en 2006). Et même de rêver mourir en martyr !

Un de ces étudiants montréalais qui se vantait d'avoir prêté allégeance au calife de l'EI alimentait aussi régulièrement un blogue faisant l'apologie de ce groupe terroriste, ainsi qu'une multitude de comptes sur les réseaux sociaux fréquemment censurés par Twitter ou Instagram. Il avait intitulé l'un d'eux : « Qu'Allah pulvérise ces salauds du SCRS ».

Une autre de ses disciples assidus poussera même la provocation jusqu'à photographier sa main tenant le désormais célèbre étendard noir et blanc de l'EI, en version modèle réduit, au pied de l'Assem-

blée nationale à Québec. Cette mise en scène à la forte portée symbolique créa, selon nos sources, une petite panique dans le bureau du président de l'Assemblée nationale ainsi que de son directeur de la sécurité.

Quelques semaines plus tôt, la même disciple avait rédigé un gazouillis dans lequel elle mentionnait que « selon l'avis » de plusieurs religieux, les « homos devaient être brûlés » ou « jetés (du haut d'un immeuble ?) et lapidés par la suite ».

Ces jeunes internautes qui se radicalisent à la vitesse grand V sont des cas typiques d'individus représentant un nouveau défi pour les agents chargés de la lutte au terrorisme, qui doivent constamment jauger leur niveau de dangerosité. En 2010, le SCRS avait même senti le besoin de rédiger un guide destiné à ses équipes régionales afin qu'elles soient mieux outillées pour départager ceux qui ne font que parler fort des véritables extrémistes devant être ciblés par une enquête parce qu'ils « ont l'intention de faire peser une menace sur la sécurité du Canada ».

Adil Charkaoui, qui s'est rebaptisé cheikh Abou abd'Allah Charkaoui, est le président et administrateur du Centre communautaire islamique Assahaba, qu'il a ouvert en 2012, dans l'est de Montréal. Il y accueille ses fidèles pour diverses activités tant sociales et sportives que religieuses avec un certain succès puisque le cheikh, qui revendique une fréquentation d'un millier de fidèles, songea à déménager dans une bâtisse à proximité, dont le prix d'acquisition est de 1,5 million de dollars. « Cependant, nous avons négocié des facilités de paiement d'un an sans intérêts », précise-t-on sur la page Facebook du Centre. La somme demeure colossale pour une communauté qui ne roule pas sur l'or.

L'imam, visé par deux certificats de sécurité dans les années 2000 (voir le chapitre 6), s'est retrouvé encore une fois dans la tourmente après le départ, ou la tentative de départ, en plusieurs vagues vers la Syrie de près d'une vingtaine de jeunes Montréalais dont certains faisaient partie de son cercle rapproché (voir le chapitre 4). D'un seul coup, l'inquiétude a gagné les autorités politiques locales et provinciales. Et des langues se sont déliées dans la communauté et dans les familles concernées.

C'est ainsi que Jad Zibara, père d'une jeune étudiante de 19 ans arrêtée par la GRC avant son départ pour la Syrie, pointa du doigt le Centre Assahaba et son célèbre imam. « Ma fille est une victime d'Adil Charkaoui. Il met la haine dans le cœur des jeunes. »

Cet entrepreneur de confession chiite raconta qu'il aurait vu sa fille se transformer après qu'elle eut commencé à fréquenter la mosquée de l'imam Charkaoui. Selon lui, elle aurait été « manipulée ». « Elle a adopté des idées radicales. Elle est venue me dire que les chiites sont des mécréants. J'ai compris qu'ils avaient commencé à lui dire qu'elle était dans la mauvaise voie. Qu'elle n'était pas avec les bons musulmans, que EUX sont les bons musulmans. Ils ont commencé à l'endoctriner doucement. Elle était au Collège de Maisonneuve, où il y a des jeunes adeptes d'idées extrémistes qui viennent de l'Arabie saoudite, de Daesh ou d'Al-Nosra (branche syrienne d'Al-Qaïda). »

Le père accablé par la peine a tout tenté pour renverser la vapeur. Il se lança dans de longues discussions sur la religion, les relations humaines, avec sa fille. Rien n'y fit. « Apparemment, ils ont gagné la bataille contre moi. Ils ont su m'arracher ma fille. »

Des accusations balayées du revers de la main par l'imam Charkaoui : « Personne dans ce centre ne peut tenir un discours malveillant. On les fout à la porte. »

Mais cela faisait toutefois plusieurs mois que les policiers, et probablement les agents de renseignement, s'intéressaient de près aux activités d'« enseignement » du cheikh Charkaoui dispensées tant dans son centre que dans les locaux qu'il louait dans le Collège de Rosemont et le Collège de Maisonneuve. Des activités ouvertes aux enfants âgés de six ans et plus.

Quant à l'imam Hamza Chaoui, il était peu connu du grand public et des médias jusqu'à ce que sa tentative d'ouvrir un lieu de culte sous couvert d'activités communautaires déclenche une levée de boucliers à l'Hôtel de ville de Montréal. Le maire, Denis Coderre, qui le traita d'«agent de radicalisation» et de «fomenteur de désordre», ainsi que son homologue de l'arrondissement où l'imam voulait s'établir invoquèrent des motifs de sécurité publique pour le contraindre à cesser ses travaux dans le local qu'il venait de louer et à renoncer à son projet. Quels étaient ces motifs? Les élus restèrent discrets à ce sujet. Ils firent seulement allusion à des informations obtenues auprès de corps policiers. L'imam Chaoui contre-attaqua en déposant une poursuite en diffamation de 500 000$ contre Denis Coderre.

Quelques mois plus tôt, l'imam s'était fait montrer la porte d'une mosquée montréalaise «pour ne pas contaminer les jeunes» en raison de «petits dérapages» dans ses prêches, révélera par la suite un membre de la communauté musulmane locale, sans en dire davantage. Hamza Chaoui fait partie de ces imams qui distillent ouvertement une vision rigoriste de leur religion. Il considère – air connu – que voter c'est commettre un péché et qu'il y a incompatibilité entre «la législation islamique» et la démocratie parce que ce système permet l'élection au parlement d'un «mécréant ou bien d'un homosexuel ou d'un athée qui affirme l'inexistence d'Allah».

Cet ex-diplômé et imam de l'Université Laval, à Québec, dispensait déjà sa bonne parole dans divers lieux de culte à travers la province, dont celui d'Adil Charkaoui. Il «enseignait» aussi sur Internet via l'Institut Atlas, une école de la charia en ligne basée au Québec dont il était à la même époque le coordonnateur pédagogique. Lotfi Abdurrahman, imam au Centre islamique Badr, à Montréal, figure aussi parmi les enseignants de l'Institut Atlas. Il possède sa propre chaîne, JannahTv Islam, disponible sur YouTube, et donne des cours sur le coran à l'Université du Québec à Montréal (UQAM) le vendredi.

On remarque aussi les noms des prédicateurs islamistes radicaux français Farid Mounir et Nader Abou Anas, et de Mouhammad

Patel. Ces trois orateurs bannissent la mixité, considèrent qu'une femme doit «obéir à son mari» et raser les murs dans la rue lorsqu'elle est autorisée à sortir de chez elle, que c'est un péché de lui serrer la main, que de refuser de porter le voile est «pire» que d'avoir le cancer, que la musique est une «voix de Satan qui pousse à commettre l'adultère, pervertit les mœurs» ou encore que la télévision est un «poison» à cause des lectrices de nouvelles «dénudées».

Ils étaient attendus comme des superstars au Palais des congrès de Montréal, en septembre 2013, pour une conférence, une initiative du Centre islamique Badr. Des centaines de fidèles avaient déboursé 25 $ pour voir de près et écouter ces prédicateurs très controversés, y compris au sein de la communauté musulmane. La polémique qui précéda leur arrivée, décrite comme une «campagne de diabolisation» par les organisateurs, déclencha un branle-bas chez les autorités de Québec et d'Ottawa. Selon nos sources, les fonctionnaires canadiens en poste à l'ambassade du Canada à Paris, essentiellement ceux de l'Agence des services frontaliers et du SCRS, furent mis à contribution pour vérifier les antécédents des conférenciers. Ces deux organismes collaborent régulièrement pour empêcher au besoin des individus suspectés de se livrer à des activités de recrutement ou de prosélytisme extrémiste d'entrer au Canada.

Après une volte-face du Palais des congrès, l'évènement se tint finalement entre les murs de la mosquée Al-Omah Al-Islamiah, au centre-ville de Montréal, dans un relatif anonymat. Seul Nader Abou Anas brillait par son absence. Avait-il renoncé à traverser l'Atlantique pour échapper à la polémique ou bien avait-il été refoulé à la frontière? Nul ne le sait.

Perquisition de la GRC chez un jeune Montréalais suspecté d'avoir voulu rejoindre l'État islamique.
Photo : François Roy, *La Presse*

Chapitre 3

—

SUIVEZ L'ARGENT

Les hommes ont besoin de djihad et le djihad a besoin d'argent.

— Farah Shirdon,
combattant canadien de l'État islamique

Un maigre 16,68 $, à peine plus qu'une entrée au cinéma. Voilà combien il en a coûté à un apprenti terroriste canadien pour acheter, au Dollarama, les articles qui lui manquaient pour confectionner une bombe.

Selon des enquêteurs de la GRC, le suspect suivait les conseils du magazine *Inspire*, publié en anglais par Al-Qaïda dans la péninsule arabique. Personnellement, il était plutôt adepte de l'État islamique, mais il appréciait tout de même le côté percutant de la publication du groupe djihadiste concurrent.

L'article intitulé « Comment fabriquer une bombe dans la cuisine de votre maman » avait attiré son attention. Il l'avait minutieusement recopié à la main sur une feuille. Il avait effectivement trouvé autour de lui, à la maison, une grande partie du matériel nécessaire. Puis, il était sorti faire ses achats. Pour une bouchée de pain.

Son plan n'a jamais été mis à exécution. La bombe n'a pas été assemblée. Mais l'anecdote illustre bien à quel point le terrorisme n'est pas toujours une entreprise coûteuse.

Et pourtant, même en cette ère de djihad à bas prix, tous les policiers le disent: «Il y a toujours une connexion financière dans un dossier de nature terroriste.» Il faut un minimum d'argent. Pour les enquêteurs de la police ou des services de renseignement, la beauté de la chose, c'est que la plupart de ces transactions laissent des traces. Un retrait d'argent dans un guichet automatique, une transaction pour acheter un billet d'avion vers la Turquie, un petit virement à un «ami» via Internet ou le service de transfert Western Union.

La cellule terroriste la plus discrète qui soit ou le loup solitaire le plus casanier vont à un moment ou à un autre effectuer une transaction qui aidera une enquête et lui donnera un nouveau départ. Un suspect qui fait un repérage dans un centre commercial sera peut-être filmé en train de retirer de l'argent à un guichet. À partir de là, si on obtient ses coordonnées bancaires, on sera peut-être capable de mettre un nom sur son visage.

À Montréal, quand la GRC a récemment eu besoin d'un nouveau directeur des opérations pour son Équipe intégrée de la sécurité nationale (EISN), elle a d'ailleurs confié la tâche au sergent Mathieu Doyon, un expert de la criminalité financière passé maître dans l'art de fouiller les données bancaires des criminels, qu'ils soient trafiquants de drogue, fraudeurs ou... terroristes.

LE PLUS GROS N'EST PAS LA PRIORITÉ

Les policiers et responsables gouvernementaux ne le crient pas sur tous les toits, mais ils sont à peu près unanimes sur un point: le champion du financement du terrorisme au Canada, et de loin, c'est le Hezbollah libanais. Nous reviendrons plus loin sur ce mouvement armé chiite, non seulement l'ennemi juré d'Israël mais aussi de l'EI, qui a établi au Canada une solide infrastructure de collecte de fonds.

Car, en matière de financement du terrorisme au Canada, le « champion » n'est pas la cible principale des autorités. La priorité absolue depuis quelques années, ce sont les sympathisants des groupes extrémistes sunnites – comme l'EI, Al-Qaïda et leurs alliés – ainsi que les « voyageurs à risque » canadiens qui souhaitent quitter le pays pour aller rejoindre ces groupes, que ce soit en Syrie, au Maghreb ou ailleurs. Ceux-là représentent une menace plus urgente.

« En ce sens, nous suivons la stratégie antiterroriste du gouvernement du Canada », explique Barry MacKillop, sous-directeur du Centre d'analyse des opérations et déclarations financières du Canada (CANAFE), un organisme fédéral de surveillance qui recueille ses informations auprès du secteur financier et qui transmet ses cibles jugées prioritaires aux organismes d'application de la loi.

Pour les autorités canadiennes, l'émergence de l'EI a bouleversé la façon de voir la relation entre terrorisme et argent. Contrairement à plusieurs groupes qui avaient depuis longtemps fait du Canada leur base de financement d'où partaient de grosses sommes destinées à soutenir la « cause » à l'étranger, l'EI semble peu intéressé à l'argent des Canadiens.

Ce n'est pas que l'argent ne soit pas important. Il demeure le nerf de la guerre. Il joue un grand rôle dans le pouvoir d'attraction et la force de résilience du groupe sur le terrain. Mais l'EI a pris le contrôle d'un vaste territoire riche en puits de pétrole. Il peut extorquer des fonds importants aux populations et aux industries locales. Il a dévalisé la banque centrale de Mossoul, en Irak, où un gouverneur en fuite a affirmé qu'ils ont pu mettre la main sur 500 milliards de dinars, soit à peu près 425 millions de dollars américains. Selon plusieurs rapports, le groupe fait aussi fortune avec la vente d'antiquités et d'artéfacts historiques pillés dans le berceau de la civilisation. D'où son peu d'intérêt à passer le chapeau pour amasser des dons individuels au Canada.

« Ils sont riches, apparemment. Le financement venu du Canada est probablement faible jusqu'à présent », constate Barry MacKillop.

Le sous-commissaire de la Police provinciale de l'Ontario W. Scott Tod, qui est notamment responsable des enquêtes antiterroristes du corps policier, constate lui aussi que le Canada a surtout engendré « des voyageurs qui financent eux-mêmes leurs voyages », bien que des tentatives de création d'un embryon de financement plus structuré aient été soupçonnées.

Il n'y donc pas de gros flux financier entre le Canada et le territoire de l'EI. Mais il y a une foule de petites transactions que les autorités ne veulent pas manquer, car il s'agit d'une des façons de démasquer tous ces « touristes de la terreur » qui partent, ou tentent de partir, afin de rejoindre l'EI ou un autre groupe terroriste. Ceux-ci doivent acheter un billet d'avion et des effets personnels destinés au voyage. Ils doivent parfois payer pour un passeport et un visa d'entrée. Ils doivent aussi prévoir des fonds pour continuer leur voyage vers la Syrie après leur arrivée dans un pays limitrophe, ainsi que pour payer hébergement et nourriture en route : les magazines de propagande djihadiste suggèrent d'avoir en main entre 1 000 $ et 3 000 $ avant de prendre l'avion.

De très jeunes Canadiens ont été séduits par cette perspective, mais, dans plusieurs cas, notamment à cause de leur âge, ils n'avaient pas assez d'économies pour partir. Qu'à cela ne tienne ! Les guides de voyage produits par l'EI et les discussions sur les réseaux sociaux leur fournissent une foule d'astuces pour trouver rapidement les fonds dont ils ont besoin.

« Souvent, les jeunes vont maximiser leur crédit et même pratiquer le crédit rotatif. Ça fait partie du *modus operandi* des combattants étrangers et ça fait partie de la propagande », explique un policier expert en la question. Les enquêteurs ont vu des jeunes à peine majeurs qui envisageaient la possibilité d'un voyage vers la Syrie et sollicitaient des prêts de quelques milliers de dollars auprès d'institutions financières. Le tout avec une facilité déconcertante, même s'ils n'avaient occupé que des emplois au salaire minimum à temps partiel. Ces apprentis djihadistes manifestaient peu de scrupules à l'idée de s'enfuir avec le pactole sans jamais rembourser les banques des «infidèles».

Suivant le même principe, d'autres se seraient fait suggérer de faire une nouvelle demande de carte de crédit, de l'utiliser pour acheter leur billet d'avion puis de retirer un maximum d'argent comptant sur la marge de crédit avant de partir. «Ce n'est pas très compliqué, tu vas dans un centre commercial et tout le monde veut te donner une carte de crédit», constate une source bien au fait des stratagèmes à la mode.

On a même vu des jeunes radicalisés se rendre dans un grand magasin d'appareils électroniques et acheter des biens de grande valeur (ordinateur, téléviseur grand format) et profiter de plans de financement sur un an, sans faire grand secret de leur intention d'arrêter les paiements bien avant 12 mois.

D'autres jeunes radicalisés placés sous surveillance travaillaient peu ou pas, avaient abandonné leurs études et passaient leurs journées sur le Web à discuter de djihad, mais ils continuaient tout de même à subvenir à leurs besoins, du moins en partie, grâce au système de prêts et bourses pour étudiants.

Ceux qui veulent quitter pour toujours le pays et ne comptent pas y revenir vivants n'hésitent pas non plus à liquider leurs possessions pour payer leur voyage. Certains des cégépiens montréalais qui sont partis rejoindre l'EI en janvier 2015 avaient ainsi bradé des articles de valeur sur les réseaux sociaux ou les sites de petites annonces. L'un proposait une console PlayStation, l'autre une robe de bal tout juste utilisée pour la fin du secondaire.

En rétrospective, lorsqu'on songe à l'endroit où la jeune Shayma Senouci, 18 ans, se dirigeait, son annonce publiée sur le site de revente Kijiji donne froid dans le dos: «Bonjour, je vends une robe de soirée que j'ai achetée pour mon bal de secondaire V. Je l'ai portée deux fois lors de deux soirées. Je l'ai apportée chez le nettoyeur, donc elle est comme neuve ! C'est une robe d'Anais Designs et elle est de taille 2, donc une petite taille. Aucune retouche n'a été faite, elle est telle que lors de sa sortie du magasin. Le prix est discutable avec des gens sérieux. Je peux me déplacer à Montréal et à Laval. Aussi, j'ai des accessoires que je peux vendre à prix raisonnable sur demande », écrivait-elle. Le prix demandé était de 300 $.

C'est sans compter l'adolescent de 15 ans ultra-radical qui a été arrêté par la police à Montréal, en octobre 2014, pour avoir tenté de financer son voyage vers une terre « sainte » par un braquage de dépanneur (voir le chapitre 4).

RECONNAÎTRE LES TERRORISTES À LA BANQUE

Historiquement, pour tenter de détecter le financement du terrorisme, les surveillants du CANAFE comptaient sur la loi qui oblige les institutions financières canadiennes à lui envoyer un rapport de toutes les transactions de 10 000 $ ou plus en espèces. Avec la nouvelle mouvance des sympathisants de l'EI, l'affaire s'est compliquée. Selon nos sources, une faction au sein du CANAFE a tenté de plaider pour un abaissement du seuil au-delà duquel il faut déclarer les transactions. Mais chaque mesure en ce sens implique l'ajout d'une charge de travail gigantesque pour les banques, les compagnies prêteuses, les coopératives financières et les assureurs. Un accroissement des déclarations obligatoires peut aussi paraître comme une atteinte préoccupante à la vie privée des Canadiens. Pour l'instant, le CANAFE doit se rabattre sur autre chose.

« Je ne vois pas beaucoup de montants de 10 000 $ transigés pour l'EI. Je ne vois pas des millions. Ce que je vois, ce sont seulement des rapports de transactions suspectes », explique Barry McKillop. Les institutions financières sont en effet tenues de déclarer au

CANAFE toute transaction qui leur semble suspecte, peu importe le montant. La notion de « transaction suspecte » est parfois floue et évolue avec le temps. Tout n'est pas noir ou blanc en la matière et il n'existe pas de critère légal pour trancher : les autorités comptent plutôt sur la bonne volonté des banques et autres entreprises déclarantes.

La méthode produit certains résultats : le nombre de signalements de transactions aux forces de l'ordre, aux services de renseignement et à l'Agence des services frontaliers du Canada, parce qu'elles pourraient avoir un lien avec des activités terroristes ou représenter une menace à la sécurité nationale, sont rapidement passées de 204 en 2011-2012 à 234 en 2012-2013 pour atteindre 411 en 2013-2014. Selon ce qu'a rapporté le quotidien *La Presse*, ces transactions suspectes ont été faites surtout dans les grands centres urbains comme Montréal, Toronto et Vancouver.

En mai 2015, le CANAFE a transmis de nouveaux indicateurs aux institutions financières afin de l'aider à identifier leurs clients qui se préparent à prendre part au djihad, ici ou à l'étranger. Le CANAFE veut maintenant être averti lorsqu'un client a un profil présentant plusieurs des caractéristiques suivantes, qu'on retrouve chez des apprentis djihadistes désirant partir pour la Syrie :

- achats liés au voyage (billet d'avion, visa d'entrée, passeport) ;
- compte bancaire vidé ;
- vente de possessions personnelles ;
- accès à un compte bancaire canadien à partir d'une zone jugée à risque ;
- client identifié publiquement comme un voyageur à risque.

L'organisme de surveillance veut aussi être prévenu par les institutions financières lorsqu'un client manifeste certains des signes suivants associés aux individus radicalisés qui pourraient planifier des attentats ici :

- dons à une cause publiquement considérée comme problématique ;
- achats inhabituels (armes, munitions, nitrate d'ammonium, propane, acétone) ;
- remboursement rapide de dettes ;
- activités publiques en ligne appuyant l'extrémisme violent ;
- client annonçant une date pour la fermeture d'un compte.

À cela s'ajoutent les bons vieux indicateurs de financement du terrorisme qui étaient déjà identifiés depuis longtemps et qui s'appliquent parfois aussi à la nouvelle vague de disciples de l'EI :

- compte dormant qui devient soudainement actif ;
- retraits d'argent comptant d'un compte d'entreprise ;
- changement de devises ou dépôts en argent suivis immédiatement d'un transfert vers une région préoccupante (la zone frontalière entre la Syrie et la Turquie, le nord-est du Liban, etc.) ;
- emploi déclaré non compatible avec le train de vie du client ;
- nombreux virements internationaux sous le seuil de déclaration obligatoire ;
- grand nombre de transferts de fonds ordonnés par courriel ;
- client qui multiplie les variations dans son nom, ses coordonnées, ses numéros de téléphone ;
- conversion soudaine de fonds importants en monnaie virtuelle.

Les signalements reçus servent à monter des dossiers de milliers de pages, et le CANAFE croule parfois sous la documentation à analyser. Sa hantise est de découvrir quelque chose trop tard. « Après les attentats du 20 octobre à Saint-Jean-sur-Richelieu et du 22 octobre à Ottawa, nous avons travaillé 24 heures sur 24. Nous voulions savoir si quelque chose dans nos bases de données pouvait indiquer qu'une troisième attaque était en préparation. Heureusement, il n'y en avait pas », raconte Barry MacKillop.

LE HAMAS FINANCÉ AU QUÉBEC ET EN ONTARIO

L'EI n'est évidemment pas le seul groupe ciblé au Canada en matière de financement du terrorisme. Un des groupes qui ont le plus occupé les policiers en la matière ces dernières années est le Hamas palestinien. Dans son cas, l'argent n'était pas destiné à être utilisé pour fomenter des attentats ici. Il quittait le pays pour alimenter les caisses d'un mouvement que le gouvernement canadien a placé sur sa liste noire en 2002.

Le Hamas, ou Mouvement de la résistance islamique, a été créé en 1987 dans les Territoires palestiniens pour libérer la Palestine du contrôle israélien et y établir un État régi par la loi islamique. Certains pays le considèrent comme l'interlocuteur légitime détenant le pouvoir dans la bande de Gaza, mais le Canada, les États-Unis et l'Union européenne le considèrent comme un groupe terroriste, notamment en raison du recours passé aux attentats suicides et aux attaques contre des civils.

Des documents d'enquête de la GRC rendus publics à la suite de démarches judiciaires des avocats du quotidien *La Presse* indiquent que pendant des années, le mouvement a joui à Montréal d'une infrastructure très active de financement du terrorisme, qui sollicitait les particuliers et les organisations islamiques sous couvert d'activités charitables. Le flux de l'argent semblait insaisissable : les banques et le gouvernement ont bien essayé de le stopper, mais le réseau les a déjoués pendant longtemps.

Le stratagème a fait ses preuves depuis belle lurette. Amasser de l'argent pour les orphelins, les réfugiés ou les estropiés de la guerre est une activité louable et bien vue dans un pays comme le Canada. Il s'agit aussi d'une couverture utile pour des gens aux visées plus belliqueuses qui ne peuvent se permettre d'afficher publiquement le but de leurs collectes de fonds.

Le projet d'enquête de la GRC sur le Hamas s'appelle Projet Sapphire. Il est toujours en cours au moment de publier ce livre et personne n'a encore été accusé de quoi que ce soit.

L'organisme de charité ciblé, l'IRFAN, a toutefois été ajouté officiellement par le gouvernement à la liste des entités terroristes interdites au Canada. L'IRFAN, ou l'International Relief Fund for the Afflicted and Needy, était surtout actif au Québec et en Ontario.

À Montréal, tout passait apparemment par un unique collecteur de fonds, dont le nom n'a jamais été dévoilé jusqu'ici : il s'agit de Redouan Souali, un quadragénaire qui habitait l'ouest de l'île de Montréal. Né au Maroc, il était arrivé au Québec avec un diplôme de technicien en technologie appliquée et disait vouloir devenir technicien en électronique. Il était devenu résident permanent en 2002 et avait obtenu sa citoyenneté canadienne en 2006. Sa femme avait immigré avec lui et restait à la maison pour s'occuper de leurs cinq enfants au moment de l'enquête.

Redouan Soudi

Le gouvernement canadien a déjà déclaré avoir la preuve qu'entre 2005 et 2009, l'IRFAN a transféré 14,6 millions de dollars canadiens à une quinzaine d'organisations « directement ou indirectement associées avec le Hamas ».

Selon la GRC, ce n'était pas par hasard ou par erreur. « L'information montre que l'IRFAN et son directeur général, Rasem Abdel-Majid (basé à Mississauga, en Ontario), étaient des partisans continus du Hamas», écrit la caporale Christine Bélair, de l'EISN de Montréal, dans les documents judiciaires.

Il est possible que les sommes amassées aient été encore plus importantes. Le fisc a trouvé beaucoup d'erreurs dans les documents financiers de l'IRFAN. «Cela veut dire qu'il est possible que des montants d'argent reçus et non déposés n'aient pas été détectés», précise la GRC. Un policier infiltré sous une fausse identité a d'ailleurs discuté avec le directeur général de l'IRFAN, qui prétendait transférer de 6 à 7 millions annuellement en Palestine et au Liban.

En 2011, l'Agence du revenu du Canada a annulé le statut d'organisme de bienfaisance de l'IRFAN, ce qui l'a empêché de remettre des reçus pour crédit d'impôt, et a exposé publiquement ses liens allégués avec le Hamas, au grand étonnement de certains donateurs qui croyaient simplement aider les orphelins palestiniens.

Mais les dons ont continué d'affluer en masse par la suite, révèle l'enquête de la GRC: de janvier 2011 à juillet 2013 seulement, 28 300 transactions par cartes de crédit ont été effectuées sur le compte commercial du groupe, le tout pour une valeur de 3,4 millions. C'est sans compter les dons par chèque ou en liquide.

En juillet 2013, c'était au tour de la Banque CIBC de fermer tous les comptes de l'IRFAN en raison des liens allégués avec le terrorisme. Aucune institution financière ne voulait maintenant traiter avec l'organisme. L'affaire avait encore une fois fait les manchettes.

Toutes ces embûches n'ont pas empêché l'IRFAN de continuer à amasser des fonds. «Malgré la révocation de son statut d'organisme de bienfaisance, l'arrêt de ses services bancaires par la CIBC et son incapacité à obtenir des services d'autres banques, l'IRFAN continue aujourd'hui à opérer comme un organisme sans but lucratif», écrivait la caporale Christine Bélair en avril 2014.

«L'IRFAN continue à accepter des dons en argent comptant, bien qu'il n'accepte plus les chèques ou les dons par carte de crédit en raison de son incapacité à ouvrir et conserver un compte en banque dans les institutions financières canadiennes », ajoutait-elle. Des agents se faisant passer pour des donateurs ont d'ailleurs pu vérifier l'information et refiler des billets marqués à l'IRFAN.

Ainsi, en mars 2014, les policiers ont épié discrètement le collecteur de fonds présumé alors qu'il sortait des bureaux de l'Association musulmane du Canada, à l'angle du boulevard Laurentien et de la rue Émile-Nelligan, dans l'arrondissement de Saint-Laurent. Il tenait une enveloppe jaune de 8,5 pouces sur 14.

La caporale Bélair en a pris note dans son rapport. « Il est possible que Redouan Souali accepte encore en ce moment des dons de l'Association musulmane du Canada au nom d'IRFAN », écrivait-elle.

Le siège social de l'IRFAN a beau être basé en Ontario, l'antenne montréalaise est demeurée très active, au moins jusqu'en mars 2014, grâce au travail constant de Redouan Souali, qui s'y consacrait à temps plein, confirme la GRC.

« Le bureau montréalais de l'IRFAN était responsable d'organiser et tenir les collectes de fonds au Québec, de converser en français avec les donateurs francophones et traduire la documentation de l'IRFAN », selon la caporale Bélair. Le groupe avait un bureau boulevard Décarie, dans l'arrondissement de Saint-Laurent, pendant des années. Lorsqu'il a été fermé, les donateurs ont été redirigés vers le collecteur montréalais de l'IRFAN, qui organisait des rencontres en personne.

Les policiers ont notamment suivi l'activité téléphonique frénétique du collecteur de fonds montréalais et ses contacts répétés avec la direction de l'IRFAN, à Mississauga. En fouillant sa voiture à son insu, ils ont découvert 30 reçus remplis à la main, pour des dons recueillis entre le 7 mai 2013 et le 21 mars 2014. Ils ont aussi trouvé beaucoup de matériel de sollicitation. Lors de la fouille de sa résidence, en avril, ils ont trouvé 47 000 $ en liquide, incluant des billets de banque marqués qui lui avaient été remis par un policier infiltré se faisant passer par un donateur en mars.

Redouan Souali n'a pas voulu commenter l'enquête de la GRC. De son côté, l'avocat de Rasem Abdel-Majid a déclaré au quotidien *La Presse* que l'IRFAN veut contester en cour sa désignation comme organisation terroriste, mais qu'il est coincé dans une situation « absurde », car la loi l'empêche d'utiliser de l'argent pour se payer un avocat.

« Il y a là un grave enjeu constitutionnel. Si quelqu'un était accusé d'actes terroristes, il pourrait engager un avocat et se défendre devant le tribunal. Mais la désignation d'un organisme comme entité terroriste empêche l'organisme d'engager un avocat pour se défendre, à moins d'obtenir une permission spéciale du ministre ou d'un juge. Des procédures seront entreprises bientôt à ce sujet. Il y a deux côtés à cette histoire », a souligné Me Faisal Mirza. Il ajoute croire qu'une grosse partie de la preuve contre son client serait inadmissible en cour et que celui-ci compte la contester vigoureusement.

Une partie de cette preuve amassée par la GRC contient des déclarations embarrassantes attribuées au directeur général. Le grand patron de l'IRFAN semblait obsédé par les Juifs, qu'il accusait d'être à l'origine de tous les problèmes de son organisme, ont constaté les policiers.

Si l'IRFAN s'est retrouvé dans la ligne de mire des autorités, c'est parce qu'il était le plus gros « organisme de charité arabe islamique » au pays et que « les Juifs ont un problème avec ça », aurait dit Rasem Abdel-Majid.

Le dirigeant de l'IRFAN a discuté plusieurs fois sans le savoir avec un policier de la GRC qui se présentait incognito à son bureau de Mississauga, en se faisant passer pour un simple citoyen d'origine arabe.

Abdel-Majid aurait déploré que le gouvernement du Canada « soit avec les Juifs » et que ceux-ci aient « donné le OK » pour ce gouvernement. Il a aussi déploré que son site Web ait été la cible de

« pirates informatiques juifs », ce que le policier a noté scrupuleusement dans son rapport.

Il s'est aussi désolé que des talibans, dont il disait toutefois ne pas connaître grand-chose, meurent chaque jour aux mains des Américains et que personne ne proteste.

La GRC affirme qu'Abdel-Majid était présent en 1993 à une rencontre clandestine de partisans du Hamas tenue à Philadelphie. Le FBI a enregistré secrètement les discussions.

Un leader américain du groupe, Shukri Abu Baker (condamné à 65 ans de prison depuis), avait demandé aux participants de dissimuler leurs liens avec le Hamas pour pouvoir continuer à amasser de l'argent aux États-Unis, en infiltrant des organisations qui apportaient de l'aide humanitaire aux Territoires palestiniens et en en prenant le contrôle.

Pendant la réunion, Rasem Abdel-Majid aurait déploré le peu d'appuis qu'il trouvait chez les immigrants palestiniens au Canada. Ce n'était pas que ceux-ci étaient contre la libération de leur terre et le départ de l'occupant israélien. Le problème était ailleurs. « Ils ne supportent pas l'organisation ou l'activisme islamique. Ils ont besoin de prendre conscience », se plaignait-il.

Il disait aussi que la sollicitation serait facilitée sous peu par l'obtention d'un « enregistrement » légal. Selon la GRC, Abdel-Majid faisait référence à la création d'un organisme de bienfaisance accrédité.

UNE ENQUÊTE ABANDONNÉE

Avec le Projet Sapphire, la GRC s'avance sur un terrain qu'elle a autrefois évité. Ou qu'on l'a forcée à éviter.

Au milieu des années 2000, les policiers eurent vent de présumés mouvements de fonds occultes faits à partir d'une mosquée montréalaise qui serviraient ultimement au financement d'organisations considérées comme violentes.

Selon leurs sources, la mosquée en question, qui bénéficiait du statut fédéral d'organisme de charité, brassait en permanence d'énormes sommes d'argent qui provenaient de l'aumône, la *zakât*, mais aussi des dons en comptant recueillis à la porte auprès des fidèles. Des sommes en espèces qui étaient soigneusement mises à l'abri dans un coffre-fort.

L'enquête de financement du terrorisme qui s'amorça, en collaboration avec le FBI, permit de découvrir qu'une partie seulement des fonds collectés auprès de la communauté étaient intégrés dans la comptabilité officielle de la mosquée. Le reste était « noirci » soit en étant réintégré dans la comptabilité de différentes entreprises, soit en étant expédié à l'extérieur du Canada au moyen de différents stratagèmes, en particulier grâce à des « mules » et au *hawala*[*].

L'un des administrateurs de la mosquée mettait lui-même la main à la pâte en se transformant en « mule » lors de ses multiples voyages au Moyen-Orient. Les « veuves noires », surnom donné aux femmes de combattants djihadistes, étaient aussi appelées à la rescousse, en particulier l'épouse d'un condamné de Guantanamo qui résidait dans la métropole.

Pour le *hawala*, c'est un commerçant situé à proximité de ce lieu de culte qui servait d'intermédiaire.

Même s'il leur était impossible de chiffrer avec exactitude les sommes en jeu, les enquêteurs soupçonnaient qu'elles étaient

---

* Le *hawala* est un système traditionnel de transfert de valeurs basé sur la confiance mutuelle qui permet d'éviter les institutions bancaires connues et de faire circuler l'argent entre plusieurs agents de change qui se relaient d'un pays à l'autre en promettant de se rembourser plus tard.

considérables. Ils basaient leur raisonnement sur le nombre important de fidèles, autant de donneurs potentiels, qui fréquentaient ce lieu de culte. Ensuite sur les montants transférés officiellement vers une quinzaine d'organismes, centres communautaires et religieux tant au Canada (Québec, Ontario, Colombie-Britannique) qu'aux États-Unis et qui apparaissaient dans les rapports annuels que cet organisme de charité transmettait au fisc canadien. Les montants en jeu étaient de l'ordre de près de 250 000$ répartis sur trois ans. L'enquête s'avérait d'autant plus complexe que ces premiers bénéficiaires des dons servaient parfois à leur tour de bailleurs de fonds à d'autres organismes.

Lorsqu'on décortique la liste des entités qui ont été financées à partir de Montréal, on en remarque deux qui ont été elles aussi visées directement lors d'enquêtes de financement du terrorisme, tant au Canada qu'aux États-Unis.

En premier lieu, il y a l'association Help The Needy USA qui a reçu des dizaines de milliers de dollars provenant de Montréal jusqu'à ce que ses quatre dirigeants soient arrêtés, en 2003, par le FBI dans le cadre d'une enquête de financement du terrorisme. Le principal responsable, Rafil Dhafir, était un cancérologue de l'État de New York. Il purge actuellement une peine de 22 ans de prison après avoir été notamment reconnu coupable de violation de l'embargo envers l'Irak, de blanchiment d'argent et d'évasion fiscale. Le FBI avait chiffré à deux millions de dollars les sommes puisées dans les comptes de Help The Needy USA, puis transférées en Irak après avoir transité par des comptes bancaires jordaniens. Dhafir et ses nombreux défenseurs ont toujours soutenu que ces sommes étaient destinées à aider les enfants irakiens victimes de la guerre, et non pas à soutenir des activités terroristes.

Autre bénéficiaire controversé : la Global Relief Foundation, basée dans l'Illinois, à qui le lieu de culte montréalais a versé près de 60 000$ en trois ans. En 2002, le gouvernement américain a placé la Global Relief Foundation sur sa liste noire et a gelé tous ses avoirs en raison de sa liaison et de son appui au réseau Al-Qaïda et à d'autres groupes terroristes, peut-on lire sur le site du Département du Trésor.

Après des mois et des mois de travail acharné, l'enquête tomba dans l'oubli même si elle n'a jamais été arrêtée formellement. Pourquoi ? Certains invoquent la priorité accordée à d'autres dossiers plus chauds, comme le Projet Osage, qui aboutira peu après, en juin 2006, à l'arrestation du groupe des « 18 de Toronto ». D'autres jettent le blâme sur la haute direction de la GRC qui aurait apposé du « red tape » – ce qui signifie dans le jargon mettre des obstacles bureaucratiques et administratifs infranchissables sur toute ou une partie de l'enquête – pour des raisons politiques.

L'une des explications avancées était que le gouvernement au pouvoir à l'époque (les libéraux de Paul Martin) ne souhaitait pas que les policiers touchent aux lieux de culte, ou encore que les politiciens avaient peur que le Canada voie sa réputation ternie et commence à être vu comme un centre de financement de la terreur.

LE MODÈLE HEZBOLLAH

On ne prononce pas souvent son nom en public, ses sympathisants canadiens ne s'affichent pas autant sur le Web que ceux de son ennemi juré l'EI, et pourtant ils sont là, bien présents, et très actifs : le Hezbollah libanais demeure au Canada le vrai champion du financement du terrorisme. Il est un modèle en la matière, « une sommité en matière de noircissement et de blanchiment d'argent », affirment plusieurs sources.

« Avec l'EI, on ne voit pas de grosses sommes transférées jusqu'à présent, mais on le voit pour le Hezbollah », confirme Barry MacKillop.

Le mouvement chiite fondé en 1982 est présent au Canada depuis au moins 1987, selon un rapport du Service canadien du renseignement de sécurité (SCRS). « Les supporters du groupe se livrent à des levées de fonds, d'approvisionnement et de renseignement au Canada et sont impliqués dans le crime organisé, incluant la fraude », précise le document rédigé en 2014. Le groupe est d'ailleurs interdit ici.

En dehors des discours officiels sur l'opposition vigoureuse du Canada au Hezbollah et son historique d'attentats qualifiés d'odieux, tant en Israël qu'au Liban, des policiers canadiens reconnaissent dans les faits que tous les fonds amassés pour le groupe ne sont pas nécessairement utilisés pour la violence. Le Hezbollah a une importante aile politique, sociale et caritative qui participe à la vie publique libanaise et fournit des services à la population dans ses zones d'influence. « C'est différent de l'État islamique, qui n'est que des actes de violence extrêmes », affirme un enquêteur antiterroriste.

Les branches politiques et militaires du Hezbollah sont illégales au Canada, mais le fait que le groupe joue à la fois des rôles très différents auprès de la population complique la tâche des policiers chargés d'endiguer son financement en sol canadien. Lorsqu'il s'agit de prouver qu'une personne finance le terrorisme, les policiers se retrouvent parfois démunis. « Où va au final l'argent donné par un membre de la diaspora de Montréal à un membre de sa famille au Liban ? Est-ce pour acheter des armes ou financer des œuvres sociales ? Bonne chance pour suivre la route de l'argent et prouver l'intention terroriste en cour », soupire un policier interrogé sur la question.

En fait, lorsqu'on évoque le sujet, on sent même chez certains, dans les milieux antiterroristes, du découragement. Les réseaux de financement du groupe ressemblent à une pieuvre aux multiples bras inextricables qui fonctionne un peu comme la mafia, remarquent ceux qui enquêtent sur le mouvement, dont les places fortes au Canada demeurent Montréal, Ottawa et Toronto.

Des sources rencontrées pendant la rédaction de cet ouvrage se contredisaient d'ailleurs sur la frontière entre criminalité pure et financement du terrorisme : tel groupe d'origine libanaise qui trafique des voitures volées, des cigarettes de contrebande, des armes, du Viagra ou des stupéfiants et qui envoie une part des profits dans son pays d'origine le fait-il par pur intérêt mercantile ou pour soutenir la « cause » ? Ou alors un peu des deux ? Les avis divergent souvent, même au sein des mêmes corps de police.

Autre complication et non des moindres : le peu de coopération dont font preuve les autorités libanaises, se plaignent les enquêteurs. Au niveau local, au Canada, le milieu est difficile à percer de l'extérieur. « Plus une communauté est tissée serrée, plus la loyauté est forte, plus il est difficile de percer le noyau », constate Gérald Cossette, grand patron du CANAFE.

Au sein de la diaspora libanaise, de nombreuses personnes qui ont fui la guerre et voient leur pays souffrir depuis des lustres ne rechignent pas à payer leur dû au mouvement pour des raisons religieuses ou politiques, par exemple en appui à la défense contre Israël. « Ils n'ont pas besoin de donner des tapes sur la gueule pour récolter des fonds », constate un spécialiste, contrairement à d'autres communautés où les sympathisants de groupes armés pratiquent l'extorsion chez les expatriés.

D'autant plus que des sympathisants du mouvement en mènent très large dans de grandes villes comme Montréal. Un notable très branché dans la communauté libanaise de Montréal nous a évoqué, en faisant promettre de protéger son nom, un quartier résidentiel tranquille où quelques familles liées au Hezbollah habitent toutes côte à côte et veillent aux intérêts du groupe. Des enquêteurs du SCRS se sont aussi penchés sur des cas possibles d'infiltration de la fonction publique fédérale par des sympathisants du groupe qui auraient pu accéder à des postes jugés stratégiques pour la poursuite de leurs intérêts, selon une source.

Un câble diplomatique américain rédigé en 2004 et rendu public par l'organisation WikiLeaks en 2011 faisait état des informations transmises par les forces de l'ordre canadiennes à leurs partenaires américains au sujet des activités du Hezbollah à Montréal. Les policiers locaux auraient dit croire que certains membres du Hezbollah s'identifiaient au sein de la diaspora avec un gros médaillon en or de trois ou quatre pouces de diamètre, frappé d'une épée et d'inscriptions en arabe. Un médaillon semblable était porté par plusieurs musulmans sans référence à un groupe particulier.

Le document parle aussi de la façon dont l'argent serait acheminé au Liban de façon à passer inaperçu : comme la loi oblige à déclarer aux autorités tout transport de 10 000 $ ou plus en espèces, et que les sommes non déclarées risquent d'être saisies à l'aéroport, le magot était souvent séparé en plusieurs petites sommes divisées entre plusieurs voyageurs, souvent membres d'une même famille (une pratique surnommée « schtroumpfage »). Des enfants auraient ainsi transporté jusqu'à 9 000 $ sur eux.

Ceux qui traquent le financement du Hezbollah ont tous des histoires à raconter sur l'ingéniosité de certains sympathisants lorsque vient le temps de trouver des fonds. Certains seraient, par exemple, devenus spécialistes des faillites frauduleuses à répétition et auraient propagé le mode d'emploi auprès de petits entrepreneurs sympathisants.

À la fin des années 1990, un Libanais membre du Hezbollah et réfugié au Canada avait été placé sous surveillance par le SCRS, après la découverte de son plan plutôt original de financement : souscrire une assurance-vie ou une assurance médicale internationale incluant une indemnité de décès auprès d'une institution financière canadienne au nom de résidents canadiens. Ces sympathisants étaient ensuite envoyés au Liban pour combattre et éventuellement participer à une opération suicide. Son plan consistait à faire passer les morts pour des civils innocents tués dans le bombardement d'un village, alors qu'ils étaient tranquillement assis sur le perron d'une maison. L'étape suivante était l'obtention d'un certificat de décès certifié par les Affaires étrangères canadiennes.

FACILE DE S'Y PERDRE

L'affaire saute aux yeux: si le Canada est constamment mentionné dans des rapports, ici mais aussi à l'étranger, comme une base importante de financement des groupes terroristes, il n'y a pourtant à peu près jamais de condamnations en la matière devant les tribunaux canadiens.

Dans le milieu de la lutte au terrorisme, certains font remarquer que ces enquêtes s'avèrent très compliquées et nécessitent le déploiement de beaucoup d'efforts alors que les sommes en jeu sont souvent relativement faibles. Le levier du retrait du statut d'organisme de charité, plutôt que le dépôt d'accusations criminelles contre des individus, est ainsi jugé plus efficace et moins difficile.

Par ailleurs, personne ne l'avouera, mais on devine que les enquêtes terroristes abordées sous l'angle financier sont nettement moins prioritaires que les dossiers où la sécurité est en jeu.

L'argent ne fait pas couler de sang. Du moins, pas directement.

Le secteur d'Akçakale, l'un des points de passage favoris des aspirants djihadistes de l'État islamique.

Chapitre 4

—

LA RUÉE VERS LE DJIHADISTAN

Vite, vite, dépêchez-vous! L'odeur du Paradis, nous ne l'avons trouvée qu'à l'ombre du djihad.

— Extrait d'une vidéo djihadiste

Le tribun djihadiste, encadré par deux hommes armés, a le visage caché par la noirceur. Seul un faisceau lumineux blafard éclaire son index qu'il brandit vigoureusement vers le ciel tout au long de son discours enflammé. L'homme s'exprime depuis un lieu inconnu, probablement en Syrie: «Accourez, ô vous les hommes, venez donc, ô vous les hommes, accourez aux champs de bataille! Et accourez vers une porte parmi celles du Paradis. Et sacrifiez votre sang de bon cœur dans le sentier d'Allah. L'honneur des musulmans est violé, les biens des musulmans sont pillés et les terres des musulmans usurpées. De qui devons-nous espérer recevoir de l'aide? Des juifs et des chrétiens ou plutôt de nos frères qui sont loin de nous, mais très près dans nos cœurs? Et celui qui a du cœur [...], le moindre atome de virilité et de foi, alors qu'il s'élance vers le djihad sur le sentier d'Allah dans la terre du Sham (Syrie). Par Allah, nous avons besoin de vous. Combien attends-tu qu'il y ait de sœurs violées pour que tu t'élances vers le djihad sur le sentier d'Allah? N'es-tu pas en bonne santé? N'as-tu pas de l'argent? Élance-toi mon frère et fonce.»

AUX FRONTIÈRES DE L'ÉTAT ISLAMIQUE

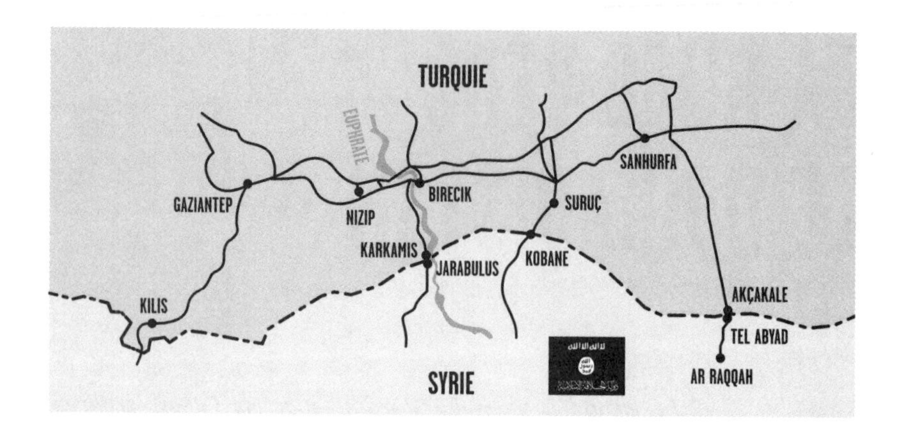

— Vous voulez traverser ?

Cela fait à peine quelques minutes que nous nous trouvons dans une ruelle en gravier de Karkamis, municipalité turque frontalière avec la Syrie, que nous sommes abordés par deux jeunes hommes, dans la mi-vingtaine, l'air désinvolte, chacun avec un sandwich à la main. Leur offre est directe et sans ambiguïté. Le tarif, lui, est négociable. Il faut compter en général 20 lires turques (environ 10 dollars canadiens) pour les Syriens qui veulent retourner chez eux, plus cher – au minimum 30 dollars – pour les combattants étrangers. Le califat, de sinistre réputation, est à quelques dizaines de mètres de là, derrière une voie ferrée et un mur en parpaings de trois mètres de hauteur érigé sur une courte distance, vaine tentative des autorités turques pour tenter de saper le travail des contrebandiers et endiguer le flot des combattants étrangers.

Une fois la négociation conclue avec ces passeurs, quelques minutes de marche auraient suffi pour contourner l'obstacle de béton, déjouer les deux soldats turcs qui tuent le temps devant le petit poste-frontière désormais fermé, se faufiler entre les barbelés et nous retrouver sur les terres de l'État islamique. Plus exactement à Jarabulus, ville syrienne jumelle et mitoyenne. La frontière, tracée pendant près de 18 ans entre les deux guerres mondiales, a coupé arbitrairement des villages en deux, séparé des familles de même confession, de même origine ethnique et de même appartenance tribale. Comme bien d'autres frontières héritées de l'époque coloniale ou postcoloniale.

Certains habitants de Karkamis racontent à demi-mot les massacres commis chez ces voisins si proches, des égorgements en série et des dizaines de têtes encore sanguinolentes qui ont été plantées sur des piquets de bois et des grilles en métal lorsque les miliciens de l'EI ont chassé les rebelles de l'Armée syrienne libre, en 2014. Un sexagénaire dont la maison borde la voie ferrée nous confie avoir renoncé à se rendre de « l'autre côté » comme il le faisait « avant » pour visiter sa famille, prendre un bon repas et même y dormir. « Aujourd'hui, je ne veux plus traverser, tout le secteur est devenu trop dangereux », regrette cet homme.

Karkamis, comme toutes les autres cités frontalières, vit désormais au rythme de la guerre syrienne. Parfois, ce sont des obus venus de l'autre côté qui tombent dans la ville et sèment la panique. Mais c'est l'arrivée d'un flot de réfugiés syriens ainsi que la fermeture du poste de douane qui a bouleversé la vie quotidienne des habitants. Le petit café-restaurant installé sous les pins à quelques mètres du passage frontalier n'est plus qu'un lointain souvenir. Les mauvaises herbes ont conquis ce qui était autrefois une terrasse accueillante et ombragée où les habitants du coin et les visiteurs en transit s'attablaient pour siroter un soda, boire un thé ou fumer la chicha. Disparues les petites échoppes où les Syriens pouvaient acheter des babioles avant de retourner chez eux.

Un peu plus loin, le bâtiment appartenant à la compagnie nationale de télécommunications turque est lui aussi déserté. De gros tuyaux en béton sont déposés sur l'herbe en prévision d'hypothétiques travaux. Et plus aucun train ne circule sur la ligne de chemin de fer qui longe la frontière. Construite à l'origine par les Allemands au début du 20e siècle, elle reliait il n'y a pas si longtemps encore Gaziantep, capitale turque du baklava, à Mossoul, en Irak. La gare de style ottoman construite en pierre de taille est fermée. Plusieurs wagons de marchandises sont figés sur les voies. Les cris du petit groupe d'enfants jouant sur le pas d'une maison délabrée n'atténuent en rien l'ambiance lourde et malsaine que l'on ressent dans ce quartier presque fantôme. L'Occidental qui s'y hasarde est dévisagé avec un mélange flagrant de méfiance et d'hostilité tant par les habitants que par les militaires qui patrouillent le long du mur. Est-il un espion ou un aspirant djihadiste ? Chaque camp peut compter sur son propre réseau d'informateurs. L'EI a des yeux et des oreilles partout. Ses sympathisants sont nombreux que ce soit au sein des populations turques des régions limitrophes ou chez les Syriens réfugiés parce que le régime du calife al-Baghdadi leur « apporte de l'espoir, de la nourriture et n'est pas corrompu ». Quant aux services de renseignement et la police turcs, ils sont avertis aussi sans retard lorsqu'un « étranger » est vu à errer dans les parages.

Des centaines d'étrangers ont réussi à s'infiltrer avec une facilité déconcertante en Syrie à partir de ce secteur bordé par le fleuve Euphrate et peuplé en majorité d'Arabes sunnites. Notre interlocuteur remarque régulièrement la présence d'Occidentaux dans le quartier. « Ce sont des Français, des Britanniques, des Russes… Ils sont faciles à reconnaître, dit-il, notamment parce qu'ils ne parlent pas un mot d'arabe. »

Au moins un Canadien, un étudiant en médecine d'origine soudanaise, a transité par cette région au cours de l'hiver 2015. Selon certaines sources, Ismail Hamdoun travaillerait depuis à l'hôpital de Jarabulus. Son père a tout tenté pour le retrouver et le rapatrier. En vain.

Mis à part Karkamis, ce sont les environs de deux autres postes frontaliers situés au sud des provinces de Gaziantep et Sanliurfa qui sont réputés pour être des sas d'entrée notoires pour les combattants et volontaires étrangers adhérant à l'idéologie de l'EI : Kilis à une centaine de kilomètres à l'ouest et Akçakale à une distance équivalente à l'est. Ceux qui veulent rejoindre Al-Nosra ou d'autres groupes rebelles devront se déplacer à l'extrême ouest du pays, dans la région d'Antakya ou de Reyhanli. Une situation qui évolue au gré des conquêtes et des replis de chacun de ces groupes en Syrie. Prendre le contrôle puis tenir ces points de passage à l'importance stratégique indéniable est une priorité pour les groupes insurgés. Chaque mètre de frontière perdue est comme un robinet que l'on fermerait un peu plus. Une brèche qui se rétrécit pour les combattants étrangers et les contrebandiers. Mais aussi, en sens inverse, une issue de moins pour les djihadistes syriens qui veulent passer quelques jours en Turquie pour se faire soigner, reprendre des forces ou visiter des membres de leur famille. En ce sens, la débâcle de l'EI à Kobané au début de l'année 2015 aux mains des forces militaires kurdes ne fut pas seulement une victoire symbolique. Elle se traduisit surtout pour les djihadistes par la perte de l'accès et du contrôle à une large zone frontalière, qui fit tache d'huile ensuite vers l'ouest en direction de Karkamis et d'Akçakale, vers l'est.

C'est en passant par Akçakale que Hayat Boumedienne, la conjointe d'Amedy Coulibaly, le tueur et preneur d'otages du magasin HyperCasher à Paris, se réfugia en Syrie le 8 janvier 2015. C'était le lendemain de la fusillade à *Charlie Hebdo* et le jour où son conjoint assassina froidement une jeune policière stagiaire. Boumedienne ne fut pas la seule Occidentale à être passée ici. Cette cité réputée de tous les dangers est située sur le lien routier principal qui conduit à Raqqa, bastion et capitale autodésignée de l'EI située à une centaine de kilomètres plus au sud de la frontière. C'est ce qui explique pourquoi les étrangers ont longtemps fait d'Akçakale leur destination de choix, au grand bonheur des passeurs qui ont ajouté le trafic humain à la contrebande de cigarettes, de thé, de pétrole et… d'armes.

Les choses se sont compliquées un peu pour ces moudjahidin lorsque le gouvernement de ce pays membre de l'OTAN – qui aspire toujours à entrer dans l'Union européenne – a donné un tour de vis dans son dispositif sécuritaire après l'affaire Boumedienne. Trois ou quatre 4X4 blindés furent positionnés derrière les barbelés qui séparent symboliquement Akçakale du village syrien de Tal Abyad, alors sous contrôle de l'EI, dont les premières maisons et le minaret d'une mosquée se dressent à quelques dizaines de mètres devant nos yeux*. Toute activité ou presque fut suspendue au petit poste-frontière. Seuls les réfugiés syriens furent autorisés à franchir les grilles pour retourner dans leur pays après un interrogatoire et des vérifications sommaires. Dans le sens inverse, les Turcs ne laissèrent entrer désormais que les Syriens blessés, qu'ils soient simples civils victimes de bombardements ou... combattants d'Al-Nosra ou de l'EI ! Ces derniers sont alors dirigés vers des hôpitaux clandestins où ils sont soignés et reprennent des forces avant de retourner de l'autre côté des barbelés. Ce qui alimente les allégations de complicité tacite de la Turquie vis-à-vis de l'EI, ne serait-ce que dans leur combat contre les Kurdes.

« Tous ces soldats qui sont partout rendent la vie difficile aux contrebandiers, souvent des jeunes qui ont besoin de ça pour survivre », se lamente quand même une personnalité locale rencontrée à son bureau. L'homme réputé influent, à la moustache parfaitement taillée et vêtu d'un complet cravate impeccable, a débarqué au volant de son rutilant 4X4 dès qu'il a été avisé de notre présence. Il est connu pour avoir tissé des liens avec des responsables de l'EI. La rumeur dit qu'il aurait même été appelé à la rescousse pour négocier la libération d'otages occidentaux. Entre deux gorgées de thé sucré, il évoque d'abord l'impact pour sa ville de l'afflux d'un nombre incroyable de réfugiés syriens : « Nous devons les aider et en prendre soin, car la plupart sont pauvres. Mais ça crée des problèmes, car ces gens-là acceptent de travailler pour moins cher. » Selon lui, l'Occident fait un mauvais procès à la Turquie en la qualifiant de passoire à djihadistes : « Ce n'est pas correct de blâmer mon pays. Nous sommes un pays démocratique. Nous ne pouvons pas interroger

---

* Tal Abyad fut repris par les milices kurdes en juin 2015 peu après notre passage sur place.

tout le monde qui arrive chez nous. Beaucoup de ces gens (les djihadistes) entrent en Syrie à partir de l'Irak ou viennent de Chypre par bateau. » Quant à ceux qui se pointeraient dans les parages pour courir leur chance, il soutient que le risque est plus grand désormais d'être blessé ou tué par un tir militaire turc. Lorsqu'on lui demande comment les choses se passent dans le califat voisin, l'homme prend alors quelques secondes pour réfléchir. « La vie suit son cours normalement, les gens travaillent », lâche-t-il sans sourciller. Pas un mot sur les exactions, les homosexuels précipités du haut d'un immeuble à Raqqa, les exécutions sommaires, ni sur les bombardements de la coalition.

Si la présence des combattants étrangers se fait toujours sentir à Akçakale, ville où l'on ne cache pas ses sentiments en faveur de l'EI, ils n'ont pas le choix désormais d'adopter un profil bas. Des policiers en civil, certains appartenant à l'unité antiterroriste, arpentent les rues et la zone frontalière dans des voitures banalisées à la recherche de ces moudjahidin attirés par l'odeur du combat. Chaque individu suspect est interrogé, fouillé sommairement, et ses pièces d'identité photographiées. Nous en ferons nous-mêmes l'expérience…

À moins de disposer de pièces d'identité syriennes contrefaites, mieux vaut tenter sa chance clandestinement tout au long des dizaines et des dizaines de kilomètres de la frontière qui serpente à travers la campagne. En évitant les larges portions de *no man's land* minées dans les années 1950 par la Turquie lorsque la Syrie s'est alliée à l'URSS. Au début de 2015, l'EI contrôlait environ le tiers de plus des 850 kilomètres séparant la Syrie de la Turquie. Une frontière qui consiste souvent en de simples poteaux de ciment reliés par cinq ou six rangées de barbelés faciles à écarter ou à couper. Ce ne sont ni les petites tranchées creusées récemment devant, ni les campements militaires que l'on retrouve tous les cinq kilomètres et les tours de surveillance – parfois désertées – positionnés à de courtes distances les uns des autres, ni les patrouilles et les barrages de la gendarmerie qui découragent les candidats à l'exil conduits sur place dans les automobiles des passeurs. Il n'est pas rare d'observer des fourgonnettes stationnées le long de la route ou plus en retrait dans des chemins de terre. Les habitués savent que leurs conducteurs attendent des Syriens qui entrent clandestinement en Turquie et transportent aussi à l'occasion des étrangers qui souhaitent entrer en Syrie. Un autre marché lucratif.

Le jour, les champs d'oliviers et de pistachiers s'étendant à perte de vue offrent un écran de protection parfait, surtout lorsqu'ils sont parés de leur feuillage, pour se ruer vers la Syrie à l'abri des regards. La nuit, faute d'éclairage, c'est encore plus facile. «Je vois des combattants étrangers traverser les champs jour et nuit», confirme un agriculteur affairé à réparer une roue de son tracteur. «Les passeurs font vraiment de l'argent avec ça», dit-il tout en essayant de trouver une solution pour remplacer trois boulons brisés. Le jeune réfugié syrien qui lui donne un coup de main écoute sans dire un mot, sourire en coin. Tout juste mentionnera-t-il être arrivé récemment de Raqqa.

Cette clôture de barbelés marque l'aboutissement d'un long périple pour ces «volontaires» de la *hijra* et «touristes de la terreur». Lorsqu'ils sont originaires du Canada, ils convergent d'abord vers une destination anodine, en général l'Allemagne, la Bulgarie, Chypre et la Grèce, puis continuent leur chemin par voie aérienne, maritime ou terrestre vers Ankara ou Istanbul, en Turquie. Première étape avant de poursuivre leur route vers des villes du sud du pays servant de base arrière comme Antakya, Reyhanli, Sanliurfa et Gaziantep.

Au début du conflit, ces combattants étrangers séjournaient quelques jours dans des hôtels miteux ou des *safe houses*, appartements spécialement loués pour l'occasion, le temps pour eux de finaliser leurs contacts et d'organiser la dernière partie de leur route vers le front. Les groupes insurgés profitaient aussi de cette occasion pour mener d'ultimes vérifications de sécurité afin de s'assurer qu'une ou plusieurs taupes ne s'étaient pas glissées parmi ces jeunes recrues. Les passeurs prenaient le relais pour l'ultime étape.

Désormais confrontés à un accroissement des mesures de sécurité, ces volontaires réduisent au maximum la durée de leur séjour en territoire turc. Leur passage est organisé à l'avance avec des amis ou des recruteurs déjà sur place alors qu'ils se trouvent encore dans leur pays d'origine. Les communications se font via des messageries codées comme WhatsApp ou Surespot. Ils traitent de préférence avec des passeurs professionnels, hommes de confiance des groupes d'insurgés, tel Mohammed al Rashid, qui disposent de leur propre réseau de chauffeurs et de sous-traitants accompagnant physiquement les volontaires jusqu'en Syrie. L'improvisation n'est plus de mise. Non seulement les communications sont surveillées par les services étrangers, mais il faut aussi éviter de traîner trop longtemps le long des barbelés à la recherche d'une brèche ou de quémander l'aide du premier venu dans les villages limitrophes.

Ces combattants étrangers sont devenus un réel tabou et une source d'irritation en Turquie. Les autorités locales des provinces concernées refusent plus ou moins poliment d'évoquer ce dossier. Dans la rue, c'est souvent l'*omerta* aussi. « Comment je peux savoir d'où proviennent mes passagers, je ne leur demande pas leurs papiers d'identité », nous répondit, furieux, avant de tourner les talons le chauffeur d'un minibus assurant la liaison entre Gaziantep et la ville frontalière de Kilis, à peine avions-nous effleuré le sujet.

Accusée régulièrement par les pays occidentaux de laxisme, de jouer double jeu envers des mouvements islamistes syriens et même d'être une passoire à terroristes, la Turquie se défend en vantant au contraire son dispositif antidjihadiste, surtout anti-État islamique que le président turc qualifie désormais de « plus grand ennemi de l'islam ». Une volonté aux antipodes de ce qu'on constatait lors des premières années de la guerre en Syrie, en 2011-2012 surtout. Rien n'était entrepris pour endiguer le flot ininterrompu de combattants étrangers opposés au régime Assad ainsi qu'aux groupes armés kurdes, tous aussi honnis les uns que les autres par le gouvernement turc.

Ces djihadistes ne se cachaient pas. Ils ne se rasaient pas et ne s'habillaient pas en tenue *casual* comme ils le font aujourd'hui pour se fondre au milieu des millions de touristes qui visitent chaque année le pays. À ceux qui les interrogeaient sur la raison de leur engagement, ils répliquaient qu'ils n'étaient pas des terroristes. Ils répondaient plutôt à l'appel de « Dieu qui dit que l'on doit tout faire pour aider nos frères s'ils sont opprimés ». « C'est une guerre d'idéologies. Selon le côté où l'on écrit l'Histoire, vous serez étiqueté combattant de la liberté ou terroriste », fait remarquer un ex-policier.

Répondre à cet appel divin requiert aujourd'hui plus de prudence. Au Canada d'abord. Les services policiers et de renseignement notèrent en effet que plusieurs candidats au voyage se sont mis à éviter les aéroports de Montréal ou de Toronto au profit de celui d'Halifax, qu'ils jugeaient plus tranquille et moins ciblé par les autorités. À tort puisque, par exemple, la liste des interdits de vol et les « avis de guet » peuvent être consultés dans tous les aéroports du pays, peu importent leur importance et leur volume de trafic aérien. Néanmoins, Halifax offre l'avantage de permettre d'embarquer sur un bateau à destination de l'Europe ou de l'Afrique.

Ensuite, le risque est plus grand d'être repéré par des agents de renseignement sitôt le pied posé en Turquie, que ce soit à l'aéroport international Ataturk d'Istanbul ou dans les principales gares d'autobus. Chaque suspect peut être filé discrètement pendant quelques heures ou quelques jours. C'est ce qui est arrivé à Hayat Boumedienne et à Mehdi Belhoucine qui l'accompagnait. Les agents du MIT, le service de renseignement turc, les avaient suivis pas à pas de l'aéroport jusqu'à leur petit hôtel d'Istanbul avant de relâcher leur dispositif faute d'indices incriminants. Les Turcs ignoraient tout, à l'époque, du dossier de la jeune femme. Lorsque les Français les ont avertis, il était trop tard. Boumedienne et Belhoucine avaient déjà traversé la frontière en compagnie d'autres étrangers. « Nous ne pouvons pas nous permettre le luxe d'empêcher qui que ce soit d'entrer sans renseignement. Si nous avions eu ce renseignement à temps, nous aurions pu l'extrader », justifia peu après une source du renseignement turc.

La Turquie affirme maintenant avoir élaboré une liste noire de plus de 12 500 noms d'étrangers alimentée en partie grâce aux signalements fournis par leurs pays d'origine. Les autorités turques plaidèrent aussi pour un accroissement de la coopération de la part des pays touchés par le phénomène et un meilleur partage de l'information, conditions *sine qua non* d'une meilleure efficacité. Au cours de l'hiver 2015, le tiers de cette liste noire était composée de ressortissants européens et nord-américains. Plus de 1 100, originaires d'environ 70 pays différents, avaient été refoulés ou expulsés. Impossible néanmoins d'obtenir les statistiques par pays. On construisit un mur sur certaines sections de la frontière. Les arrestations d'Occidentaux se multiplièrent, en particulier dans la zone frontalière de l'EI. Des Russes, des Chinois, des Britanniques, des Belges, des Français, etc., furent incarcérés avant d'être rapidement déportés vers leurs pays d'origine. En majorité des hommes, mais aussi des femmes, de tous âges, certains avec enfants.

ALI, ADO BRAQUEUR AU NOM DU DJIHAD

Lorsqu'il pénètre dans la petite salle d'audience de la Chambre de la jeunesse à Montréal, à des milliers de kilomètres de la Syrie, Ali (prénom fictif pour protéger l'identité de ce mineur de 15 ans), ne jette pas un seul regard vers son père. Le petit homme désemparé et dépassé par les évènements avait pourtant pris soin de s'asseoir sur une chaise au premier rang dans l'espace réservé au public, de telle manière que leurs regards puissent se croiser à cet instant précis. L'adolescent ne se retournera pas non plus vers lui lorsqu'il se lèvera à l'issue de la courte audience et sera escorté vers la sortie par deux agents des services correctionnels. Vêtu d'un chandail noir et d'un pantalon en coton ouaté gris, Ali se contente de fixer le sol qu'il foule avec ses chaussures de sport rouge vif flambant neuves.

Ce gamin aux cheveux rasés, portant des lunettes aux montures noires, comparaît en cette journée d'automne grise et pluvieuse pour un braquage survenu deux mois plus tôt dans un dépanneur de Montréal. Ali, le visage recouvert d'un foulard sombre, avait fait irruption en soirée dans ce petit commerce de l'arrondissement sud-ouest, situé dans un secteur résidentiel à près de cinq kilomètres de chez lui. Il s'était dirigé derrière le comptoir un couteau à la main et avait menacé le propriétaire, un quadragénaire d'origine asiatique.

— Give me all the money... All the money!

Le commerçant s'exécuta. Il commença à enfourner sa recette dans un sac. Pas assez vite au goût du jeune braqueur stressé qui manifesta de plus en plus d'agressivité.

— Plus vite, plus vite ! criait-il à sa victime terrifiée.

Le sac rempli, Ali décampa à toute vitesse. Dans un sursaut d'adrénaline, le commerçant le poursuivit sur une courte distance avec un tabouret dans la main avant de s'immobiliser. Le gamin avait disparu. La victime, qui crut que sa dernière heure était proche ce soir-là, restera longtemps marquée par cette expérience traumatisante.

Ali s'enfuit avec près de 2 200 $, largement de quoi financer son rêve, celui de s'élancer vers le djihad, répondant ainsi à l'appel du tribun.

Sitôt rentré chez lui, Ali dissimula son butin dans son sac à dos d'étudiant qu'il cacha dans le jardin à l'arrière du domicile familial. Le père, qui avait son fils à l'œil depuis quelque temps à cause de son comportement, trouva étrange de le voir pénétrer dans la maison sans le sac à dos avec lequel il s'était absenté deux heures plus tôt. Il ne tarda pas à découvrir le pot aux roses. Il questionna Ali immédiatement, lui demanda l'origine de ce magot et, surtout, ce qu'il comptait en faire. Ali bafouilla. Il nia qu'il s'agissait du fruit d'un délit. Les deux allèrent se coucher. Au petit matin, le père décrocha son téléphone et contacta la police. Il raconta à son interlocuteur que son fils s'était radicalisé et qu'il venait très certainement de commettre un vol. L'adolescent qui rêvait de djihad fut arrêté quelques jours plus tard, dans le collège privé où il étudiait, devant des camarades médusés.

L'interrogatoire qui s'ensuivit ne fut pas une partie de plaisir. Ali ne retenait pas sa colère et même sa haine envers le policier d'origine maghrébine devant lui. Il lui tint des propos virulents contre le Canada, ce « pays de mécréants » et de péché selon lui, affirmant au passage qu'il était légitime de s'emparer du « butin » de ses ennemis. L'enquête démontrera qu'Ali était en contact avec Ahmad Rouleau via Facebook. Le jeune adolescent avait d'ailleurs tenté de le rencontrer.

Le visage d'Ali semble figé. Aucune émotion n'est palpable. Il écoute, impassible, l'avocate représentant la Couronne fédérale annoncer au juge que deux nouvelles accusations en vertu des articles 83.181 et 83.2 du Code criminel canadien s'ajoutent à celle de vol qualifié. Deux accusations beaucoup plus graves liées au terrorisme.

L'article 83.181 prévoit qu'« est coupable d'un acte criminel passible d'un emprisonnement maximal de dix ans quiconque quitte ou tente de quitter le Canada – ou monte ou tente de monter dans un moyen de transport dans l'intention de quitter le Canada – dans le but de commettre un acte à l'étranger qui, s'il était commis au Canada, constituerait l'infraction visée au paragraphe 83.18(1) ». Et, selon l'article 83.2, « est coupable d'un acte criminel passible d'un emprisonnement à perpétuité quiconque commet un acte criminel prévu par la présente loi ou par une autre loi fédérale au profit ou sous la direction d'un groupe terroriste, ou en association avec lui ».

L'adolescent montréalais eut le triste privilège d'être le premier Canadien accusé en vertu de ces nouvelles dispositions de la Loi antiterroriste pour tenter de freiner, sous l'angle répressif, le flot de volontaires du djihad. L'article 83.181 permet désormais à la Couronne fédérale d'accuser un individu sur la base de l'intention de quitter le pays. Le cas d'Ali est surtout le premier cas répertorié au Canada d'un adolescent ayant embrassé la cause djihadiste arrêté *in extremis* avant son départ.

« Ces pays – comme le Canada – sont dirigés par des dictateurs mécréants qui éprouvent de la haine pour la religion musulmane. Leurs actions sont lâches. Que Dieu leur fasse entendre la raison ! » s'indigne le Canadien Abu Zubair, combattant affilié au groupuscule djihadiste Junud ash sham, lorsqu'on évoque avec lui ces mesures instaurées pour bloquer le départ des aspirants djihadistes.

À la même époque, l'Europe devait déjà composer avec la multiplication des cas d'adolescents ayant déserté le domicile familial pour s'envoler vers des zones de combat. Avec le constat préoccupant de l'abaissement progressif de l'âge de ces aspirants djihadistes, sans oublier les enfants et adolescents embarqués de force par leurs parents dans cette funeste aventure.

Certaines histoires ont été retentissantes. Notamment celle de Léa (nom fictif), une adolescente française interceptée juste avant qu'elle s'envole pour la Turquie, où elle devait être mariée à un combattant, puis pour la Syrie, leur destination finale. Tout avait été arrangé à distance par les recruteurs qui l'avaient hameçonnée sur Facebook, endoctrinée et ensuite convaincue de se rendre en Syrie « pour faire de l'humanitaire » et, enfin, arrangé son voyage vers l'enfer dans les moindres détails. Le plan avait échoué parce que ses parents, suspicieux, avaient fouillé le contenu de son ordinateur.

Le comble de l'horreur fut atteint lorsque l'État islamique diffusa deux vidéos dans lesquelles deux jeunes garçons sont utilisés comme bourreaux. L'un d'eux est un jeune Français de 12 ans originaire du sud de la France. Il est filmé, vêtu d'une tenue militaire de camouflage, en train d'abattre froidement d'une balle dans la tête un Arabe israélien présenté comme un espion du Mossad. Dans un autre film de propagande, c'est encore un jeune garçon qui distribue les couteaux à un groupe de bourreaux avant une séance de décapitation collective.

Le 3 décembre 2014, si le jeune Montréalais Ali est encore au Québec, et non peut-être une arme ou un couteau à la main quelque part en Syrie pour répondre à l'appel au djihad, c'est parce que son père l'a dénoncé aux policiers. Et c'est certainement la raison pour laquelle il l'a volontairement ignoré du regard.

«Je n'ai fait que mon devoir de citoyen. Ça ne correspond pas aux valeurs que je lui ai inculquées», se contentera d'expliquer le pauvre homme. Un geste que dénoncera plus tard le cheikh Adil Charkaoui. Lors d'une conférence de presse, l'imam montréalais déplorera au contraire que le père d'Ali ait choisi l'option policière et judiciaire.

TOURISTE DE LA TERREUR

Six mois plus tôt, au cours de l'été 2014, un autre Canadien, majeur lui, avait été condamné par la Cour supérieure de l'Ontario à une peine de dix ans de prison sans possibilité de libération conditionnelle avant la moitié de sa peine. La justice avait reconnu Mohamed Hersi coupable d'avoir voulu se joindre au groupe islamiste somalien Al-Shabaab (qui signifie «la jeunesse» en arabe) et d'«avoir donné des instructions à une personne de participer à une activité terroriste».

«Ce verdict, bien qu'il puisse faire l'objet d'appel, marque une étape importante puisqu'il s'agit de la première fois qu'un individu est accusé et reconnu coupable au Canada pour tentative de quitter le pays afin de participer à une activité terroriste», commenta la GRC dans la foulée de l'annonce du verdict du tribunal.

L'Ontarien de 28 ans d'origine somalienne avait été arrêté par les policiers à l'aéroport Pearson de Toronto le 29 mars 2011, avant son envol pour Le Caire via Londres. Il avait été immédiatement accusé en vertu de deux articles (83.18 et 464) du Code criminel. De vieux articles exhumés dans la loi antiterroriste dans sa mouture post-11 septembre 2001, mais qui n'intégraient pas les notions de départ ou d'intention de quitter le pays.

L'Ontarien Momin Khawaja, le premier au Canada à être condamné à perpétuité pour sa participation à un complot terroriste d'une cellule londonienne liée à Al-Qaïda et visant des cibles au Royaume-Uni et en Europe, avait contesté en 2012 la constitutionnalité en Cour suprême de plusieurs articles du Code criminel et, en particulier, l'article 83.18 (participer à une activité d'un groupe terroriste ou y contribuer). « Une volumineuse correspondance électronique atteste sans équivoque l'adhésion idéologique de l'appelant au djihad armé et aux activités menées en son nom au Canada et ailleurs dans le monde afin de promouvoir le terrorisme d'inspiration djihadiste », écrivirent les juges de la plus haute cour du pays qui rejetèrent son pourvoi.

Momin Khawaja était notamment le concepteur d'un détonateur à distance qu'il avait baptisé « hifidigimonster ». Il avait aussi recruté une « mule » pour acheminer des fonds à ses « frères extraordinaires » de Londres afin de contribuer financièrement à leurs funestes projets. Enfin, il s'était entraîné au Pakistan dans l'espoir de prendre part à l'insurrection en Afghanistan.

Malgré ce pédigrée éloquent, Khawaja estimait que l'article 83.18 bafouait l'article 7 de la Charte canadienne des droits et libertés. Dans leur décision, les sept juges de la Cour suprême mentionnèrent ceci : « Point n'est besoin de prouver l'intention liée à la nature précise de l'activité terroriste, telle la mort d'une personne lors d'un attentat à la bombe. Il suffit de prouver l'intention que ses actes accroissent la capacité du groupe terroriste de se livrer à une activité terroriste ou de la faciliter. »

Mohamed Hersi, qualifié de « touriste de la terreur » par la juge qui lui a imposé sa lourde peine de dix ans, s'était retrouvé six mois plus tôt dans la mire des autorités en raison de sa distraction et de la... curiosité d'un nettoyeur. Il semble que ce commerçant n'avait pu résister à l'envie d'ouvrir la clé USB que Hersi avait oubliée dans son uniforme de gardien de sécurité qu'il venait de déposer. Parmi les documents enregistrés sur cette clé figurait l'*Anarchist Cook Book*, manuel bien connu des apprentis terroristes (tout comme *The Poor Man's James Bond*). Effrayé, le nettoyeur avait avisé sans tarder la police de Toronto.

L'enquête, menée conjointement avec les policiers de la GRC de l'Équipe intégrée de la sécurité nationale de l'Ontario, s'enclencha sans tarder. On lui attribua le nom de code de « Projet Severe ». Les enquêteurs décidèrent de tendre un piège à Hersi afin de sonder ses intentions. C'est ainsi qu'en décembre 2010, un agent double de la police personnifiant un immigrant né de mère irakienne et de père somalien entra en contact avec le suspect dans le cadre de son travail. Hersi se sentit rapidement en confiance avec l'agent double. Assez en tout cas pour que les deux hommes se lient d'amitié, prient ensemble, regardent la télé ou aillent voir des matchs des Raptors de Toronto. Le Torontois Hersi, qui se définissait alors comme un « tueur silencieux », évoqua son désir de rejoindre ses « frères des Al-Shabaab ». Il donna aussi à son nouvel ami des conseils d'ordre logistique et opérationnel afin qu'il puisse lui aussi se joindre sans encombre et sans être repéré en chemin au groupe djihadiste. Autant de propos enregistrés à son insu par l'agent infiltré et qui constitueront l'essentiel de la preuve déposée contre lui. Un procédé clandestin que dénonça Hersi, réfutant la thèse de la poursuite. Il est vrai que celle-ci ne disposait en effet d'aucune preuve tangible et matérielle que le Somalien s'apprêtait vraiment à rallier les rangs des miliciens Shabaab lorsqu'il avait été intercepté à l'aéroport. En privé, certains policiers estiment que la tâche sera ardue pour réussir à convaincre la cour de la culpabilité d'un individu accusé d'avoir eu l'intention de rejoindre un groupe terroriste à moins que la preuve soit vraiment solide. Un défi aussi grand, selon eux, que celui de prouver que de l'argent recueilli ici sert à financer une activité terroriste ailleurs.

Hersi n'était pas le premier membre de l'importante diaspora somalienne canadienne, la plus importante en dehors du continent africain, à avoir été tenté par les sirènes des djihadistes d'Al-Shabaab. Ce groupe fondé en 2006, inscrit sur la liste noire du Canada en 2010 et inféodé à Al-Qaïda au début de l'année 2012, avait déjà attiré près de 25 jeunes Canadiens, certains déclarés morts au combat depuis. Parmi eux, un étudiant de Toronto, Mohammed Elmi Ibrahim, 20 ans, qui faisait partie d'un petit groupe de jeunes ayant quitté le Canada ensemble pour la Somalie, d'où leur surnom des « six Somaliens ». Plusieurs individus porteurs de pièces d'identité canadienne auraient été capturés en Somalie, mais aussi au Kenya et en Éthiopie. Le Service canadien du renseignement de sécurité (SCRS) croit que ces combattants avaient été recrutés et radicalisés en sol canadien.

D'autres jeunes Canadiens d'origine somalienne furent attirés davantage par le conflit en Syrie et en Irak. Farah Mohamed Shirdon, employé dans un théâtre de Calgary, partit pour Mossoul, en Irak, en 2014. Cet étudiant à l'allure juvénile fit une première apparition remarquée dans une vidéo de propagande de l'EI. Il y est filmé en train de brûler son passeport et d'avertir le Canada et les États-Unis de l'« arrivée » prochaine de moudjahidin : « Nous allons vous détruire ! » lance-t-il sur un ton déterminé à la caméra. Dans une entrevue accordée au site de journalisme d'enquête VICE quelques mois plus tard, Shirdon affirma avoir réussi à quitter le pays alors qu'il avait été questionné quelques jours plus tôt par des agents du SCRS. « Ces agents du renseignement sont tous des imbéciles », dira-t-il. Cette entrevue était surtout un pied de nez à ceux qui l'avaient donné pour mort six semaines plus tôt. Depuis, Shirdon demeure actif sur les réseaux sociaux.

Si Shirdon semble encore en vie, ce n'est pas le cas d'autres jeunes issus de cette même communauté. L'ex-membre du groupe terroriste des « 18 de Toronto » Ali Mohamed Dirie est décédé en 2013 en Syrie dans des circonstances inconnues. Dirie avait rejoint un groupe de rebelles affiliés à Al-Qaïda à l'issue de son incarcération au pénitencier de Sainte-Anne-des-Plaines, au Québec. En décembre 2014, ce fut au tour des frères Gordon – des convertis – Gregory (alias Abu Abdullah Al-Canadi) et Collin (alias Abu Ibrahim Al-Canadi), de périr en Syrie. Leur «martyr» annoncé en quelques mots via Twitter lors des fêtes de Noël passera quasi inaperçu. L'un des deux frères avait mentionné peu avant leur allégeance au calife al-Baghdadi.

À l'opposé, la cause des Shabaab attira aussi des combattants d'autres origines ethniques, dont un étudiant en biologie montréalais d'origine maghrébine. Abderraouf Ben Habib Jdey, surnommé Farouq al-Tunisi en raison de ses racines tunisiennes, a disparu en 2001 de la métropole. Depuis, sa tête est mise à prix pour cinq millions de dollars américains par le FBI. Sa fiche signalétique mentionne que ce citoyen canadien lié au réseau Al-Qaïda a séjourné en Afghanistan à la fin des années 1990 où il s'est entraîné et a participé aux combats contre l'Alliance du nord du défunt commandant Massoud. Il serait revenu ensuite brièvement dans la métropole québécoise où il fut vu aux côtés d'autres membres de la mouvance islamiste locale. Cet individu costaud au regard sombre ne fit plus parler de lui jusqu'en 2013 quand des médias ougandais rapportèrent que les policiers avaient reçu des informations selon lesquelles Jdey ferait partie d'un commando de cinq combattants Shabaab infiltrés dans le pays pour y commettre des attaques. Sa photo fut affichée dans tous les lieux publics et aux postes frontaliers. Mais aucune attaque n'eut lieu. À nouveau, Farouq al-Tunisi disparut de la circulation.

DIFFICILES À PISTER

«Notre tourisme à nous, c'est le djihad», proclame un graffiti peint sur un mur d'une ville du nord syrien partie prenante du califat de l'EI. Traquer et identifier ces touristes du djihad actuels et futurs, désormais pudiquement nommés «voyageurs extrémistes» par les officiels canadiens, c'est entre autres la tâche quotidienne des membres du «Groupe de gestion des déplacements à haut risque». Cette unité placée sous la responsabilité de la GRC travaille depuis son centre des opérations, à Ottawa. À l'automne 2014, 93 dossiers d'aspirants voyageurs, dont des mineurs âgés de 15 ans et plus souhaitant partir pour combattre à l'étranger, étaient ouverts et accaparaient la majorité des effectifs. Deux d'entre eux étaient Zehaf-Bibeau et Martin Couture-Rouleau.

Toujours en 2014, le SCRS estimait qu'entre 130 et 145 ressortissants canadiens auraient quitté le territoire pour se rallier à différents groupes à travers la planète considérés comme extrémistes par le Canada. Pas toujours pour prendre les armes et participer activement au combat, mais aussi dans certains cas pour s'entraîner, s'occuper de financement ou bien encore suivre des cours dans des écoles coraniques (*madrasas*) d'obédience extrémiste telles celles qui pullulent au Pakistan. Ces données intégraient aussi ceux qui se dévouent strictement à des tâches qualifiées d'humanitaires, que ce soit travailler dans un hôpital ou distribuer de l'aide à la population civile. Du lot, au moins une trentaine, selon les autorités, se trouvaient alors en Syrie, « zone servant d'aimant attirant de nombreux radicaux occidentaux à la recherche d'une occasion pour mener le djihad », pour reprendre les termes du directeur du SCRS, Michel Coulombe, devant le Comité sénatorial de la sécurité nationale.

Ces statistiques officielles, qui n'ont pas évolué d'un iota pendant des mois, sous-estimaient la réalité. Même les policiers à qui nous avons parlé en sont convaincus. Elles ne reflétaient pas la tendance à la hausse généralisée en Occident. Comme si on avait effacé d'un coup de baguette magique la multiplication des départs observés pendant la même période au Canada, y compris au Québec. Jusqu'à ce que le patron des espions canadiens fasse une mise à jour et admette du bout des lèvres avoir « probablement vu une augmentation d'environ 50 % dans le nombre de personnes qui sont parties pour se rendre en Irak ou en Syrie ».

Amarnath Amarasingam, un chercheur postdoctoral de l'Université Dalhousie, en Nouvelle-Écosse, qui étudie le phénomène de la radicalisation et des combattants étrangers, estimait déjà depuis un bon moment à près de 60 le nombre de Canadiens partis en Syrie et en Irak. Du lot, avance-t-il, une quinzaine auraient été tués depuis le début du conflit. Mais comparer la situation nord-américaine avec celle de l'Europe serait une grave erreur, selon ce chercheur, en premier lieu pour des raisons logistiques. Il est plus aisé et moins coûteux de rejoindre la frontière syrienne de la France ou de l'Allemagne que du Canada et des États-Unis. Ensuite, il y a le contexte «social» qui sert de catalyseur: «Je ne pense pas qu'il soit exagéré de dire que les pays qui ont ouvertement déclaré la mort du multiculturalisme à l'intérieur de leurs frontières, et qui ont vécu une montée des mouvements d'extrême droite au sein de leur population, voient également bon nombre de leurs jeunes musulmans être confrontés à un sentiment d'isolement et d'aliénation par rapport à la majorité.»

En février 2014, le SCRS avait dressé un portrait détaillé de la situation devant le Comité sur la sécurité nationale du Bureau du Conseil privé du premier ministre à Ottawa. Derrière des portes closes, la vingtaine de membres de ce groupe de travail restreint ont ainsi pu obtenir des statistiques précises ventilées par pays sur le nombre de Canadiens suspectés par le SCRS d'être impliqués dans des activités de combat à l'étranger, en particulier la Syrie, le Yémen et la Somalie.

À la même époque, le nombre d'Occidentaux présents en Syrie et en Irak avoisinait les 3 000. La palme revenait à la France qui fournissait alors à elle seule d'abord le tiers de ce bataillon, puis rapidement la moitié.

Ce travail de compilation est un défi et un casse-tête compte tenu, par exemple, de la difficulté à pister avec exactitude les déplacements de ces combattants. Certains cas peuvent effectivement échapper à la vigilance des autorités, tandis qu'en même temps le risque de compter certains cas en double n'est pas évacué non plus.

«Le nombre change quotidiennement, a déjà convenu Jeff Yaworski, directeur adjoint des opérations du SCRS. La liste s'allonge quand nous acquérons sur des individus des renseignements supplémentaires qui confirment leur identité, leur connexion avec le Canada. On biffe leur nom de la liste lorsqu'ils reviennent au pays ou si nous avons des raisons de croire qu'ils sont morts au combat. Ce nombre est un instantané. »

Plusieurs problèmes rendent ardue la tâche des autorités canadiennes. D'abord, l'utilisation fréquente de passeports volés et falsifiés, ou encore, pour les jeunes issus de familles binationales, de passeports de leur nationalité d'origine que les policiers peuvent difficilement confisquer le cas échéant, ou dont ils n'ont même pas connaissance de l'existence.

Ensuite, pour leurs communications, l'usage de téléphones cellulaires reliés à des abonnements enregistrés avec de fausses identités et aussi de faux comptes sur les réseaux sociaux.

Également, l'absence de système de contrôle et d'enregistrement des sorties du pays contrairement à ce qui se pratique en Europe, le fait que ces « touristes de la terreur » transitent par un ou plusieurs pays anodins (Italie, Espagne, Grèce, etc.) avant de rejoindre les zones d'insurrection, et le signalement tardif (ou inexistant) de leur disparition par les proches des disparus ou la communauté.

Enfin, l'impossibilité de valider sur le terrain certaines informations fournies par des partenaires étrangers et, encore moins, auprès des autorités syriennes avec lesquelles la plupart des pays occidentaux, hormis l'Allemagne, ont théoriquement rompu les liens. Deux officiers de liaison de la Direction générale des systèmes d'information (DGSI) et de la Direction générale de la sécurité extérieure (DGSE) françaises en poste en Jordanie se seraient déplacés en grand secret à Damas, en 2014, pour tenter de relancer la machine et tenter d'obtenir la liste des combattants djihadistes français identifiés sur le territoire syrien, mais leur mission a fait long feu. « Ces échanges d'informations avec la Syrie n'existent plus, rappelle le Français Louis Caprioli. Bachar al-Assad n'accepte désormais un échange d'informations que, dans le cas de la France, en contrepartie d'un retour, par exemple, de notre ambassadeur. Ce qui est impensable actuellement. D'autre part, les services de renseignement irakiens sont inexistants. Il n'a rien à attendre de ce côté-là non plus. »

Les arrangements conclus entre le SCRS et la GRC, d'une part, et leurs vis-à-vis du Renseignement militaire syrien (RMS), blâmés à multiples reprises pour leurs antécédents en matière de droits de la personne, suscitaient déjà des remous bien avant le déclenchement de la guerre. À Ottawa, on avait décidé de mettre le pied sur le frein à la suite des affaires Maher Arar, Abdullah Almalki, Ahmad Abou-Elmaati et Muayyed Nureddin, des Canadiens binationaux placés sous la loupe du Canada et des États-Unis qui furent arrêtés, incarcérés et torturés en Syrie dans les années 2000. L'enquête interne menée à Ottawa par le commissaire Frank Iacobucci pour faire la lumière sur les dossiers de Almaki, Elmaati et Nurreddin démontra que ces arrangements ne se limitaient pas seulement à l'échange d'informations (itinéraire d'un voyage, contenu de bases de données, résultats de perquisitions, etc.), mais qu'il s'agissait aussi d'un échange de services comme faire parvenir à son homologue du pays en question, directement ou via un pays tiers « ami », une liste de questions à poser aux citoyens incarcérés. Des interrogatoires sous-traités auprès d'un service aux « techniques d'interrogatoire plus rudes », « à la syrienne » comme le diront des responsables canadiens lors de l'enquête du commissaire Iacobucci.

Reste le cas de la Turquie… Dans les faits, la coopération entre ce pays, point de passage de la majorité des combattants étrangers, et certains pays occidentaux, ne serait pas aussi « fluide » qu'elle devrait l'être, déplorent plusieurs de nos contacts. Les Turcs suscitent encore une certaine méfiance chez leurs partenaires étrangers qui, de ce fait, rechignent parfois aussi à partager avec eux leurs informations.

« La Turquie, c'est la porte d'entrée de ces combattants, la réalité est là, soupire un expert européen. On a un phénomène particulier où c'est un pays membre de l'OTAN qui est la base arrière d'une certaine façon des organisations terroristes, que ce soit Daesh (EI), Al-Nosra et tous les autres mouvements salafistes djihadistes. Ce pays a forcément une quantité d'informations privilégiées sur tous ces individus. Mais la Turquie veut la destruction du régime de Bachar al-Assad. Les Turcs vont au bout de cette logique et soutiennent donc tout ce qui est islamiste. Tant que ce flux de combattants ne sera pas stoppé, on n'y arrivera pas. »

Le Canada, comme tous les pays concernés, s'appuie tant sur le renseignement électromagnétique qu'humain pour identifier et pister ses propres combattants. Surveillance et espionnage de l'Internet, en particulier des réseaux sociaux et des messageries, peuvent fournir des pistes intéressantes. Certaines transactions financières aussi. Une réservation de billet d'avion vers une destination jugée sensible peut mettre la puce à l'oreille des espions canadiens ou de leurs alliés. S'ajoutent à cela les informations en provenance du terrain fournies par les « agents de collecte de renseignements à l'étranger » (ACRE) du SCRS et les agents de liaison de la GRC en poste dans différents pays du Moyen-Orient, dont la Jordanie, l'Égypte, la Turquie et le Liban. Il faut savoir que la France (Paris), les États-Unis (Washington), la Grande-Bretagne (Londres) ainsi que l'Afghanistan sont toutefois les seuls endroits dans le monde où le SCRS reconnaît officiellement sa présence.

Les agents du SCRS ont également recours à des sources humaines locales. En toute discrétion, comme il se doit, car l'exercice peut rapidement tourner à la catastrophe. D'abord parce que légalement (jusqu'à l'adoption de la loi C-44), le SCRS n'avait pas le droit de « mener des enquêtes sur des menaces visant le Canada » à l'extérieur du pays. Et aussi parce que l'opération n'est pas sans risque. Le scandale politico-diplomatique qui a suivi l'arrestation à Sanliurfa, dans le sud de la Turquie, en mars 2015, d'un passeur syrien œuvrant pour l'EI est le meilleur exemple. Sitôt arrêté, Mohammed Mehmet al Rashid, 28 ans, a rapidement confessé qu'il agissait comme taupe pour le compte du SCRS. En fouillant dans son ordinateur et son téléphone intelligent, les enquêteurs turcs découvrirent plusieurs photos et vidéos de ces aspirants djihadistes prises à leur insu, ainsi que des copies de leurs passeports et même des étiquettes de leurs bagages. Le passeur avait aidé effectivement une quinzaine d'étrangers, dont trois adolescentes britanniques de 15 et 16 ans, à franchir en clandestinité la frontière. Depuis juin 2013, il avait lui-même traversé près de 33 fois la frontière dans un sens et dans l'autre. Le système était bien rodé. Rashid recevait ses ordres d'un djihadiste britannique établi à Raqqa, en Syrie, qui le prévenait en utilisant la messagerie instantanée WhatsApp de l'arrivée imminente de futurs clients sur le sol turc. Le passeur les récupérait à leur descente d'avion ou de bus, à Istanbul, et les conduisait immédiatement jusqu'au territoire de l'EI. Une fois sa mission achevée, Rashid faisait son rapport aux Canadiens qui, à leur tour, partageaient ces informations avec les services alliés concernés.

Rashid, qui exerçait avant la guerre le métier de dentiste à Raqqa, était en contact régulier depuis 2013 avec un certain Matt et son supérieur, Claude. Ces fonctionnaires du renseignement canadien postés à l'ambassade canadienne à Amman, en Jordanie, auraient ciblé puis recruté le Syrien lorsque celui-ci était venu remplir une demande d'asile. Selon ses dires, Matt lui aurait fait miroiter la citoyenneté canadienne en échange de ses précieux services. Promesse qui, si elle s'avérait, est dans les faits quasi impossible à tenir. À moins, dit-on, d'être une recrue de très haut niveau, à l'image des transfuges membres de services secrets étrangers lors de la guerre froide.

La taupe était-elle rémunérée par le SCRS ? Fort probablement. Rashid raconta seulement que le Canada lui remboursait son billet d'avion lorsqu'il devait se rendre à Amman y rencontrer ses interlocuteurs. Mais les enquêteurs turcs découvrirent aussi dans l'ordinateur de Rashid des traces de paiements variant de 800 $ à 1 500 $ versés dans le compte d'une banque européenne. Une fois les fonds retirés, Rashid les envoyait à son frère en Syrie par l'intermédiaire d'un bijoutier de Sanliurfa. Le SCRS privilégiant les paiements en espèces et en petites coupures pour rémunérer ce genre de source, on peut supposer que ces fonds étaient versés par le groupe terroriste ou les candidats à la *hijra* (les combattants étrangers) en contrepartie de son travail de passeur.

Le fait que l'agent traitant de cette source soit basé à l'ambassade canadienne en Jordanie, et non en Turquie, est révélateur de la méfiance occidentale envers ce pays aux dires des connaisseurs du milieu du renseignement. Mais les autorités turques pouvaient jubiler. Rashid arrêté, elles tenaient leur revanche et ne se gênèrent pas pour claironner leur indignation. Cette arrestation survenait à point nommé tandis que leur pays était une fois encore montré du doigt et accusé de mollesse vis-à-vis des combattants étrangers. Cette fois-ci, c'étaient les Britanniques qui exigeaient depuis plusieurs jours des comptes à Ankara pour avoir laissé filer sans réagir trois adolescentes. Rashid arrêté, Londres devait dès lors se tourner plutôt vers son allié canadien pour obtenir les explications souhaitées... On n'entendit plus parler de Mohammed Mehmet al Rashid.

Au Canada aussi, plusieurs s'indignèrent que le SCRS n'eut aucun scrupule à traiter avec un tel individu mouillé jusqu'au cou avec un groupe terroriste. Un individu qui ne fit rien pour empêcher la disparition de mineures entre les griffes de l'EI. Or, du point de vue du renseignement, une source comme Rashid forcément bien informée sur les flux de combattants étrangers représentait au contraire sur papier une belle occasion de percer certains secrets opérationnels de l'EI et de mieux comprendre comment s'organise l'acheminement de combattants étrangers. Au même titre que les meilleurs informateurs de police sur les arcanes du crime organisé sont souvent des bandits (si l'on excepte les agents infiltrateurs). Les agents de renseignement, ainsi que les policiers qui traitent avec ces taupes, ne sont pas naïfs. Ils savent très bien qu'ils ont affaire à des personnages douteux, imprévisibles et opportunistes qui trahissent par intérêt personnel. Ce sont des armes à double tranchant susceptibles à tout moment de les plonger dans l'embarras dès lors qu'ils commettent un délit. Comme Rashid...

Les agents de liaison canadiens peuvent aussi être appelés à la rescousse pour intercepter des Canadiens en route pour le djihad ou de retour du djihad. Au moment d'écrire ces lignes, seule la GRC détenait ce pouvoir de «perturbation» (voir le chapitre 7). Un pouvoir qui a permis aux gendarmes de récupérer *in extremis* trois jeunes filles de Toronto lors d'une escale au Caire. Une véritable course contre la montre s'était engagée pour les bloquer, avec la collaboration des policiers égyptiens, avant leur embarquement pour Istanbul où les attendait un passeur de l'EI. Les trois étudiantes qui disaient avoir des motivations d'ordre strictement humanitaire ont été rapatriées au Canada et rendues à leurs familles. Aucune accusation n'a été déposée contre elles.

Malgré toutes ces mesures, passer à travers les mailles du filet demeure un jeu d'enfant. Pour preuve, l'exemple de Mohammed El Shaer, qui a réussi à quitter le Canada en janvier 2015 pour la Syrie. Le nom d'El Shaer figurait sur la liste des voyageurs à risque de la GRC et il était assujetti à une interdiction de sortie du territoire. Qu'à cela ne tienne, El Shaer s'était probablement procuré un passeport contrefait. Comble de l'ironie, il avait déjà purgé une peine de prison pour une fausse déclaration dans une demande de passeport d'urgence effectuée en Turquie en 2013 ! Le résident de Calgary âgé de 27 ans avait mentionné aux autorités consulaires canadiennes que son passeport original avait été endommagé. El Shaer avait été arrêté une seconde fois à Toronto au cours de l'hiver 2014 et incarcéré au retour d'un voyage au Soudan alors qu'il était toujours sous le coup d'une condition lui enjoignant de demeurer en Ontario. Lors de sa comparution devant la cour, le jeune homme avait fait amende honorable pour cette «erreur» et promis que «cela n'arriverait plus».

C'est son bon ami Ahmad Waseem, également de Windsor, qui confirma la présence d'El Shaer à ses côtés en Syrie. Début mars 2015, il posta sur son compte Twitter un autoportrait d'eux accompagné de ce commentaire sarcastique: «Musulmans canadiens, devinez quel *voyageur à haut risque* est arrivé au Sham? Alors, quelle est votre excuse [pour ne pas faire la même chose] ? » Waseem aurait été tué quelques jours plus tard dans un affrontement avec des combattants kurdes du YPG (« l'Unité de défense du peuple ») lors de la bataille de Tal Hamis, dans l'extrême nord-est de la Syrie. La photo de son cadavre étendu dans l'herbe, son arme tachée de boue posée sur sa veste de camouflage, a circulé peu après sur le Web. Waseem était lui aussi passé maître dans l'art de passer subrepticement aux frontières malgré une interdiction de quitter le pays et son inscription sur la liste noire de la GRC. Ce qui ne l'avait pas empêché de retourner une fois au Canada pour soigner une blessure de guerre puis de filer à nouveau vers les champs de bataille syriens. Sa mort n'ayant pu être confirmée, il est toujours recherché par la GRC et Interpol.

LES FILIÈRES QUÉBÉCOISES

Au début de l'année 2015, les services de renseignement et de police étaient préoccupés par le nombre significatif de jeunes Québécois et Québécoises qui se trouvaient en Syrie ou en Irak, ou qui s'apprêtaient à s'y rendre. Ces jeunes qui s'étaient envolés au cours des mois précédents avaient été aspirés par ces appels incessants à faire la *hijra*, abandonnant souvent derrière eux des parents désemparés et incrédules. Tel ce père éploré qui répéta sans cesse *On m'a volé mon fils… On m'a volé mon fils… On m'a volé mon fils* aux policiers venus chez lui pour recueillir son témoignage. Le pauvre homme semblait perdre complètement les pédales.

Parmi ces disparus figuraient Zakria Habibi, Samir Halilovic et Youssef Sakhir, étudiants à Sherbrooke, ville qui suscitait déjà l'intérêt des agents chargés de la lutte au terrorisme. Leurs familles avaient perdu leurs traces. La GRC et le SCRS aussi. Avant de se volatiliser, les trois présumés djihadistes fréquentaient le local de l'Association des musulmans de l'Université de Sherbrooke, tout comme le Tunisien Chiheb Essegaier, l'un des deux coaccusés dans le dossier du complot contre un train de VIA Rail en 2013. Deux d'entre eux étaient des fidèles de la mosquée sherbrookoise A'Rahmane. « Oui, je connais Zakria et Samir, racontera plus tard l'imam Mohammad Salah. Ils sont venus prier ici. Ce que je me souviens d'eux, c'est qu'ils étaient des jeunes hommes très polis, très calmes, qui n'ont jamais posé le moindre problème. Ils étaient toujours souriants et lisaient le Coran avec des amis de façon normale. J'ai été l'homme le plus surpris du monde lorsque j'ai appris qu'ils étaient partis pour aller se battre en Syrie au nom de l'islam. Jamais je ne me serais attendu à cela de leur part. »

Zakria Habibi n'a plus jamais donné de nouvelles à sa famille alors qu'il se trouvait en Turquie, plus précisément à Konya au sud d'Ankara, un secteur tranquille très loin de la frontière syrienne. C'était le 17 juillet 2014. Le jeune homme avait atterri dans ce pays quatre jours plus tôt soi-disant pour un périple touristique. Il était censé revenir au Québec deux semaines plus tard pour entamer une nouvelle session à l'université. Il ne prendra jamais son vol de retour. Tout comme Mohammed Ali, 23 ans, de Mississauga, qui quelques mois plus tôt avait donné comme prétexte à ses parents des vacances en Turquie. Mohammed Ali, l'étudiant en génie aérospatial de l'Université Ryerson, avait disparu. Il est devenu depuis Abu Turaab, propagandiste redoutable et zélé de l'EI sur les réseaux sociaux.

Apprendre que leur fils Zakria avait probablement rejoint la Syrie fut un vrai choc pour les Habibi. Cette famille d'origine afghane avait fui son pays ravagé par la guerre à la fin des années 1980, du temps de l'occupation soviétique. Ils avaient d'abord trouvé refuge en Inde puis au Canada au début des années 1990. Une famille souvent citée en exemple pour son intégration réussie en Estrie et le travail acharné accompli par le père du disparu, un ancien militaire, auprès des nouveaux immigrants et sa dénonciation de l'extrémisme religieux.

Ravagé par l'angoisse, le père de Zakria décida de partir sur les traces de son fils en Turquie, à Konya puis à Gaziantep. Il frappa à toutes les portes, questionna la police locale, se rendit à l'hôtel où son fils avait séjourné avant de disparaître ainsi qu'à la grande mosquée de la ville, juste au cas où il trouverait le moindre début d'indice. « Hélas ! ça n'a rien donné, nous confia-t-il. L'hôtel n'avait pas vraiment de registre et les images des caméras vidéo étaient effacées après quelques jours. Ils n'avaient aucun souvenir de lui et n'étaient pas non plus capables de me dire si Zakria était présent avec ses deux amis. »

Monsieur Habibi dut se résoudre à rentrer bredouille au Québec. Presque un an plus tard, ni lui, ni les autorités canadiennes ne savaient où Zakria avait franchi la frontière, quel groupe il avait rejoint et s'il était toujours vivant.

Ce fléau n'avait évidemment pas épargné la région de la métropole puisqu'au début de l'année 2015, on estimait à au moins une quinzaine le nombre de jeunes qui s'étaient envolés vers la région irako-syrienne. Dont des filles, tendance inquiétante observée dans tous les pays occidentaux concernés par cet exode. Leur destin est incertain. Une fois sur place, elles peuvent être mariées à des combattants. D'où leur surnom de *djihadi brides*. Il existerait même un bureau des mariages à Raqqa. Certaines intégreront les rangs de la milice féminine al-Khansaa Brigade, chargée entre autres de l'application stricte du code vestimentaire et du « comportement » islamique imposés aux femmes vivant dans l'EI et de punir les contrevenantes. D'autres se consacreront à la propagande et au recrutement de nouvelles adeptes via les réseaux sociaux. Sur Twitter, une certaine @UmmUsamahh lance régulièrement depuis la ville de Mossoul des appels à émigrer vers le califat avant qu'il soit trop tard, prévient-elle. « Arrêtez de parler, agissez », écrit-elle, invitant les « sœurs » intéressées à faire le grand saut à la contacter par la messagerie « KIK ». Mais le sort de ces jeunes femmes motivées – aveuglées diront certains – par une vision romantique du djihad et de ses combattants ou animées par une vocation humanitaire sincère ne serait pas toujours enviable. Des témoignages évoquent au contraire pour plusieurs d'entre elles des vies de recluses. Leurs passeports et téléphones seraient confisqués afin de couper tout contact avec le monde extérieur et toute velléité de retour en arrière.

Au Québec, les disparues représenteraient environ 15 % des dossiers. Deux jeunes amies montréalaises de 18 et 19 ans manquent aussi à l'appel depuis l'automne 2014. « Il y avait des signes de radicalisation. Malheureusement, on les a perdues, elles sont déjà rendues là-bas », avoua avec candeur le responsable du module antiterrorisme du Service de police de la Ville de Montréal (SPVM). Aucune ne figurait sur les listes de la GRC et du SCRS.

Mi-janvier 2015, c'était cette fois-ci un groupe d'au moins sept jeunes Québécois de la région métropolitaine, dont deux filles, qui s'envolèrent vers la Syrie avec autant de facilité que s'ils avaient choisi de partir vers Cuba pour leur semaine de relâche ! Aucun d'entre eux non plus n'était identifié, et encore moins fiché, comme voyageur à risque puisque les policiers de Laval et de Montréal ne furent prévenus que dans les jours suivant leur disparition. Prudents, les cinq garçons, dont Mohamed Rifaat, Bilel Zouaidia, 18 ans, Imad Eddine Rafai, 19 ans, et l'aîné du groupe, Yahya Alaoui Ismaili, 29 ans, ainsi que les deux jeunes filles, Ouardia Kadem et Shayma Senouci, échelonnèrent leurs départs sur des vols différents sur deux ou trois jours afin d'éviter d'attirer l'attention.

Mohamed Rifaat choisit de transiter par l'Algérie. Le 16 janvier, peu avant de partir, il posta sur son mur Facebook un article anodin sur la Coupe d'Afrique des nations accompagné de ce commentaire : *Haha hâte de voir l'ambiance au bled quand l'Algérie va jouer !* Ce seront les dernières traces numériques publiques qu'il laissera derrière lui avant de s'enfoncer dans la clandestinité. Même chose pour Imad Eddine Rafai : « L'héroïsme des médecins sans frontières se montre à nous dans toute sa splendeur ! » écrivit-il le 29 décembre 2013 sur Twitter. Sur Facebook, son dernier message public sera un lien vers l'organisme humanitaire islamique BarakaCity.

L'affaire fit grand bruit. En particulier parce que cinq d'entre eux étudiaient au Collège de Maisonneuve, à Montréal. De bons élèves, « ni perdus, ni asociaux » selon la direction. Les adolescentes Ouardia Kadem et Shayma Senouci partageaient le même casier. Shayma était considérée comme une étudiante modèle et une sportive accomplie adepte de course à pied. « *Dream your life and live your dream* :) » affiche-t-elle en guise de présentation sur son compte Twitter enregistré sous le nom de @Supeer_Womeen. Sur sa photo, elle a l'air d'une jeune ado espiègle. Les quelques gazouillis rédigés depuis l'ouverture de son compte, en 2011, ne laissent d'ailleurs rien paraître d'une possible radicalisation. Il s'agit plutôt d'échanges anodins, parfois taquins, semblables à ceux de milliers de jeunes filles de son âge, y compris avec le compte de Justin Bieber. Le ton était différent sur son compte Facebook (fermé depuis) où Shayma tenait un discours plus religieux, plus militant.

Au moins trois de ces sept jeunes étudiants gravitaient dans l'entourage du cheikh Adil Charkaoui. Certains suivaient d'ailleurs les cours de religion et de Coran qu'il donnait le dimanche dans l'enceinte du Collège de Maisonneuve. On en avait remarqué aussi à ses côtés, comme en attestent des photos et des vidéos prises lors de différents « ateliers », conférences et sessions sportives organisées dans son centre communautaire Assahaba, ainsi que lors de manifestations en 2013 contre le projet mort-né de Charte des valeurs québécoises du gouvernement péquiste de Pauline Marois. Adil Charkaoui aurait rendu visite à plusieurs reprises à Imad Eddine Rafai dans les semaines qui ont précédé sa disparition, lorsque son père était absent. Les voisins auraient noté une transformation rapide dans l'apparence physique et la tenue vestimentaire du jeune homme.

Le père de Bilel Zouaidia avait aussi détecté assez vite un changement de comportement inquiétant à ses yeux chez son fils, notamment après qu'il se fut inscrit aux cours dominicaux du cheikh Adil Charkaoui. Le scientifique d'origine algérienne, qui avait émigré au Canada parce qu'il était soucieux d'offrir un bel avenir à ses enfants, était si contrarié qu'il interdira à Bilel de continuer à suivre ces cours. Il tentera même de vérifier de visu quel type d'enseignement était donné. «J'avais interpellé le père, car certaines enseignantes étaient mal à l'aise de voir un adulte rôder, expliqua par la suite Adil Charkaoui à *La Presse*. Il a dit qu'il était le père de l'élève Bilel, et je lui ai dit que son fils ne fréquentait déjà plus notre école, qu'il n'avait pas payé et avait exigé le remboursement de son acompte.» Le père confisqua le passeport de son fils pensant avoir trouvé la parade pour stopper son élan djihadiste. Mais, en octobre 2014, Bilel se rendit dans un poste de police pour faire une déclaration de vol puis fit une nouvelle demande à Passeport Canada.

M. Zouaidia avait sous-estimé la volonté farouche de son fils de quitter le sol canadien pour réaliser son rêve. «J'ai éduqué mes fils en leur disant: *Vous êtes Québécois, vous êtes Canadiens. On ne crache pas sur notre pays d'accueil.* Mon fils était bien élevé, c'était un modèle jusqu'à ce qu'il disparaisse.»

Même stupéfaction chez les proches de Shayma Senouci. «Je n'ai rien vu... Je n'ai rien pu faire», a dit sa mère. Shayma avait bien préparé son coup. Elle fit une demande de passeport urgente en mentionnant au fonctionnaire fédéral un voyage imminent en Turquie. La veille de son départ, elle prévint sa mère qu'elle allait coucher chez une amie et de ne pas s'inquiéter (elle ne fut pas la seule dans le groupe à user de cette tactique). Shayma a communiqué avec ses proches une seule fois ensuite pour leur annoncer, à partir de la Turquie, qu'elle se rendait en Syrie.

Qu'étaient devenus ces jeunes Montréalais? Combattaient-ils ou participaient-ils à des activités «humanitaires»? Se trouvaient-ils dans un secteur contrôlé par l'EI ou un groupe rebelle affilié à Al-Qaïda? Dans les semaines qui suivirent l'annonce de sa disparition, Rifaat continuera de poster sur Facebook, sous un pseudonyme, des messages à saveur religieuse et non violents destinés à son petit groupe d'amis. Très vite, il y eut certitude que plusieurs d'entre eux avaient rejoint Raqqa, fief de l'EI, organisation au sein de laquelle il n'existerait pas de branche humanitaire ou sociale comme c'est le cas chez le Hezbollah. Quiconque intègre l'EI peut être appelé à prendre les armes*.

Le fait que ce groupe de jeunes ait pu filer à la sauvette peut surprendre. Ils réussirent à berner l'établissement scolaire, leurs parents, la plupart de leurs amis et les autorités. Nous-mêmes avions repéré certains d'entre eux en raison de la nature des propos tenus sur les médias sociaux et les messages, photos et vidéos qu'ils affichaient et relayaient. Rifaat, par exemple, avait louangé Oussama ben Laden à l'occasion du troisième anniversaire de la mort de ce « grand homme » : « Qu'ALLAH nous accorde le martyr », concluait-il.

Comment ces écrits ont-ils pu échapper aux vigies Internet des différents corps policiers québécois ? Est-ce que Rifaat avait été classé dans la catégorie *couch potatoe*, expression imagée utilisée dans le milieu pour désigner « ceux qui ne font que parler… » ? Être radicalisé n'est pas un délit et faire l'apologie d'un groupe terroriste non plus.

La question qui se posa dès lors fut de savoir s'il n'existait pas à Montréal une filière organisée d'envoi de jeunes volontaires vers la Syrie et l'Irak. Dans les semaines suivant leur disparition, les agents de renseignement et les policiers mirent les bouchées doubles pour tenter de comprendre ce qui avait bien pu se passer et identifier au plus vite un éventuel recruteur dans l'entourage proche de la dizaine d'étudiants montréalais partis ou bloqués avant leur départ. D'où provenaient les fonds ayant servi à l'achat des billets d'avion ? Est-ce que ces jeunes dont on pouvait établir des liens communs avaient répondu à l'appel d'un individu qui tirait les ficelles dans l'ombre à partir du sol canadien ou bien depuis la zone de conflit ? Autre hypothèse : est-ce que cette dynamique demeurait circonscrite à l'intérieur du groupe, l'un des individus probablement plus charismatiques ayant entraîné les autres dans sa fuite en avant ? Dans ce cas, certains,

* On apprenait en juillet 2015 qu'un de ces jeunes aurait été tué en Irak, mais la nouvelle n'a pas été confirmée.

une fois rendus sur place, continueraient à coup sûr d'inciter leurs camarades restés au Québec à venir les rejoindre. Cette djihadisation entre « amis » à l'intérieur d'un cercle de connaissances est un phénomène encore très souvent observé. Cela met un bémol à cette idée répandue qui a tendance à pointer du doigt Internet comme grand coupable et unique acteur du recrutement. Le dossier devenait d'autant plus chaud que deux autres étudiants, un garçon et sa compagne de 18 ans fréquentant le même établissement, étaient interpellés trois mois plus tard par la GRC à la suite d'un signalement par la famille de la jeune fille. Leur cas semblait plus préoccupant. Mahdi El Jamali, qui suivait activement les enseignements du prédicateur Adil Charkaoui, et Sabrine Djaermane étaient non seulement suspectés de vouloir rejoindre un groupe terroriste à l'étranger, mais aussi d'avoir tenté de fabriquer un engin explosif artisanal.

L'enquête prit un tournant décisif lorsqu'une dizaine de jeunes garçons et filles québécois, mineurs pour la plupart, furent interpellés par les policiers de l'Équipe intégrée de la sécurité nationale de la GRC dans le hall des départs de l'aéroport Trudeau et, pour l'un d'entre eux, âgé de 17 ans, au domicile familial à Montréal. Tous s'apprêtaient à s'envoler pour l'Italie avec une escale à Istanbul. Bien entendu, les aspirants djihadistes comptaient interrompre leur voyage en Turquie et se diriger vers la Syrie plutôt que de jouer aux touristes à Rome ou à Florence.

Ils furent interrogés longuement par les enquêteurs avant d'être relâchés et leurs passeports confisqués. Quelques perquisitions eurent lieu pour saisir, notamment, des ordinateurs. Les policiers de la GRC tenaient enfin une occasion en or de réussir à percer ce mystère montréalais et éventuellement de resserrer leur étau autour du ou des responsables de cette filière terroriste. Avec comme objectif ultime de disposer d'un dossier assez solide pour que des accusations puissent être portées.

Plusieurs de ces jeunes étudiaient au Collège de Maisonneuve. Au moins six fréquentaient ou étaient liés au Centre communautaire

Assahaba. C'est dans ces murs, avouèrent certains, que le groupe aurait reçu le mode d'emploi pour se rendre en Syrie, que ce soit les excuses à fournir aux parents (mariage bidon en Italie, par exemple), ou trouver des sources de financement pour ce périple.

Les enquêteurs réussirent aussi à attacher les fils qui constituaient cette toile djihadiste montréalaise. Ils établirent plusieurs liens entre des membres de ce groupe, ceux qui avaient réussi à quitter le Canada en janvier, ainsi qu'avec Merouane Ghalmi (voir le chapitre 7) et aussi Sami Elabi dont il est question plus loin.

Voilà pour le facteur humain. Une page Facebook baptisée «Le chemin de l'islam» servait aussi d'inspiration et de guide pour plusieurs Québécois ciblés par des opérations antiterroristes. La veille des arrestations, on pouvait y lire cette conversation :

— Comment tu tes rendu en Syrie ? ya til des gens que tu connais ?

— Non, t'as pas besoin de gens que tu connais, juste un numéro de téléphone aux frontières pour qu'ils viennent te chercher une fois en Turquie (faut me contacter et je donnerai le numéro ou celui d'un frère, et même là tu peux passer les frontières seul sans numéro de téléphone).

Dans un message précédent, il est écrit que «l'État islamique reflète les valeurs de l'islam car l'islam est une religion de terrorisme contre les mécréants et de miséricorde envers les musulmans».

L'auteur principal de cette page serait, selon l'un de ses amis, un des jeunes Montréalais partis au début de l'année 2015 pour Raqqa. Il a lui-même raconté sa cavale, son séjour au califat qui a débuté par un «séminaire de religion pour les nouveaux arrivants» puis sa participation à une bataille à Tikrit, en Irak, au mois de mars.

Pour quelques-uns de ces volontaires étrangers, c'est la technologie, et parfois leur imprudence et leur négligence, qui permettent de confirmer leur présence sur les champs de bataille et de les pister avec précision. Plusieurs de ces utilisateurs compulsifs de l'Internet (Google, etc.) et des réseaux sociaux, en particulier Twitter, ont été trahis par la géolocalisation. En omettant de désactiver la fonction GPS de leur appareil, chaque gazouillis publié a permis de pointer avec exactitude l'endroit où ils se trouvaient à l'instant précis où ils l'envoyèrent. À l'inverse, il est aussi possible de trouver tous les individus qui diffusent des gazouillis dans un secteur déterminé.

Voilà comment, grâce à ce genre de bourde, les chercheurs de la firme Ibrabo (spécialisée dans la surveillance des djihadistes sur les réseaux sociaux) reconstituèrent avec précision l'itinéraire d'une djihadiste torontoise à partir du moment où elle s'évapora du Canada, le 23 novembre 2014, jusqu'à sa réapparition le 8 décembre à Raqqa, fief de l'EI. Ils espionnèrent ses moindres déplacements dans les semaines qui suivirent à travers le califat vers les villes de Kobane, Mossoul, Alep, etc. En croisant les données de ses déplacements avec celles de la situation opérationnelle sur le terrain et des mouvements des différentes factions engagées dans le conflit, les chercheurs acquirent la conviction que cette djihadiste canadienne n'était pas sur place pour jouer les figurantes, mais, au contraire, pour participer activement aux opérations en effectuant des missions de repérage et de surveillance.

L'EI prit rapidement conscience de cette menace et avertit ses membres et sympathisants de ne plus afficher sur les réseaux sociaux des photos de « moudjahidin en particulier immigrants » ou qui « pourraient révéler l'emplacement des combattants, spécialement celles prises avec un appareil dont le système de localisation est activé ». Avec le temps, les djihadistes étrangers apprirent de leurs erreurs, mais comprirent aussi que leur téléphone intelligent était leur pire ennemi. L'un d'entre eux, avec qui nous avons communiqué dans le cadre de nos recherches, s'en amusa lorsqu'on lui demanda une preuve qu'il nous écrivait bien à partir de la Syrie : « Demandez donc aux agences d'espionnage qu'ils vérifient avec leur technologie d'où mon signal provient, je ne peux pas dire mieux, Inch'Allah. » Effectivement, rien n'empêche techniquement un service de renseignement de savoir où une cible ayant un téléphone en main se trouve sur la planète, même si la fonction de géolocalisation est désactivée. Et même si le fabricant n'a pas fourni les clés de cryptage. Plusieurs chefs djihadistes, frappés par des tirs de drones, l'ont appris à leurs dépens !

SYRIE : LA PREMIÈRE VAGUE

C'est « J », un jeune Québécois de 24 ans, qui restera dans les archives des services de renseignement canadiens comme l'un des premiers ressortissants du pays à s'être rallié à la rébellion syrienne. Et à y avoir soi-disant trouvé la mort en martyr. Son histoire mystérieuse et tragique est aussi révélatrice qu'intéressante.

« J » s'envola pour la Turquie un beau jour de l'été 2012 pour, affirmera-t-il alors à ses parents et à ses sœurs, rendre visite à sa famille maternelle, des Kurdes originaires d'une petite ville de l'actuel Kurdistan syrien située entre Alep et la frontière turque. Peu après la naissance de Jamal et de ses deux sœurs, toute la famille émigra d'abord en Allemagne avant de poser ses valises au Québec. La jeunesse de « J » ne fut pas de tout repos, ce qui lui valut des déboires judiciaires. Il sera arrêté à deux reprises en 2007 et 2010 et condamné à 30 jours de prison et à deux ans de probation après avoir plaidé coupable à une accusation de « port d'armes dans un dessein dangereux ».

En cette année 2012, la Syrie était en train de devenir le nouveau pôle d'attraction pour les combattants de la guerre sainte, « la base du djihad sur terre », proclamait le cheikh salafiste Husayn Ibn Mahmud. Il suffisait de visiter les forums Internet islamistes pour constater que cette guerre civile enflammait la toile, suscitait l'indignation et, surtout, des vocations. « Nos frères et sœurs se font tuer, violer, torturer, égorger, enterrer vivants, brûler vif », s'indignait pour sa part un musulman qui récoltait de l'argent pour la Syrie.

La révolte armée contre le régime du président Bachar al-Assad avait débuté un an plus tôt, au printemps 2011, alimentée par la répression brutale de l'armée contre des manifestations d'opposants au régime galvanisés par le Printemps arabe. L'Armée syrienne libre (ASL), créée au cours de l'été suivant, était alors le groupe de rebelles (sunnite) qui menait le bal sur le terrain contre le pouvoir alaouite. L'EI n'existait pas. La seule vraie présence djihadiste sur le terrain était incarnée par Jabhat Al-Nosra (JAN), qui a émergé à peu près au même moment que l'ASL et a rapidement pris de l'ampleur.

L'Occident qui souhaitait le renversement du président syrien Bachar al-Assad soutenait et armait même ces rebelles officiels de l'ASL. En plus d'attirer à ce moment-là le plus grand nombre de combattants étrangers, l'ASL bénéficiait d'une certaine bienveillance et d'un soutien logistique des gouvernements occidentaux qui voyaient dans cette coalition une opposition éventuellement présentable. Cette situation devint rapidement un vrai casse-tête pour les services de renseignement. Ils se retrouvèrent en porte-à-faux, contraints de rester à la remorque du politique et de la diplomatie internationale et du jeu des alliances.

Ces volontaires occidentaux comme Jamal joignaient-ils les rebelles de l'ASL, « djihad autorisé » pour reprendre les mots de l'ex-juge antiterroriste français Marc Trévidic, ou bien ceux de milices djihadistes comme JAN ? Devait-on fermer les yeux ou au contraire tenter de les arrêter et les accuser avant leur départ ou à leur retour ? Délicat et gênant de coller une étiquette de terroriste à un ressortissant qui rejoint les rangs d'un groupe d'insurgés que notre pays soutient plus ou moins ouvertement. « C'est complexe, notera à l'époque l'ex-responsable du contre-terrorisme au SCRS Ray Boisvert en entrevue à *La Presse*. Et même s'ils sont attirés à l'origine par l'ASL, une fois sur place, rien ne les empêche de joindre les djihadistes mieux armés et qui ont le plus d'impact. »

On constatera en effet que la plupart de ces combattants volontaires seront rapidement attirés par les groupes plus violents. Phénomène encore plus marqué lors de l'entrée en scène, en 2013, de l'État islamique en Irak et au Levant (EIIL) qui se transformera en 2014 en État islamique – avec à la clé l'instauration du mythique califat –, organisation suréquipée militairement et grande stratège en matière de communication et de propagande. Pour les gouvernements occidentaux, il était trop tard pour réagir.

« J » était de ceux qui ne demeuraient pas indifférents et immobiles face à la tragédie syrienne : « Assad, ce monstre, détruit ce pays et le monde entier ne fait que regarder », écrira-t-il. C'est pourquoi sitôt arrivé en Turquie, il n'eut qu'une idée en tête : rejoindre sa Syrie natale. C'est un cousin qui fit office de passeur. Il l'aurait aussi convaincu de lui confier son passeport canadien. « J » se rendit d'abord dans le fief familial. Il restera un moment dans la région à distribuer des produits de première nécessité aux réfugiés. La télévision allemande l'a même filmé en train de remplir des sacs de farine dans la cour d'une villa cossue d'Azaz entouré de plusieurs autres étrangers, dont un Américain de la Californie converti, un solide gaillard barbu aux allures de mercenaire. Les yeux cachés par des lunettes de soleil, il expliqua, hilare, qu'il « aime » tout ce que son pays « déteste », en particulier la mort. Tous étaient habillés en civil, pas en combattant. Jamal portait un pantalon de jogging et un t-shirt blanc. C'est la première et la dernière image qu'on verra de lui en Syrie.

Lorsque les parents de « J » apprirent où se trouvait réellement leur fils, ils paniquèrent. Le couple fila sans délai pour la Turquie, puis la Syrie, avec comme seule idée en tête de retrouver leur fils adoré et le convaincre de revenir avec eux au Québec. Peine perdue. « J » leur fit comprendre que sa place était en Syrie auprès de ces civils malmenés par cette guerre fratricide. Ils rentrèrent dépités laissant derrière eux leur pays ravagé par la guerre et un fils au destin tout aussi incertain.

« J » s'enfonça davantage en sol syrien, à Alep, où, selon ses proches, il agira comme bénévole dans un hôpital, puis à Homs et enfin à Damas. Ils n'auront plus aucune nouvelle de lui jusqu'au

23 février 2013. Ce jour-là, le téléphone d'une de ses sœurs sonne. Elle décroche. L'interlocuteur se présente comme un ami et compagnon d'armes de «J». Il lui annonce que son frère est mort, qu'il a été enterré et qu'il l'avait chargé de prévenir sa famille en cas de décès. «Plus magnifique frère du monde!!! Warrior!!! [...] Mon cher "J" est mort en martyr», écrit alors sa sœur sur son mur Facebook.

Pour les rares médias qui eurent vent de son histoire, il ne faisait aucun doute que Jamal avait trouvé la mort au combat et non en distribuant de l'aide alimentaire. Le magazine *Der Spiegel* le présenta comme une jeune recrue d'Al-Nosra tuée à Damas. Une télévision libanaise proche du mouvement chiite Hezbollah donnera plus de détails sur les conditions présumées dans lesquelles «J» aurait trouvé la mort en se basant sur le témoignage d'un Jordanien d'Al-Nosra capturé par l'armée syrienne. Le djihadiste racontera qu'un moudjahid canadien portant le nom de guerre d'Abu Dajana aurait péri le 21 février, à Damas, dans l'explosion d'un camion piégé qu'il conduisait. Le véhicule aurait sauté avant qu'Abu Dajana ait eu le temps de quitter les lieux. Pour certains observateurs, le Jamal déclaré mort le même jour dans la capitale syrienne et le Abu Dajana responsable d'un carnage qui fera une cinquantaine de morts et des dizaines de blessés ne faisaient forcément qu'un. D'autant plus qu'un sympathisant djihadiste allégué lui avait rendu cet hommage sur Twitter: «Le moudjahid "J" est tombé en martyr le 21 février à l'âge de 24 ans, qu'Allah lui fasse miséricorde!» Message accompagné d'une photo du Québécois prise alors qu'il était encore au Canada.

Le fait qu'un Kurde puisse avoir rejoint la guérilla djihadiste n'a rien d'incongru. Le groupe État islamique en compte plusieurs dans ses rangs, majoritairement des Kurdes irakiens certes, dont quelques commandants d'unités. Au printemps 2015, la chaîne Al-Hayat, division médiatique de l'EI, diffusa une vidéo («Message à nos familles au Kurdistan») dans laquelle plusieurs de ces commandants kurdes irakiens, armés jusqu'aux dents, appelèrent leurs compatriotes à suivre leur exemple et à s'engager à leurs côtés. Cet enrôlement demeurait malgré tout marginal en raison du «manque d'éveil islamique chez les Kurdes en général, mais aussi du fait que les Kurdes syriens ont toujours évolué dans une sorte de vase clos hermétique », constatait un Kurde de Syrie proche de l'EI interrogé en 2014 par France 24. C'est aussi l'obédience traditionnelle communiste des Kurdes syriens qui faisait en sorte qu'ils étaient sous-représentés au sein des mouvements djihadistes.

Cette thèse de l'engagement de « J » au sein d'un groupe djihadiste est farouchement niée par sa famille. « Mon frère n'est pas religieux et n'a jamais fait partie de groupes islamistes », nous affirmera l'une de ses deux sœurs. Elle racontera une tout autre version de l'histoire. Trois évènements troublants sont venus renforcer leur conviction que « J » n'était pas ce combattant djihadiste mort déchiqueté dans l'explosion de son camion piégé. Ce sera d'abord une série de textos émis quelques jours après sa mort présumée par le même numéro du « supposé ami » de « J » qui leur avait annoncé la mauvaise nouvelle. « C'étaient des questions vraiment bizarres qui ressemblaient plus à un interrogatoire. Par exemple : depuis combien de temps "J" était-il en Syrie ? Nous avons tout de suite pensé à un piège tendu par le gouvernement syrien qui cherchait à nous soutirer des informations sur "J". »

Au début de l'été 2013, nouvelle alerte. « Mon frère aurait appelé notre tante qui habite en Syrie pour lui demander de ses nouvelles, mais la communication a coupé rapidement. » Ce sera à nouveau le silence pendant près de 18 mois, puis survint un nouveau rebondissement. Au mois de décembre 2014, le père de « J » aurait obtenu des informations laissant entendre que son fils avait été capturé et croupirait depuis des mois dans une cellule à Damas. L'espoir renaît dans la famille du jeune Kurde québécois même si aucune preuve tangible qu'il est vivant ne leur est fournie. Si cette information s'avérait, la tâche s'annonçait difficile pour les agents de la GRC ou du renseignement canadien qui avaient déjà le dossier de « J » en main. Pas question d'envoyer sous les balles à Damas un de leurs agents de liaison basés dans cette région du globe. Ils devraient néanmoins tenter d'éclaircir son rôle en Syrie, déterminer si le Québécois était combattant ou non et s'il avait commis des crimes, ce qui lui vaudrait d'être arrêté et accusé aussitôt de retour au Canada.

À l'été 2015, au moment d'écrire ces lignes, «J» n'avait toujours pas réapparu. Et le ministère des Affaires étrangères n'avait reçu aucune demande d'assistance consulaire de sa famille.

Si la plupart de ces jeunes n'ont laissé que peu de traces derrière eux, et se sont terrés sans délai dans la clandestinité une fois en Syrie ou en Irak, ce n'est pas le cas de Sami Elabi. Ce Montréalais né d'une mère québécoise et d'un père syrien a longtemps maintenu une présence active sur les réseaux sociaux. Le jeune homme n'a jamais caché ses intentions et le sens de son engagement dans les rangs d'Al-Nosra: «Je veux un État islamique comme il l'a déjà été sous les différents califats pendant plus d'un millénaire. La démocratie est née depuis à peine 60 ans et elle nous a prouvé à quel point elle est corrompue», a-t-il déjà confié à une journaliste de Radio-Canada des mois après avoir rejoint l'insurrection djihadiste.

Sami, qui s'est rebaptisé du nom de guerre Abu Safwan al-Kanadi, était déjà avant son départ pour la Syrie un sujet d'intérêt dans les bureaux montréalais du SCRS et de la GRC. Et comme plusieurs autres moudjahidin, il avait aussi eu quelques démêlés avec la justice. Sami et deux complices avaient fait irruption en 2010 dans l'appartement d'un couple avec qui ils s'étaient chicanés peu avant dans un bar pour des motifs obscurs. Ils avaient brisé la porte-fenêtre avant de tabasser l'homme. Selon la preuve exposée devant le tribunal, la victime identifiée sous le nom de Monsieur Z fut copieusement rouée de coups de poing, frappée à coups de ceinture et de boucle de ceinture et lacérée avec des morceaux de verre par les trois agresseurs. La victime subit des blessures multiples à la tête et sur tout le corps. «Sami, il était le plus violent. Il frappait à tout bout de champ, lui», déclarera l'homme aux policiers. Dans sa déposition, la victime expliqua que plus tard elle avait interpellé Sami avec rage en lui demandant d'«imaginer» ce qui se serait passé si l'enfant de sa copine avait été présent: «J'ai crié après ça comme ça... Et il me regardait, il parlait pas. Il est resté comme ça Sami, il parlait même pas.»

Sami se présenta à plusieurs reprises en cour lors des procédures préliminaires. Mais le jeune résident de Pierrefonds brilla par son absence dans la salle d'audience le jour où un juge de la Cour du Québec le déclara coupable d'introduction par effraction, voies de fait et possession d'arme. Il s'était déjà enfui vers la Turquie puis la Syrie. Le 16 mai 2013, un mandat d'arrestation fut lancé par la justice québécoise contre Sami. Celui-ci ayant brûlé son passeport et affirmé ne plus vouloir rentrer au Canada, il est fort à parier que ce mandat demeurera lettre morte.

Tout comme André Poulin (voir le chapitre 5) et aussi «J», Sami Elabi est représentatif de la première vague de combattants qui se sont rendus en Syrie, de mars 2011 au milieu de l'année 2013 environ. «Ils étaient nettement moins motivés par une idéologie que par le désir de mettre un terme au régime Assad, souligne le chercheur Amarnath Amarasingam. Ces personnes considéraient Assad comme un monstre massacrant ses propres concitoyens et devant être arrêté. C'est un sentiment qui trouvait aussi écho auprès des pays de l'Ouest et de la communauté internationale. Ces jeunes gens estimaient de leur devoir d'intervenir et de sauver leurs frères musulmans de la violence aveugle d'un dictateur brutal.» De nombreux experts font d'ailleurs souvent le rapprochement entre ces djihadistes de la première heure et les milliers de brigadistes étrangers anti-franquistes de la guerre d'Espagne, tous dévoués à la cause.

Dans les semaines ayant précédé sa disparition, Sami avait affiché sur son compte Twitter des citations de Noam Chomsky, de Rand Paul et de Che Guevara, mais aussi quelques gazouillis plus légers, voire taquins. Il sera très actif sur ce réseau social au cours des mois de février et de mars 2013. Il rédigea un dernier *message* le 5 avril sur la situation en Tchétchénie puis ce sera le silence, sauf en quelques rares occasions jusqu'à l'automne 2014. «J'ai jamais eu de problème d'alcool ou de drogue. C'est dommage qu'on mente à mon sujet», écrit-il le 25 octobre à la suite de la diffusion d'un reportage le concernant à la télévision de Radio-Canada. Il revenait tout juste d'un séjour de convalescence dans une *safe house* réservée aux combattants d'Al-Nosra à Antakya, en Turquie. Le moudjahid de Pierrefonds fut à nouveau prolixe au mois de janvier 2015 après l'attaque de la rédaction de *Charlie Hebdo*. Il écrivit et relaya plusieurs *tweets* rendant hommage aux frères Kouachi accompagnés de leurs photos et du mot-clé «#OnEstTousKouachi». Sami Elabi publia aussi plusieurs photos de lui prises probablement en Syrie. Puis, subitement, il nous bloqua l'accès à son compte. «Ils ont voulu nous enterrer. Ils ne savaient pas que nous étions des graines», avait-il affiché peu avant, citation reprise d'un poète nicaraguayen*.

L'influence de Sami continua néanmoins à se faire sentir jusqu'au Québec. Dans l'ombre, le jeune homme servait plus que jamais d'influenceur involontaire auprès des jeunes aspirants au djihad qui voyaient en lui non seulement un précurseur mais une source d'inspiration. Plusieurs lui écrivirent en privé pour capter son attention et lui demander des conseils. Mais Sami le taciturne, qui se décrit désormais comme «gambadant au sommet de la pyramide de la radicalisation», montra rarement de l'intérêt à leurs requêtes.

COMBAT, APOCALYPSE, CHATS ET NUTELLA

Les Canadiens, en particulier les Québécois, font preuve d'une extrême discrétion sur leur vie quotidienne en Syrie ou en Irak, leurs activités et, surtout, leurs états d'âme. Une dizaine d'étudiants occidentaux en médecine, dont un Canadien, qui avaient rejoint l'EI en mars 2015 avaient rapidement fait savoir à leurs familles parties à leur recherche qu'ils ne regrettaient pas leur choix et qu'ils se sen-

---

* Cette phrase a été inspirée de l'«Épitaphe pour la tombe d'Adolfo Báez» – un poème dédié par Ernesto Cardenal à ce combattant mort dans la lutte contre la dictature de Somoza au Nicaragua, en avril 1954.

taient très bien là où ils étaient. Quant à Sami Elabi, il avait brûlé son passeport, geste de rejet hautement symbolique qui de plus, en théorie, rend impossible tout retour en arrière. « Peu de combattants manifesteraient cependant le désir de revenir au Canada, constate Amarnath Amarasingam après discussions avec plusieurs d'entre eux. Des rumeurs circulent selon lesquelles certains Canadiens quitteraient l'EI pour aller combattre auprès d'autres mouvements militants, par exemple le Jund al-Aqsa, ou partiraient de la Syrie en direction de pays plus musulmans, comme la Somalie ou le Yémen. »

Pour en savoir plus, il faut d'abord tenter d'entrer en contact avec eux. En général, ils refusent catégoriquement de parler à tout journaliste ou auteur, ou ne répondent carrément pas. D'autres acceptent de jouer le jeu tout en conservant en général une certaine réserve.

Les messages et photos publiés sur les réseaux sociaux donnent quand même une bonne idée des motivations et des préoccupations d'un combattant étranger sous la férule d'un groupe djihadiste au Sham ou dans le califat. Bien sûr, il y a les sempiternelles images de combattants qui pullulent, l'arme à la main ou en bandoulière, sourire fendu jusqu'aux oreilles, il va sans dire pour épater la galerie. Certains se distinguent par la violence de leurs propos et des images qu'ils publient ou relayent. Celui qui se fait appeler Abou Zoubair Canadian affiche à l'occasion des photos de cadavres d'adversaires, en particulier chiites du Hezbollah. Il s'excusera de tarder à répondre à nos questions, parce qu'« accaparé par le combat ». « Emploi du temps trop serré », prend-il la peine d'ajouter.

Pendant qu'Abou Zoubair combat, d'autres diffusent des images de scènes de repas entre copains à base de poulet rôti, ou de croustilles accompagnées de barres de chocolat et de pots de Nutella, tartinade qui semble très en vogue sur les champs de bataille. Et des photos de chats aussi. « Pratique religieuse… exercices physiques… discussions… sommeil… une vie normale… chacun s'occupe en faisant différentes choses », répond l'un d'eux lorsqu'on l'interroge sur ses occupations. Pour le Londonien Abu Basir, l'aventure syrienne consiste parfois aussi, entre deux échanges de coups de feu, à fabriquer des pièges à souris improvisés avec un bout de carton ou à faire feu sur une boîte de croustilles Pringle saveur BBQ pour tuer l'ennui ! « Une vie ordinaire, plus tranquille que lorsque j'étais près de la frontière turque, nous raconte ce jeune combattant d'Al-Nosra. On risque d'être bombardé, mais je ne suis pas près de la ligne de front. »

Mais que vont-ils faire dans cette galère ? Le SCRS s'était penché déjà en 2009 sur les raisons qui peuvent pousser un « extrémiste occidental » et des « jeunes à la recherche de sensations fortes » à se rendre à l'étranger et sur les impacts ultérieurs d'une telle décision. « Partir pour un djihad à l'étranger ou une zone de guerre peut contribuer à renforcer la crédibilité et la réputation d'un individu qui tente d'en convaincre d'autres de la nécessité de combattre pour l'islam », lit-on dans ce rapport. Le document insiste sur l'influence « significative » de ces vétérans dans leurs communautés et l'effet d'entraînement engendré par ces combattants iconiques, « charismatiques » et leurs « récits de bravoure » sur les « plus vulnérables » qui peuvent être ainsi facilement entraînés dans une spirale de violence.

Lorsqu'il a témoigné, en novembre 2014, devant la commission d'enquête du Sénat français sur les réseaux djihadistes, Mourad Benchelalli a raconté comment et pourquoi le jeune homme qu'il était, vivant dans une banlieue défavorisée de Paris, s'était retrouvé en 2001 avec un AK-47 dans un camp d'Al-Qaïda, près de Kandahar: « L'ennui, le besoin d'évasion, l'envie de voir au-delà d'une forêt de tours en guise d'horizon, un imaginaire forgé par le cinéma américain et toute la naïveté de mes 19 ans m'ont convaincu d'entreprendre ce voyage à l'instigation d'un de mes proches. J'avais péché par bêtise et ignorance parce que, à 19 ans, on est influençable, surtout quand l'invitation provient d'une personne de confiance. »

Mourad Benchelalli dit avoir décelé chez la plupart des jeunes qui se lancent aujourd'hui dans ce qu'il qualifie de « fuite en avant mortifère » un « sentiment de générosité » et une réelle volonté d'apporter leur modeste contribution dans ce conflit sanglant: «Comment ne pas être révolté devant les exactions commises dans cette région du monde? Combien partent parce qu'ils ne peuvent se résoudre à regarder cela devant leurs écrans sans rien faire?» demandera-t-il lors de son intervention.

Ces motivations sont palpables lorsqu'on décortique les écrits de certains d'entre eux sur les réseaux sociaux ou les propos tenus avec des proches dans les semaines et mois qui ont précédé leur départ. Un des jeunes Montréalais arrêtés par la GRC au printemps 2015 s'était indigné deux ans plus tôt sur son mur Facebook de l'«hypocrisie» de la communauté internationale qui exprimait alors plus d'empathie pour les «quelques blessés» de l'attentat du marathon de Boston que pour les «milliers de morts au Mali, en Palestine, en Syrie, en Afghanistan, au Pakistan, en Birmanie». «Ces atrocités commises envers les musulmans et dont ils sont témoins sont le plus grand facteur qui incite les musulmans à partir pour mener le djihad à l'étranger», affirme le prédicateur radical britannique Anjem Choudary sur son compte Twitter.

Cette dimension religieuse de l'engagement pour la cause apparaît aussi dans l'échange que nous avons eu avec Abu Basir sur les raisons qui l'ont mené jusqu'à la Syrie un an plus tôt: «Le djihad, dit-il, c'est d'élever la religion d'Allah pour quelle soit la plus élevée sur terre, c'est de combattre les oppresseurs et de libérer le peuple pour Allah, et Allah seul. En retour, nous serons – si nous sommes acceptés par Allah – admis directement au paradis à notre "mort", sauvés de la punition de la tombe et de la reddition de comptes le jour du jugement. Le djihad est une route à sens unique et mon plan est de rester ici et continuer jusqu'à ce qu'Allah veuille prendre mon âme. Ce ne sera pas facile, puisque c'est un gros test de patience.»

Voler au secours de la communauté opprimée est un clou sur lequel tapent sans relâche tous les recruteurs qui prospèrent sur la toile pour attirer sans cesse de nouvelles recrues. À travers ce djihad médiatique, diffusé sur toutes les plateformes de YouTube à Twitter, on glorifie les moudjahidin étrangers, on joue sur le registre de l'émotion, de l'exaltation, sur le sentiment d'entraide, la fratrie et la légitimité de la cause. L'un des plus prolifiques en la matière est le djihadiste français Omar Omsen, Omar al-Diaby de son vrai nom. Il est le concepteur de vidéos de propagande allégorique regroupées sous la marque 19HH et dont le public cible est la jeunesse francophone. Omar Omsen, qui se cacherait dans l'est de la Syrie, insiste dans ses productions-fleuves sur le caractère «obligatoire» de cette *hijra* afin de contribuer notamment à «l'élaboration du califat».

L'EI n'est pas en reste avec ses productions audiovisuelles dans lesquelles on met soigneusement en scène des djihadistes originaires de différents pays occidentaux, chacun s'adressant à ses ex-compatriotes pour les presser de «faire leurs bagages, d'acheter leur billet d'avion», de quitter les pays de «mécréants» et de rejoindre le califat «pour vivre sous les lois d'Allah». Les étrangers sont d'ailleurs souvent utilisés pour ces missions de propagande. «Précipitez-vous pendant qu'il en est encore temps, la circonstance opportune peut se refermer», avertit un autre. On leur promet une maison gratuite, l'électricité gratuite, l'épicerie de base gratuite, l'absence de taxes et d'impôts, une paye mensuelle (variable selon l'aptitude au combat) mais, surtout, le sentiment d'appartenance à une confrérie constituée d'individus de toutes races et de toutes nationalités mus par les mêmes idéaux. Les plus jeunes sont particulièrement ciblés: «Si tu écoutes tes parents, tu vivras toute ta vie esclave des koufars (mécréants) comme eux l'ont été et tes enfants suivront.»

«Bien que la guerre contre Assad constitue toujours à leurs yeux une raison d'agir, cette nouvelle vague de combattants se montre beaucoup plus motivée par le maintien et la défense du soi-disant califat, qui est de première importance pour de nombreux musulmans, explique Amarnath Amarasingam. Il existe, dans l'esprit de ces jeunes, deux raisons pour lesquelles tous les musulmans devraient émigrer vers ce califat nouvellement établi. Premièrement que de continuer à vivre sur des terres non musulmanes alors qu'un EI *pur* existe désormais s'avère un grave péché, qui démontre chez les personnes qui le commettent un attachement plus grand à l'argent, à la conduite de voitures luxueuses et à la possession de maisons modernes qu'à une vie vouée à Dieu et à ses lois. Deuxièmement, ils sont d'avis que de demeurer en ces terres non musulmanes alors que les gouvernements en place ont déclaré la guerre à *leur peuple* (c'est-à-dire le califat) constitue une grave injustice envers Dieu, et prouve qu'une personne a délaissé l'islam. En d'autres mots, ils se voient comme des "élus", une sorte de club sélect combattant pour la vérité. Ils y voient une obligation religieuse qui va au-delà des obligations familiales. Dieu doit passer avant toute chose, ce n'est qu'alors qu'ils seront récompensés. Ainsi, de nombreux djihadistes croient que les martyrs seront en mesure d'intercéder au nom de 70 des membres de leur famille à la fin des temps. Même s'ils les abandonnent dans cette vie, ils seront donc réunis avec eux dans la suivante. »

Et puis, il y a l'imaginaire apocalyptique tissé par l'EI autour de la prophétie de la bataille de Dabiq. C'est cette petite ville du nord de la Syrie qui, selon la religion musulmane, servira de décor à la bataille ultime entre musulmans et croisés occidentaux. Bataille dont les combattants musulmans sortiront vainqueurs et qui pavera la voie à la conquête du monde. Dabiq est d'ailleurs le titre de la revue électronique de l'EI.

Si certains de ces djihadistes sont sincères et dévoués à la cause, que ce soit faire le djihad contre Assad ou se mettre au service de l'EI, il y a les inévitables opportunistes à la recherche de sensations fortes comme en Afghanistan du temps du djihad antisoviétique. Ceux qui auraient très bien pu se joindre à une autre époque à des gangs de rue ou des groupes de motards criminels pour se sentir *hot* et puissants. Ceux aussi que Brian Williams, professeur associé d'histoire de l'islam, décrivit lors d'une audience judiciaire comme des « djihadistes Gucci » : « Ces mercenaires arrivaient avec beaucoup d'argent pour l'aventure et retournaient chez eux pour s'en glorifier. Ils n'étaient pas bien entraînés, ils ne se battaient pas bien et constituaient plutôt un fardeau pour les Afghans. » Aujourd'hui, ce sont ces mêmes djihadistes étrangers devant qui l'EI déroule le tapis rouge qui suscitent la jalousie chez les Syriens. Ils ont quitté l'anonymat canadien pour devenir presque des vedettes sollicitées par les médias et les chercheurs, relève Amarnath Amarasingam. Lorsque son compte Twitter n'est pas suspendu, Farah Mohamed Shirdon, ex-employé dans un théâtre de Calgary, n'hésite pas à se mettre en scène, visage découvert, vautré sur une chaise de jardin avec son AK-47 sur les genoux ou posant avec nonchalance, la capuche sur la tête, chaussé de sandales trop petites, devant un Humvee probablement dérobé à l'armée irakienne et redécoré aux couleurs de l'EI. Photo accompagnée de ce message sarcastique: «Je voudrais dire un grand merci à mon pote Barack Hussein Obama. Nous faisons un bon usage des Hummer. C'est apprécié.» Dans ce lot, plusieurs semblent motivés uniquement par le plaisir de vivre dans un Far West où tout est permis, surtout les pires horreurs. Égorger, décapiter, massacrer et profaner des cadavres font partie de leur quotidien. Certains s'en délectent tels ces jeunes Belges hilares filmés traînant des cadavres de civils syriens et de combattants de l'Armée syrienne libre derrière leur *pick-up*.

— Avant on tractait des jet-skis, des quads, des motocross, des grosses remorques remplies de cadeaux pour aller en vacances au Maroc, maintenant on tracte les apostats, les mécréants qui nous combattent, explique l'un d'eux installé au volant du véhicule.

— Tire, mon frère, tire, reprend son ami derrière la caméra.

Des dérives sordides qui ne font pas l'unanimité parmi les djihadistes. Au fil des mois, ce clivage sera de plus en plus marqué entre combattants de l'EI et ceux d'autres groupes rebelles, y compris les affiliés à Al-Qaïda: «Le soi-disant califat préfère ruiner l'image des moudjahidin en nous faisant passer pour des tueurs assoiffés de sang qui font des vidéos d'exécution. Quel est le résultat? Plus de haine pour l'islam», déplore le Britannique Abu Basir. Le Montréalais Sami Elabi, comme de nombreux combattants d'Al-Nosra, se montre aussi très critique de l'EI, qu'il considère comme illégitime. «Il accuse l'EI et ses décapitations orchestrées par une bande de fous masqués de détourner l'attention du monde et des médias sur ce qui est vraiment le plus important, c'est-à-dire les centaines de milliers de victimes du régime Assad», mentionne Amarnath Amarasingam.

LAISSER PARTIR OU ARRÊTER LES VOLONTAIRES ?

Selon l'ONU et le renseignement américain, le nombre de combattants étrangers en Syrie et en Irak «équivaut désormais à plusieurs fois le total de tous les combattants terroristes étrangers (recensés) entre 1990 et 2010 et il grossirait sans cesse au rythme d'un millier de nouvelles recrues par mois».

L'origine de ce phénomène remonte aux débuts du printemps arabe, en particulier en Libye où «la mobilisation de milliers de combattants venus du monde entier pour la *cause* donnait pour la première fois des résultats spectaculaires», explique un ancien responsable canadien de la lutte au terrorisme. «Cause» soutenue par les bombardements massifs de l'OTAN, néanmoins. Aujourd'hui, la Libye est devenue un nouvel Afghanistan plongé dans le chaos, déchiré par les violences, «dirigé» par deux gouvernements et sanctuaire de plusieurs groupes islamistes et djihadistes dont certains ont prêté allégeance à l'EI.

La ruée vers les terres de djihad ne faisait que commencer. La révolte en Syrie a très vite servi d'aimant. Le paroxysme a été atteint avec la naissance formelle de l'EI en Irak et au Levant, en 2013, puis l'instauration du califat en juin 2014 après la prise de la ville de Mossoul. Le nouveau calife autoproclamé Abou Bakr al-Baghdadi offrait aux volontaires étrangers la possibilité d'émigrer sur un territoire disposant de son propre gouvernement, son armée, sa monnaie, etc., reléguant ainsi aux oubliettes le réseau Al-Qaïda et les échecs passés de la Bosnie, de la Tchétchénie et de l'Afghanistan.

Nul n'avait anticipé cette ascension fulgurante de l'EI sur l'échiquier du terrorisme mondial. Lorsqu'il arriva en poste, en juillet 2013, le ministre de la Sécurité publique du Canada, Steven Blaney, reçut, comme c'est l'usage en pareille situation, un volumineux cahier de breffage rédigé par le SCRS. Ce dossier de transition classifié « très secret » brossait le portrait des menaces tel que vu par le SCRS. À la section « terrorisme », l'accent était mis sur deux groupes – Al-Qaïda et le Hezbollah, sunnite et chiite – particulièrement honnis par le gouvernement conservateur canadien :

- le « noyau d'Al-Qaïda » est décrit alors par le SCRS comme une menace « affaiblie, mais résistante » et qui a toujours l'intention de s'en prendre à l'Occident, y compris au Canada et aux intérêts canadiens ;
- les « groupes affiliés à Al-Qaïda ont prouvé qu'ils étaient en mesure de perpétrer des attentats » et constituent une « menace de plus en plus importante » : AQMI (Al-Qaïda au Maghreb islamique), Al-Chabaab, AQPA (Al-Qaïda dans la péninsule arabique), Al-Qaïda en Irak et le groupe syrien Front Al-Nosra ;
- le « Hezbollah » compte sur un réseau international de contacts dont certains se trouvent au Canada.

Ce document est l'une des preuves que les activités de l'EI circonscrites alors en Irak n'étaient pas encore perçues comme une menace pour l'Occident.

Longtemps, la doctrine favorisée par les Occidentaux fut de laisser partir les combattants volontaires vers d'autres contrées, en particulier à l'époque des conflits en Afghanistan. Du moins, ce n'était pas la priorité. Le phénomène était jugé marginal. « Ils se réjouissaient d'aller mourir sur une terre de djihad et nous, nous étions contents d'être débarrassés d'eux. L'équilibre était parfait. [...] Dans le lot, certains ne revenaient pas. Soit qu'ils étaient morts, soit qu'ils avaient fait la *hijra* pour de bon », résume très bien l'ex-juge d'instruction au pôle antiterroriste français Marc Trévidic dans son ouvrage publié en 2013 et intitulé *Terroristes : les 7 piliers de la déraison*. La

France, touchée à plusieurs reprises par des vagues d'attentats dans les années 1980 et 1990, avait effectivement déjà fort à faire sur son propre sol à surveiller les individus radicalisés et à démanteler les éventuels complots terroristes.

Pour les mêmes raisons, le Canada aussi avait relégué au second plan la menace représentée par ceux qui combattaient à des milliers de kilomètres de l'Hexagone. Il y avait les discours officiels des politiques qui évoquaient cette « responsabilité d'empêcher ses citoyens de se rendre dans les zones d'agitation et de prendre part à des actes terroristes ». Il y avait les inquiétudes et les avertissements lancés par le SCRS dans plusieurs rapports confidentiels. Et il y avait la réalité ! En l'occurrence, que notre Code criminel ne recelait alors aucun outil pour réprimer spécifiquement ce type de délit et permettre l'arrestation préventive d'un aspirant combattant en Syrie, au Mali ou en Somalie.

Pourtant, chaque Canadien qui commet un acte terroriste à l'étranger « entache la réputation du pays », fait remarquer un ex-spécialiste de la lutte au terrorisme.

Le SCRS et la GRC devaient donc se contenter de les surveiller et de les arrêter seulement s'ils préparaient un attentat en sol canadien même si, au cours des décennies passées, plusieurs de ses ressortissants, toutes idéologies confondues, quittèrent le territoire pour combattre au sein d'un groupe étiqueté « terroriste ».

À titre d'exemple, lors de sa longue enquête baptisée « Projet Crible » (2003-2009) sur les filières de financement des Tigres libérateurs de l'Eelam Tamoul (TLET) au milieu des années 2000, la GRC a pu prouver que plusieurs membres de la communauté tamoule, dont des Montréalais, étaient partis dans la zone de guérilla. Des photos de ces hommes vêtus de tenues militaires, des armes à la main, ou immortalisés derrière une imposante mitrailleuse avaient d'ailleurs été saisies lors de perquisitions dans les bureaux d'un organisme à but non lucratif fermé depuis.

Une décennie plus tôt, c'est au moins une dizaine de Montréalais qui se sont rendus dans les maquis djihadistes en Afghanistan, en Tchétchénie ainsi qu'en Bosnie au milieu des années 1990. Sans oublier les Canadiens qui prirent les armes pour le Hezbollah chiite libanais. Certains auraient même combattu pendant la guerre de l'été 2006 contre Israël.

Victor Plotnikov, un jeune boxeur torontois de 23 ans converti à l'islam, ne reviendra jamais au Canada. Il est mort à l'été 2012 au nom du djihad, fusil d'assaut à la main, au Daghestan russe. «Que Dieu bénisse notre frère héros musulman canadien», écrira un internaute sur un forum djihadiste en hommage à celui qui était surnommé là-bas «le Canadien».

Et puis, il y a eu l'attaque d'In Amenas, premier électrochoc et véritable gifle pour le Canada. Le 16 janvier 2013, un groupe d'assaillants appartenant au groupe djihadiste «les signataires du sang» créé par Mokhtar Belmokhtar, dit «le Borgne», s'empare du site gazier de Tigentourine, près d'In Amenas, en Algérie. La quarantaine de combattants puissamment armés qui se sont infiltrés dans la zone depuis le nord du Mali vont retenir des centaines de travailleurs en otage pendant plusieurs jours jusqu'à ce que l'armée algérienne donne l'assaut. Très vite, les autorités algériennes et des témoins évoquèrent la présence d'étrangers parmi les terroristes, dont au moins un Canadien. «Une source au sein de la Ketiba Moulethemoun de Mokhtar Belmokhtar, dit Bellaawar, nous dit qu'il y a des gens qui ont la nationalité canadienne parmi les ravisseurs, sans préciser leur origine ni leur nombre», nous confirmera peu après l'attaque un membre de l'agence mauritanienne Nouakchott Information réputée bien informée sur le sujet... Ces informations plutôt gênantes suscitèrent immédiatement la colère d'Ottawa. Le ministre des Affaires étrangères, John Baird, convoqua l'ambassadeur d'Algérie à son bureau pour obtenir plus d'explications. Une maladresse aux yeux de certains spécialistes: «Les gesticulations diplomatiques sont contre-productives, surtout avec les Algériens, qui tiennent à garder la maîtrise de ce dossier et vont se montrer discrets, nous expliqua

Yves Bonnet, ex-chef de la DST française qui connaît bien l'Algérie. Il faut être patient et attendre le résultat de l'enquête. Si votre gouvernement veut savoir, la seule filière est de passer par les services de renseignement respectifs, ainsi que par la Gendarmerie royale du Canada. Pourquoi convoquer l'ambassadeur d'Algérie ? Il y a de grandes chances qu'il n'en sache pas plus. »

Quelques semaines plus tard, les émissaires de la GRC envoyés sur place confirmèrent grâce à des analyses d'ADN la présence de deux Canadiens de London, en Ontario, parmi la trentaine de corps des preneurs d'otage. Leurs corps étaient déchiquetés et carbonisés par l'explosion des bombes qu'ils portaient sur eux. Il s'agissait de Xristos Nikolaos Katsiroubas, né en 1990 et issu d'une famille grecque orthodoxe, et d'Ali Medlej, né à Beyrouth en 1988.

L'enquête démontra que Katsiroubas et Medlej, qui n'étaient pas surveillés par le SCRS, n'étaient pas seuls lorsqu'ils quittèrent le Canada en mai 2011 pour entreprendre ce périple funeste. Un troisième Canadien et ami du duo, Aaron Yoon, né à London lui aussi en 1988, converti quatre ans plus tôt alors qu'il était encore étudiant au secondaire, était du voyage. Les trois amis firent escale à Nouakchott, en Mauritanie. Le cahier à lignes quadrillées qui fait office de registre d'une petite auberge témoigne de leur séjour dans la chambre numéro 10. Katsiroubas, Yoon et Medlej y ont inscrit tour à tour leurs noms au stylo à bille. Puis, leurs chemins se sont séparés. Katsiroubas et Medlej ont continué leur voyage vers une destination inconnue. Le périple initiatique de Yoon finira en queue de poisson. Il est arrêté en décembre 2011 par la police mauritanienne, condamné à deux ans de prison ferme puis finalement expulsé vers le Canada au cours de l'été 2013.

Quant au « Borgne », donné plusieurs fois pour mort, il est désormais visé par un mandat d'arrestation de la GRC pour son implication dans l'enlèvement, en décembre 2008, et la séquestration pendant 130 jours des diplomates canadiens Robert Fowler et Louis Guay. Le document signé en juin 2013 par un juge de paix de

Montréal enjoint aux forces policières d'« arrêter immédiatement » Mokhtar Belmokhtar et de le conduire devant un juge de la Cour du Québec. Une sorte de police d'assurance au cas où celui-ci serait capturé... Mais on peut toujours rêver !

Entre-temps, la série noire s'était poursuivie pour Ottawa. Après l'Algérie, ce fut au tour de la Bulgarie de dévoiler la participation d'un Canadien dans un attentat survenu le 18 juillet 2012 à Burgas, une station balnéaire. Sept personnes avaient été tuées dans l'explosion d'un autobus. Selon la police bulgare, l'un des trois membres du commando et coordonnateur de l'attaque était un citoyen canadien appartenant au Hezbollah, puissant mouvement politique chiite au Liban, mais classé terroriste au Canada et aux États-Unis. Le Hezbollah nia son implication et accusa plutôt Israël de calomnie.

À deux reprises en à peine un mois, la présence récurrente de citoyens ou de résidents canadiens au sein des principales nébuleuses terroristes à l'étranger faisait la une des médias du monde entier. En réaction, après le déni, le gouvernement canadien n'eut d'autre choix que de donner un premier tour de vis législatif en créant une infraction (article 183.01) ciblant les candidats au départ.

Trois drames sur le sol européen contribuèrent aussi à un changement draconien d'attitude des gouvernements occidentaux devant le problème posé par ces « touristes de la terreur ».

Il y eut d'abord l'affaire Mohammed Merah. En mars 2012, ce jeune homme du sud de la France exécute froidement sept personnes en quelques jours, dont trois enfants et trois militaires. « Tu tues mes frères, je te tue », a-t-il dit à sa première victime avant de l'abattre. Mohammed Merah, qui était identifié et surveillé (tout comme son frère) par la Direction générale de la Sécurité intérieure depuis 2009, avait effectué un séjour en Afghanistan, où il avait été arrêté en 2010, puis au Pakistan et au Waziristan à la fin de l'été 2011 où il se serait entraîné avec un groupe de talibans pakistanais. À son retour, les policiers français de l'antiterrorisme rédigèrent un rapport dans lequel ceux-ci insistent sur « la double menace directe et indirecte des militants revenant des zones sensibles ». Depuis, Merah est devenu un symbole fort et un modèle pour les jeunes djihadistes français combattant en Syrie.

Dès lors, les autorités françaises entamèrent une véritable chasse aux volontaires du djihad et procédèrent au démantèlement de filières djihadistes. Les arrestations se succédèrent. Un citoyen canadien de 26 ans sera discrètement expulsé en février 2013 vers Montréal en raison « de ses relations étroites avec des personnes ayant combattu en Syrie au sein de groupes extrémistes et d'un Tunisien membre d'Al-Qaïda impliqué dans des projets terroristes », indique alors la police française sans dévoiler son identité. Nul ne sait ce qu'il est advenu de lui depuis ni si son nom est inscrit sur les listes noires de la GRC et du SCRS.

Merah était en fait un avertissement et un avant-goût d'un phénomène de plus grande ampleur dont Mehdi Nemmouche allait devenir le premier exemple : celui des vétérans de la filière djihadiste internationale qui décident de poursuivre le combat en sol occidental. Le 24 mai 2014, ce jeune Français d'origine algérienne, au passé de délinquant et fiché depuis un an par la police française comme une menace à la sécurité, pénétra dans le Musée juif de Bruxelles équipé d'une caméra GOPRO et armé d'un pistolet et d'un AK-47 et tua quatre personnes. Nemmouche revenait de Syrie où il avait combattu et avait servi de geôlier à plusieurs journalistes occidentaux retenus en otage, dont James Foley. Il avait pu se déplacer sans être inquiété de l'Europe vers le Moyen-Orient et même l'Asie.

Huit mois plus tard, c'est Paris qui sert de cadre à une attaque paramilitaire. Chérif Kouachi, 32 ans et son frère Saïd Kouachi, 34 ans, abattent 12 personnes à l'arme automatique, la majorité dans la rédaction du magazine satirique *Charlie Hebdo* ainsi que deux policiers. Les frères Kouachi, à la feuille de route judiciaire bien garnie, étaient fichés par les services de renseignement et de police. Le fait d'être sur le radar des autorités ne les avait pas empêchés de disparaître en 2011 et de se rendre au Yémen pour parfaire leur entraînement. « On est les défenseurs du prophète [...] et j'ai été envoyé moi [...] par Al-Qaïda du Yémen [...] je suis parti là-bas et c'est cheikh Anwar al-Awlaki qui m'a financé », déclara le cadet Chérif à un journaliste de la chaîne de télévision française BFM peu avant d'être tué par la police française.

PRIVATION DE PASSEPORT ET *NO-FLY LIST*

Les autorités canadiennes ont toujours eu à leur disposition, bien avant l'émergence du conflit irako-syrien et la modification du Code criminel, d'autres leviers pour bloquer temporairement un individu soupçonné de vouloir participer à des activités terroristes à l'étranger. En particulier le « refus de délivrance et révocation » du passeport, une mesure discrétionnaire et purement administrative prévue dans le Décret sur les passeports canadiens (1981). C'était ce qui avait été imposé à Martin Couture-Rouleau.

Le cas le plus récent est celui de l'imam d'origine irakienne Ali Sbeiti. Cette figure du clergé chiite au Canada a étudié la religion au Liban et en Iran avant de venir fonder au Canada des associations et des centres communautaires à Montréal, Ottawa, Toronto, Hamilton, Windsor, Niagara Falls, Vancouver et Edmonton. Dans la métropole québécoise, l'imam officie au Centre communautaire musulman. On y organise des célébrations annuelles à la mémoire de l'ayatollah Khomeini, créateur du régime théocratique en vigueur en Iran, qui a appelé au meurtre de l'écrivain Salman Rushdie en raison d'un roman jugé blasphématoire.

En novembre 2014, l'imam a reçu à son domicile une lettre de Citoyenneté et Immigration Canada l'avertissant que son passeport délivré en 2012 et venant à expiration en 2017 venait d'être « invalidé ». En conséquence, il devait le retourner « immédiatement ». Des documents du ministère rédigés à l'appui de cette décision démontrent que dès 2007, un douanier de l'aéroport Pierre-Elliott Trudeau avait confisqué un précédent passeport de l'imam Sbeiti parce qu'il était rentré de l'étranger avec une page déchirée. Les autorités soupçonnaient qu'il ait pu chercher à effacer toute trace d'un visa d'entrée dans un pays donné. Questionné à ce sujet, l'imam avait expliqué qu'il avait déchiré accidentellement la page en retirant un autocollant. Ali Sbeiti a alors demandé un nouveau passeport. En août 2009, un agent de la GRC a demandé aux fonctionnaires qui traitaient son dossier de placer une alerte le concernant et d'aviser les Équipes intégrées de la sécurité nationale (EISN) à Montréal de tout développement. Lorsque l'imam a présenté une demande de renouvellement, en 2012, Passeport Canada a été informé par l'EISN qu'il était «le sujet d'une enquête en cours». Le passeport pouvait lui être accordé, mais assorti de modalités de surveillance secrètes. «Svp ne pas dire au client qu'il est un sujet d'intérêt pour la GRC», précisa une enquêtrice de la Division des enquêtes de Passeport Canada dans un courriel adressé à une collègue.

Mais Sbeiti savait trop bien qu'il était dans la mire des autorités au point de s'être déjà plaint d'être victime de «harcèlement». En plus d'avoir été interrogé à de multiples reprises par le SCRS depuis 2001 et d'avoir son nom inscrit, semble-t-il, sur la liste américaine d'interdiction de vol, l'imam chiite, qui voyageait beaucoup, était soumis à des contrôles intensifs et poussés à chaque fois qu'il posait le pied à l'aéroport Trudeau, que ce soit aux comptoirs d'enregistrement pour obtenir sa carte d'embarquement ou par des douaniers lorsqu'il descendait d'un avion.

Le dossier prit une tournure imprévue en juin 2015 lorsque Sbeiti fut avisé qu'il pouvait se présenter dans les bureaux de l'ambassade du Canada, en banlieue nord de Beyrouth, pour y récupérer un passeport venant à échéance deux ans plus tard, comme celui qui lui avait été confisqué. Malgré ce dénouement favorable, l'affaire va se poursuivre devant les tribunaux. L'imam montréalais cherche désormais à découvrir ce qui avait poussé Ottawa à agir ainsi contre lui.

L'imam Sbeiti ne fut pas le seul Canadien à se rebiffer contre une telle décision. En 2013, la Cour d'appel fédérale a confirmé les décisions de Passeport Canada et du ministre des Affaires étrangères qui ont refusé, en 2005 et en 2010, l'octroi pendant les cinq années à venir d'un passeport au Montréalais et citoyen canadien Fateh Kamel « pour des raisons de sécurité nationale du Canada ou d'un autre pays ».

Fateh Kamel avait été condamné en avril 2001 à Paris à une peine de huit ans de prison pour terrorisme à la suite d'un mégaprocès impliquant 28 accusés, dont trois autres Montréalais d'adoption (voir le chapitre 6). Dans son volumineux jugement de 133 pages, la présidente de la 14e Chambre du tribunal de grande instance avait décrit Kamel comme le « principal animateur des réseaux internationaux déterminés à préparer des attentats et à procurer des armes et des passeports à des terroristes agissant partout dans le monde ».

Les autorités canadiennes n'avaient ni preuve ni soupçon que le voyage que le Montréalais prévoyait faire en Thaïlande, où réside un membre de sa famille, avait une finalité terroriste ou criminelle. Kamel, qui avait repris une vie normale à Montréal aux côtés des siens, arguait de son côté qu'il s'agissait d'un voyage à des fins professionnelles. Mais en l'occurrence, l'un des juges qui avaient eu à statuer sur le dossier en 2009 avait rappelé que le refus d'octroi d'un passeport est compatible avec les « engagements du Canada » envers la « lutte internationale contre le terrorisme » ainsi qu'au maintien « de la bonne réputation du passeport canadien ».

Dans la note qu'elle a adressée au ministre pour lui demander d'entériner sa recommandation, la Section des enquêtes de Passeport Canada invoqua pêle-mêle « le risque associé à la possession d'un document de voyage par l'individu concerné, l'impact de cette décision sur l'intégrité et la réputation du passeport canadien et les obligations internationales de Passeport Canada dans le combat contre le crime transnational et le terrorisme. On ne doit pas donner l'impression que le passeport canadien est facile à obtenir pour quiconque et il ne doit pas être octroyé à des gens qui posent un risque», écrivait-on. L'autre argument avancé était l'interdiction définitive de séjour sur le territoire français imposée à Fateh Kamel à la suite de sa condamnation. Or, selon Passeport Canada, le fait de détenir un passeport canadien aurait pu lui permettre de rejoindre l'Hexagone via un pays européen en profitant de l'absence des frontières dans ce qu'on appelle l'espace Schengen.

Le Montréalais porta le litige devant les tribunaux en plaidant notamment qu'il était victime d'une double peine, celui-ci ayant déjà purgé une peine en France, et que la décision de Passeport Canada était fondée sur une hypothèse. La justice canadienne a fait fi de son argumentation et considéré au contraire qu'elle devait «se satisfaire, ici, d'hypothèses et de spéculations réalistes et se fonder sur une crainte raisonnée du préjudice».

«La cour n'a pas à spéculer sur le préjudice que pourrait causer cette personne à la sécurité des Canadiens, du Canada et de la communauté internationale. […] Il ne faut pas attendre que le risque se concrétise», lit-on dans un des jugements rendus dans le cadre de ce litige entre Fateh Kamel et le gouvernement canadien.

L'un des rares autres moyens, discrets, de bloquer un candidat potentiel au djihad consiste à l'inscrire dans la liste controversée et, surtout, très secrète des personnes interdites de vol (appelée communément *no-fly list*). Cette liste noire, mise sur pied en juin 2007 par le Canada, recense des noms de «suspects» suggérés à l'origine par la GRC et le SCRS, mais dont l'inscription doit être validée en dernier ressort par le ministre de la Sécurité publique. La liste canadienne n'a rien à voir avec celle bâtie par les États-Unis. La première est considérée comme plutôt restreinte. Il faut représenter au moins une menace directe envers les compagnies aériennes pour voir son nom inscrit sur cette liste. Selon certaines sources médiatiques, la seconde comprenait, au début de l'année 2015, près de 47 000 noms, dont près de 800 citoyens américains. Les noms des Montréalais Adil Charkaoui et Abousfian Abdelrazik auraient aussi été inscrits dans cette base de données. Le premier s'en est rendu compte lorsqu'en 2009, l'avion d'Air Canada dans lequel il se trouvait a été contraint de faire demi-tour entre Fredericton et Montréal juste avant qu'il entre dans l'espace aérien américain. Comme le prévoit la procédure, la compagnie aérienne avait fait parvenir la liste de ses passagers aux autorités américaines. Les ordinateurs des services de renseignement ont passé la liste au crible et se sont arrêtés sur le nom d'Adil Charkaoui. L'alerte a été donnée. Les Américains ont contraint l'avion à rebrousser chemin. Le commandant ne l'a pas trouvé drôle: une fois son avion posé, il se serait dirigé, en colère, vers les agents du gouvernement canadien qui escortaient Charkaoui pendant le vol – parce qu'il était toujours visé par un certificat de sécurité – pour leur dire sa façon de penser avant de mettre tout le monde dehors.

C'est un autre Montréalais né en 1982 en Arabie saoudite, résident permanent canadien et étudiant à la maîtrise en sécurité des réseaux informatiques à l'Université Concordia, qui fut le premier cas connu publiquement de passager banni de vol par Ottawa. Le 4 juin 2008, Hani Ahmed Al Telbani n'a jamais pu prendre le vol AC864 d'Air Canada à destination de Londres, en Grande-Bretagne, première escale avant Riyad, en Arabie Saoudite, sa destination finale où résidaient ses parents et sa sœur. «Je devais me rendre dans ce pays pour un mois, car ma présence était requise au plus tard le 12 juin 2008 afin d'y conserver mon droit de résidence», affirme-t-il dans une déclaration sous serment.

Al Telbani retourna plutôt chez lui, à Longueuil, ses valises à la main avec dans sa poche une copie d'une directive d'urgence de deux pages rédigée à 16 h 43 par un analyste du renseignement de Transport Canada le décrivant comme un «danger immédiat pour la sûreté de l'aviation, ou pour tout aéronef, aérodrome ou autre installation d'aviation ou pour la sécurité du public, des passagers ou des membres de l'équipage».

À peine 30 minutes plus tôt, une petite note était apparue sur l'écran de la préposée à l'enregistrement après qu'Al Telbani lui eut présenté son passeport délivré par l'Autorité palestinienne. L'employée décrocha immédiatement son téléphone pour aviser le chef de la sécurité d'Air Canada qui à son tour appela l'analyste de permanence au Centre d'intervention de Transport Canada à Ottawa. Le responsable de la compagnie aérienne l'informa alors de la situation suivante : un passager qui portait le même nom et la même date de naissance qu'un individu inscrit sur la fameuse liste venait d'être repéré à l'un de ses comptoirs d'enregistrement. Le temps de procéder à quelques vérifications, l'analyste du ministère confirma à son interlocuteur que Hani Ahmed Al Telbani, identifié par le matricule 10028.00 sur la liste, n'avait pas le droit de monter à bord de l'avion.

Le sort du spécialiste en informatique avait été scellé le 2 juin 2006, soit 48 heures avant qu'il ait été contraint de rebrousser chemin à l'aéroport Trudeau. Ce jour-là, deux visiteurs particuliers avaient sonné à la porte de son appartement, situé au cinquième étage d'une énorme tour d'habitations à Longueuil.

— Monsieur Al Telbani ?

— Oui.

— Mon nom est Patrick, voici mon collègue John. Nous travaillons pour le gouvernement. Nous aimerions discuter avec vous.

Patrick et John étaient en fait deux agents du SCRS qui avaient des questions à poser à leur cible sur ses activités « virtuelles ». Ils lui demandèrent de les suivre pour une petite « entrevue ». Al Telbani y consentit. Quelques minutes plus tard, les trois hommes étaient installés à une table d'un café du quartier, les deux agents du SCRS d'un côté et Al Telbani en face d'eux. Avant d'entamer leur conversation, l'un des deux espions lui demanda d'abord son téléphone puis prit bien soin, par précaution, d'en retirer la pile ainsi que la puce. La routine...

Le SCRS avait placé Al Telbani sur sa liste de cibles de niveau 2 et obtenu un mandat d'interception de ses communications parce qu'il était suspecté d'être le créateur du mystérieux magazine *Al-Mujahid al-Taqni* (*The technical Mujahid*), magazine mis en ligne depuis 2006 sur le forum al-Ekhlaas, composante de l'appareil médiatique de la nébuleuse Al-Qaïda jusqu'à sa fermeture aussi soudaine qu'inexpliquée en septembre 2008.

Selon un résumé de l'entrevue déposée en cour, Al Telbani confirma à Patrick et John les soupçons du SCRS. Il ne nia pas être l'un des administrateurs du forum al-Ekhlas, ni surtout être celui qui se cachait derrière le pseudonyme de Mujahid Takni. Un secret que l'homme connu dans les cercles du renseignement pour être un « cryptographe émérite et paranoïaque » croyait pourtant inviolable. Al Telbani aurait reçu comme un coup de poing en plein visage le fait d'avoir été démasqué par les espions canadiens. Il cherche probablement encore l'erreur qu'il a commise et la méthode employée par les experts en informatique du SCRS pour remonter jusqu'à lui.

Cela faisait un bon moment qu'*Al-Mujahid al-Taqni*, publication rédigée en langue arabe et destinée aux djihadistes du monde entier, semait l'émoi chez nombre de services de renseignement sur la planète. *Idem* pour le forum al-Ekhlaas qui, en juillet 2008, avait pressé ses sympathisants de s'en prendre aux chrétiens de six pays occidentaux, en particulier du Canada, en plus de leur expliquer dans les moindres détails comment constituer une cellule clandestine efficace. Or, si l'on en croit le SCRS, le magazine électronique n'était pas né en Irak ou en Afghanistan, mais plutôt à Longueuil, au Québec. Voilà qui rappelle le cas du terroriste Saïd Namouh, qui contribuait à la machine de propagande d'Al-Qaïda à partir de son salon de Maskinongé.

Dans les deux seuls numéros qui ont été diffusés, on expliquait de façon très didactique « à la mouvance extrémiste », schémas et illustrations à l'appui, comment « déjouer les systèmes de surveillance » en cryptant des données dans une image, en sécurisant ses communications sur le Web, etc. Selon le SCRS, les « enseignements sur la sécurité informatique offerts par Al Telbani sur le Web au profit de la mouvance extrémiste ont débuté vers 2004, peu de temps après son arrivée au Canada ».

Le Québécois d'adoption aurait aussi rédigé et diffusé un long texte traitant des techniques pour abattre des hélicoptères et avions de ligne avec des ensembles de missiles sol-air portatifs, dont les modèles russes de type « SA ».

Au cours de sa conversation avec les deux agents du SCRS, il confia qu'à ses yeux « le djihad virtuel mené sur Internet en appui aux combats armés est moins significatif que la guerre réelle ». Bien qu'il considérait comme légitime la « guerre menée par les insurgés contre les troupes américaines en Irak », Al Telbani insista sur le fait qu'il n'avait pas « l'intention de faire des gestes qui iraient à l'encontre du Canada » et qu'il n'avait « jamais rencontré en personne ses contacts virtuels de la mouvance extrémiste ».

Les agents du SCRS revinrent à la charge le lendemain en conviant Al Telbani à une nouvelle entrevue, dans un hôtel cette fois, lieu plus discret qu'un café. Une chambre avait été réservée pour l'occasion. L'informaticien les envoya promener, mais il ne se doutait pas que son refus aurait de graves conséquences.

Hani Al Telbani, qui n'était accusé de rien et qui n'avait jamais évoqué de menaces directes contre un avion, se lança alors dans une longue bataille judiciaire – toujours pas achevée au moment d'écrire ces lignes – pour exiger réparation, demander une « reconsidération de la décision » du ministre des Transports et contester la validité constitutionnelle de la fameuse *no-fly list*. Les avocats du gouvernement arguèrent plus tard que certaines requêtes formulées par Al Telbani dans le cadre de cette poursuite avaient pour seul objectif de découvrir ce que le SCRS savait à son sujet, quelles étaient ses sources et quels étaient les services de renseignement étrangers éventuellement mêlés au dossier.

En parallèle, le Montréalais multiplia les recours administratifs. Il porta plainte auprès de la direction générale du SCRS et du Comité de surveillance des activités de renseignement de sécurité (CSARS), chien de garde de l'agence de renseignement, pour le comportement de John et de Patrick, qui l'auraient intimidé à plusieurs reprises, lui ont « ordonné de monter à bord d'une voiture » puis, une fois installés au café, lui « ont interdit de se servir de son cellulaire » et l'ont « menacé de représailles ».

Mais les autorités canadiennes n'en démordirent pas. Al Telbani représentait, selon eux, une vraie « menace pour la sécurité aérienne » pour des raisons qu'elles n'ont jamais voulu divulguer. Une révélation qualifiée d'« éléphant dans la pièce » par les avocats ayant eu accès au dossier secret.

Malgré l'interdiction qui le frappait, Al Telbani tenta désespérément à plusieurs reprises dans les mois qui suivirent de monter dans un avion que ce soit pour un vol intérieur ou pour quitter le Canada. Il effectua une réservation pour un vol Montréal-Bruxelles-Stockholm à la mi-juin. Puis pour un vol Montréal-Québec, le 2 août 2008. Et, enfin, un vol Montréal-Halifax le 27 octobre.

Toutes ces tentatives ont été contrées à chaque fois par les services de renseignement. Voulait-il simplement tester le système ? Voulait-il vraiment partir ? C'est un mystère. Quoi qu'il en soit, pour les autorités canadiennes, il n'était pas question de le laisser filer vers une destination inconnue et courir le risque de le voir revenir plus radicalisé.

L'ex-étudiant en génie aérospatial de Mississauga Mohammed Ali, qui s'est félicité dans un échange avec un journaliste du *National Post* d'avoir quitté « la neige pour le sable du désert », considère comme vaines toutes ces actions de l'Occident, y compris les actions militaires, pour freiner l'élan des djihadistes : « Vous ne pourrez jamais tuer le désir ou l'amour des croyants pour le djihad. C'est pourquoi vous allez échouer et échouer encore », prédit-il.

André Poulin, alias Abu Muslim, serait mort au combat en août 2013, en Syrie.

Chapitre 5

—

ANDRÉ POULIN, LE ZÈLE DU CONVERTI

Rien n'égale le zèle d'un converti. On dirait qu'il ne peut pas accepter que vous résistiez là où il a succombé.

— Albert Brie

Syrie, août 2013. Les balles sifflent à un rythme d'enfer, pendant que les combattants rentrent instinctivement la tête entre leurs épaules. Ils sont sales. Le soleil brûlant leur fait la vie dure. Ici et là, des cadavres jonchent le sol, figés dans des poses grotesques. Parfois, une balle perdue vient se loger mollement dans le corps d'un homme déjà tombé. Les horreurs de la guerre.

De temps à autre, une pièce d'artillerie gronde et soulève d'immenses nuages de poussière. Pour se donner du courage, les assaillants hurlent: «*Allah hackbar!*» («Dieu est le plus grand»), appuyés par un mégaphone.

La scène, saisissante, est tirée d'une vidéo de propagande de l'État islamique intitulée *Flames of War* (Les flammes de la guerre). Le document de près d'une heure est tourné à grand renfort d'effets cinématographiques : séquences au ralenti, vision de nuit, arrêt sur images, effets sonores.

Un narrateur décrit l'assaut des troupes djihadistes contre une base aérienne des forces du dictateur syrien honni, Bachar al-Assad, celui contre qui se sont cristallisées la haine et la colère des combattants islamistes. Un premier commando se lance à l'assaut par le centre des installations, qui abritent la 17e division de l'armée syrienne. Il fait face à un feu nourri.

Puis, un deuxième escadron apparaît à l'écran. « Des troupes d'appoint venues de la droite foncent aussi vers la ligne de front, conduites par l'intrépide Abu Muslim », s'enthousiasme le narrateur d'un ton dur.

Ce fameux Abu Muslim s'appelle en fait André Poulin. C'est un Canadien. Il est âgé de 24 ans et a traversé la moitié du globe pour venir se battre dans ce paysage de désolation. Il y a quelques années à peine, il ignorait tout de l'islam.

Dans quelques instants, il sera mort. Il porte un turban blanc, un habit de camouflage militaire aux couleurs du désert et des verres teintés. Il court, plié en deux pour éviter les balles, passe devant un hélicoptère abandonné de l'armée syrienne et poursuit jusqu'à un mur qui fera écran.

Sa Kalachnikov jetée en bandoulière dans son dos, il prend son lance-roquettes et cherche le meilleur appui possible pour planter ses pieds dans un terrain escarpé jonché de débris et de blocs de béton. Il vise, prend son temps et appuie sur la détente. Son corps est agité d'un soubresaut lorsque la charge explosive part comme une flèche en direction de ses ennemis.

André Poulin meurt au combat pendant la bataille. Mais ses compagnons de l'EI sont victorieux. La prise de la base aérienne, non loin de la ville de Raqqa, constitue une importante victoire pour eux. Des scènes abominables de décapitation des vaincus suivront la victoire.

La vidéo *Flames of War* se conclut sur une scène cruelle où des prisonniers sont forcés de creuser leur propre tombe, puis abattus d'une balle dans la tête. Un combattant cagoulé de l'EI, qui parle un anglais impeccable avec un accent nord-américain, dénonce les « infidèles » avant de lancer un cri de ralliement : « Le combat ne fait que commencer ! »

Les images du jeune Canadien montant à l'assaut en ce jour de victoire constitueront un formidable outil de recrutement pour les extrémistes. Pourtant, à première vue, rien au monde ne semblait préparer André Poulin à devenir le porte-étendard du califat islamique.

Qui aurait cru que le petit employé de Walmart, en quête d'identité dans sa petite ville perdue du nord-est ontarien, se transformerait en tête d'affiche du djihad ?

Dans une autre vidéo de recrutement très léchée, tournée avant sa mort puis diffusée par les organes de propagande de l'EI à l'été 2014, le principal intéressé semble reconnaître lui-même que son destin est improbable.

« Je regardais le hockey, j'allais au chalet pendant l'été, j'adorais pêcher, je voulais aller à la chasse, j'aimais le plein air, j'aimais les sports. J'avais de l'argent, j'avais une famille, j'avais de bons amis, ce n'est pas comme si j'étais un anarchiste ou quelqu'un qui veut détruire le monde et tuer tout le monde. Non, j'étais une très bonne personne », dit-il au sujet de sa vie au Canada.

La propagande insiste beaucoup sur cet aspect « bon garçon » et sur l'image de l'Occidental sans histoire qui a quitté une vie confortable et tranquille pour venir faire le djihad après sa conversion.

En vérité, l'histoire d'André Poulin n'est pas si simple.

PERDU DANS LA « VILLE AU CŒUR D'OR »

Le parcours du futur « martyr » de l'EI a commencé à l'endroit le plus inattendu qui soit : Timmins, petite ville minière nichée à 300 kilomètres au nord de Sudbury et à 200 kilomètres à l'ouest de Rouyn-Noranda, non loin de la frontière québécoise.

Surnommée « la ville au cœur d'or » en raison des gisements qui y ont été découverts, Timmins compte à peine 45 000 habitants. Elle est surtout connue comme le lieu de naissance de la chanteuse country pop Shania Twain, mais aussi pour le grand nombre de joueurs que la ville a fournis à la Ligue nationale de hockey.

C'est une ville typiquement canadienne, soumise à un climat tout ce qu'il y a de plus nordique. Les hivers y sont rudes, mais en été, les rues sont baignées d'un parfum d'épinette si fort qu'il semble artificiel. Tout autour, l'immensité de la forêt boréale offre au regard un sentiment d'infini. Le spectateur a l'impression qu'il pourrait s'y enfoncer et avancer pour toujours entre les milliers de lacs sans rencontrer âme qui vive. Pour rejoindre la métropole ontarienne de Toronto, plusieurs optent pour l'avion plutôt que de passer huit heures à dévaler la route qui coupe les étendues sauvages vers le sud.

Le maire de Timmins, Tom Laughren, assure diriger une ville très inclusive avec ses 40 % de francophones, son importante communauté crie et la vague d'immigration européenne qu'elle a absorbée pendant la ruée vers l'or du début du 20e siècle.

« Timmins était multiculturelle avant que le mot existe ! Les gens sont amicaux et nous avons beaucoup d'industries qui offrent des *jobs* », souligne-t-il.

André Richard Omer Poulin y est né le 24 mai 1989. Ses grands-parents étaient francophones, mais lui s'exprimait davantage en anglais. Sur un forum de discussion, il dira plus tard avoir grandi sans la présence de son père, ce qui le faisait bouillir de colère au point de s'abîmer les poings en frappant dans les murs. « Par moments, nous étions cassés à l'os, c'était fou », écrira-t-il tout en ayant de bons mots pour sa mère, une femme « très tolérante » qui l'a toujours aidé dans la vie.

Sa mère avait beau essayer, le jeune garçon sentait qu'il y avait certaines choses qui ne s'apprenaient pas sans père. Sans modèle masculin, « tu ne sais pas comment traiter les femmes, car personne ne t'a montré », disait-il.

Poulin avait du mal à trouver sa place à Timmins. Quelque chose bouillait au fond de lui. Selon des rapports de la police locale, il est tombé dans la délinquance dès le début de l'adolescence. Il volait des vélos, s'était brouillé avec plusieurs amis et consommait assez de drogue pour juger lui-même la chose problématique quelques années plus tard. Il racontait aussi qu'un de ses amis s'était suicidé par pendaison et qu'il avait éprouvé énormément de colère et de ressentiment envers le monde par la suite. Il expérimentait même la fabrication de bombes artisanales avec des recettes dénichées notamment dans l'*Anarchist Cookbook*.

L'ouvrage, populaire auprès d'une certaine clientèle sur le Web, a été écrit en 1969 par un libraire new-yorkais engagé dans la contre-culture et le mouvement contre la guerre au Vietnam. Malgré son titre, il contient bien peu de philosophie politique et se présente plutôt comme un livre de recettes pour ceux qui veulent se lancer dans le terrorisme antigouvernemental en fabriquant, par exemple, des explosifs à partir de produits ménagers.

En 2013, son auteur, William Powell, a publié un texte dans le quotidien *The Guardian* de Londres dans lequel il disait espérer que le livre cesse de circuler. Il racontait l'avoir écrit pour « exprimer sa colère » envers le gouvernement qui voulait l'envoyer combattre en Asie du Sud-Est. Plus de 40 ans plus tard, il disait être toujours opposé à la guerre, mais avoir compris que la fabrication d'explosifs à la maison avait peu de chances de réduire la violence dans le monde.

Il estimait que son livre avait eu une influence néfaste sur plusieurs personnes.

« Le *Cookbook* a été trouvé en possession de jeunes aliénés et dérangés qui ont lancé des attaques contre des camarades de classe et des enseignants. Je soupçonne que les auteurs de ces attaques ne ressentaient pas un grand sentiment d'appartenance, et que le *Cookbook* a pu ajouter à leur sentiment d'isolation », écrivait-il.

Isolé, André Poulin l'est certainement devenu s'il ne l'était pas déjà dès l'enfance. Son intérêt pour l'*Anarchist Cookbook* pourrait n'être qu'anecdotique, comme il l'a été pour de nombreux jeunes en quête de sensations fortes. Mais Poulin l'a cité lui-même comme une influence des années plus tard en interrogatoire policier. À l'époque où il l'a découvert, ce n'était pas la politique étrangère du Canada ou les actions d'un dictateur au Moyen-Orient qui le préoccupaient. Il avait perdu des amis qui lui étaient chers et disait apprendre à fabriquer des bombes pour se venger de certaines personnes.

Le jeune homme abandonne l'école très tôt. Avant même d'atteindre la majorité, il a déjà un casier criminel pour introduction par effraction et pour vol. À la recherche d'un sens à sa vie, d'une voie à suivre, il flirte au fil de ses lectures avec différents courants politiques radicaux, comme le communisme ou l'anarchisme. Car c'est un lecteur boulimique. Il peut passer de longues heures sur Internet à se documenter sur un sujet ou à discuter et à échanger sur les forums de discussion.

C'est en août 2008, alors qu'il est âgé de 19 ans, qu'il trouve finalement ce qui sera sa force motrice pour les années à venir : il se convertit à l'islam. Ou du moins à la version manichéenne, extrémiste et totalitaire de la religion qu'il a commencé à se forger en naviguant sur le Web. La découverte de la religion a quelque chose de nouveau pour lui, sa famille immédiate n'étant pas pratiquante.

Le jeune homme croit enfin avoir trouvé quelque chose qui donne un sens à son existence. C'est une révélation, une bouffée d'énergie. Il se lance corps et âme dans la religion, sans demi-mesure. Lui qui était déjà en révolte contre son entourage rejette une fois pour toutes les valeurs d'une société qu'il décrit comme « mécréante ».

UN ZÉLOTE DÉRANGEANT

Poulin est un exemple de ce que certains appellent le « zèle du converti ». Il ne se contente pas de faire ses prières et de vivre sa spiritualité comme bon lui semble, il veut aussi imposer ses vues. Sa trajectoire ne peut que le faire entrer en collision avec les « infidèles », ceux qui ne le suivent pas dans sa nouvelle voie, soit pratiquement l'ensemble de la société autour de lui. Peut-être est-ce ce qu'il souhaite, dès le départ.

Il n'est pas seul dans sa situation. En juin 2014, un groupe de recherche américain fondé par un ancien agent antiterroriste du FBI, le Soufan Group, a publié une vaste étude sur les combattants étrangers en Syrie. L'étude signalait qu'un pourcentage significatif (autour de 6 %) des quelque 2 500 recrues venues de pays majoritairement non musulmans sont des convertis récents. Pour certains pays, la portion est beaucoup plus élevée : elle atteint 25 % pour les djihadistes français. C'est sans compter ceux qui sont d'héritage musulman, mais qui ont effectué un « retour » vers une vision extrémiste de la religion, bien différente de celle de leurs parents.

En 2009, à l'époque de ses premiers pas en religion, André Poulin travaille au Village des Valeurs de Timmins, un magasin de produits de seconde main, surtout des vêtements, fréquenté par une clientèle majoritairement défavorisée. L'endroit est plutôt déprimant. À son âge, une partie des jeunes de la région entreprennent des études supérieures ou se dénichent déjà un emploi bien rémunéré dans la construction, la foresterie, l'industrie minière ou la fonction publique. Sans formation particulière, Poulin végète dans un emploi peu enviable.

Le jeune homme trouve toutefois quelque chose de formidable, à ses yeux, au Village des Valeurs. Une perle, un trésor, entre les vieilleries démodées. C'est là qu'il rencontre une collègue de travail, Cécile Gagnon, une mère de famille du coin qui est déjà convertie à l'islam depuis plusieurs années, après avoir fait de longues recherches sur les grandes religions du monde.

La jeune femme prône une approche beaucoup moins intransigeante, plus souple de la religion. Pour elle, il s'agit d'une affaire personnelle. Elle est en couple avec le gestionnaire d'une station-service locale, un immigrant pakistanais qui fait partie des rares musulmans de naissance à Timmins et qui mène une vie bien tranquille. Ce dernier se réunit souvent avec quatre autres immigrants musulmans dans une petite maison près de la cathédrale Saint-Antoine-de-Padoue, pour partager un repas ou prier.

C'est Cécile Gagnon qui leur présente André Poulin. « Il avait parlé à des musulmans en jouant à des jeux vidéo en ligne et il s'était converti, alors il est venu nous voir », dit-elle. Le jeu préféré de Poulin était *Cyber Nations*, un simulateur géopolitique en ligne où chaque joueur contrôle un pays et peut interagir avec les autres chefs d'État dans de longues séances de clavardage.

« Parfois, il avait de la misère à comprendre [l'islam]. Il posait beaucoup de questions. Les jeunes lisent toutes sortes d'affaires et sur Internet, tu n'obtiens pas toujours les bonnes informations. Au début, il pensait qu'il n'avait plus le droit de jaser avec sa famille ou de manger chez sa grand-mère parce qu'elle cuisinait du porc… On essayait de lui montrer que ce n'est pas ça. »

Outre ces quelques compagnons de prière, Poulin n'a pas accès à beaucoup de ressources pour parfaire son éducation religieuse. « Il n'y a rien ici, pas d'imam, pas de mosquée. La communauté islamique, c'est trois ou quatre personnes. Et personne ne veut déménager ici », résume Javed, un des rares immigrants qui tentent aujourd'hui d'organiser un semblant de communauté musulmane à Timmins.

Poulin continue donc son étude sur Internet, s'enfonçant dans le radicalisme. Il cherche sans cesse à atteindre l'islam le plus pur, le plus intégriste qui soit. Il commence à fréquenter un forum de discussion islamique anglophone, Ummah.com. Au départ, il s'y montre respectueux et désireux d'apprendre des gens plus informés que lui sur l'islam. Mais le germe de l'intolérance et du fanatisme est déjà décelable au fond de ses propos.

En 2009, il demande aux usagers plus ferrés en religion de lui expliquer ce qu'est le salafisme (un mouvement sunnite fondamentaliste qui prône un retour à l'islam « des origines »). Il dit ignorer tout de ce mouvement, mais il sait qu'il est différent du soufisme, une autre branche de l'islam qu'il dit connaître et méprise déjà ouvertement, après moins d'un an de lectures sur la religion.

Des internautes le redirigent vers des pages du forum qui abordent la question en termes savants, mais Poulin avoue avoir du mal à s'y retrouver. « Pour résumer : je suis un nouveau musulman, et je ne connais pas la majorité des choses dont ils parlent », avoue-t-il.

« Même si je tente d'apprendre, cela prendra du temps », ajoute-t-il. Mais du temps, il ne veut pas en prendre trop non plus. Il est pressé. Il cherche activement quelque chose.

Au sein de sa famille, sa conversion provoque quelques tensions, notamment lorsqu'il refuse de célébrer Noël. Après de longues conversations « très intéressantes » pour expliquer son point de vue à sa mère, qu'il décrit comme une « païenne » plutôt qu'une athée, cette dernière lui dit accepter son choix. La chose est certainement plus difficile à comprendre pour ses grands-parents, qui se définissent comme d'authentiques chrétiens, ou son arrière-grand-mère, très fervente, qui chante dans une chorale d'église et que Poulin décrit comme une « catholique *hardcore* ».

Il aura beau se révolter à l'extrême et partir tuer des « mécréants » en Syrie, André Poulin ne rejettera jamais complètement sa famille. Comme s'il souhaitait secrètement découvrir qu'ils ne sont pas aussi occidentaux qu'ils en ont l'air, il commence à s'intéresser aux origines de son deuxième prénom, Omer.

Le nom lui vient de son arrière-grand-père, Omer Bazinet, un pilote militaire de l'Aviation royale canadienne. Poulin explique dans ses discussions sur Internet qu'Omer est l'équivalent français du prénom arabe Omar. Il se dit convaincu que cela signifie qu'il descend d'un Arabe qui se serait égaré en Amérique à l'époque de la Nouvelle-France.

S'il ne rejette pas complètement sa famille, il porte tout de même un jugement extrêmement sévère sur sa culture. En 2010, le gouvernement québécois de Jean Charest dépose un projet de loi qui exige que les gens montrent leur visage pour donner ou recevoir certains services publics nécessitant une interaction humaine. Le niqab et la burqa derrière lesquels certaines femmes musulmanes traditionalistes cachent leur visage seraient alors interdits dans les bureaux gouvernementaux. Le projet de loi est une réaction à plusieurs cas concrets de controverses autour du niqab dans les services publics. Il ne sera finalement jamais adopté, mais la simple proposition avancée par le gouvernement sème à l'époque l'indignation sur le forum Ummah.com.

« Le Canada est un pays d'infidèles », réagit André Poulin. Mais son jugement est encore plus sévère à l'endroit des Québécois et autres francophones.

« Étant un converti d'une famille francophone, je peux dire qu'ils n'acceptent personne en général qui ne soit pas francophone. Si vous êtes trop différent d'eux, ils entretiendront secrètement des préjugés contre vous. »

Une autre participante au forum suggère alors que les Canadiens devraient laisser les Québécois se séparer de leur pays, car ils forment un peuple xénophobe par nature. Poulin renchérit avec une autre idée.

« Ou ils peuvent aller en France », propose-t-il, en ajoutant que si les musulmans commencent à s'énerver, c'est certainement par la volonté d'Allah.

Plus près de lui, le nouveau conjoint de sa mère, un homme profondément conservateur et patriotique, provoque lui aussi la colère d'André Poulin lorsqu'il lui dit de s'habiller et d'agir « comme les gens normaux ». Poulin commente l'incident sur Internet en soulignant qu'il n'a pas de conseils à recevoir d'un homme qui passe ses soirées à boire, à fumer du cannabis et à « manger le cul d'un cochon » (consommer du porc).

Pour ceux qui ne lisent pas ses milliers de messages sur les forums de discussion, André Poulin ne s'habille et n'agit certes pas comme tout le monde, mais il peut passer pour un simple original, un converti qui a vécu une jeunesse difficile et trouvé réconfort dans la religion.

Mais un jour, le gestionnaire de la station-service approche la police de Timmins. Il est effrayé. Il leur parle d'un jeune converti local qui a adopté « les vues des talibans », selon le rapport de police.

La suite des choses démontrera que ses inquiétudes sont justifiées.

LES MENACES D'UN RADICAL

« J'ai fait ce que j'ai pu, mais c'était très difficile. J'aurais peut-être dû faire plus. »

L'homme qui parle ainsi, c'est Tassawar, l'immigrant pakistanais qui gérait la station-service de Timmins et qui a accueilli André Poulin comme chambreur dans sa maison lorsque celui-ci a voulu vivre dans un milieu musulman. Il l'avait aussi embauché à sa station-service.

S'il accepte de parler aujourd'hui, c'est à la condition que son nom de famille ne soit pas publié. Car il craint toujours les représailles des sympathisants de l'EI qui vénèrent André Poulin.

Après avoir accueilli le jeune homme, Tassawar constate rapidement que son chambreur nouvellement converti n'est jamais satisfait en matière de religion. Il se frotte à des idées de plus en plus extrémistes sur Internet, où il se plaint publiquement que les autres musulmans de Timmins ne sont pas assez pieux. Il inquiète ses coreligionnaires, qui ne demandaient qu'à vivre leur vie tranquillement jusqu'à l'arrivée du nouveau.

«J'essayais de lui montrer que l'islam n'enseigne pas de tuer, mais plutôt d'aider les gens autour. Malheureusement, il n'aimait pas mes idées pacifistes, se souvient Tassawar. Je lui expliquais que le Canada est un bon pays, que les gens viennent d'ailleurs pour s'établir ici et non l'inverse.»

Tassawar a raconté à la police comment, un jour, un soldat canadien de passage est venu acheter de l'essence à la station-service. Le commerce est situé au cœur de Timmins, à l'ombre des installations minières qui crachent la fumée et d'un gigantesque drapeau canadien qui flotte au vent. Poulin regardait le client. À l'époque, le Canada était toujours impliqué dans la guerre en Afghanistan contre les talibans. «J'ai envie de le faire exploser. C'est un combattant ennemi», aurait déclaré Poulin au sujet du militaire.

À l'approche de son 20e anniversaire, le jeune converti commence à accuser Tassawar de mener un mode de vie «non islamique». Il devient de plus en plus intransigeant. Mais il y a plus. Derrière les querelles théologiques se cache un triangle amoureux. Tassawar découvre que sa conjointe, Cécile Gagnon, entretient une idylle avec Poulin. Il quitte la maison le 12 mai 2009 et laisse les deux tourtereaux ensemble.

Six jours plus tard, Poulin annonce sur Ummah.com qu'il est maintenant marié. «Jusqu'ici, la vie d'homme marié est OK», dit-il.

Les autres habitués du forum se surprennent qu'il soit marié alors qu'il n'avait aucune fille en vue jusqu'à récemment. Il leur explique avoir conduit dans l'urgence jusqu'à North Bay, la ville la plus proche, où il a trouvé une mosquée et un imam capable de célébrer son union: «Allah nous a aidés.» Il pimente son discours de leçons sentencieuses sur l'amour en islam, les lois du mariage, les devoirs des époux. «C'est allé vite. À quoi vous attendiez-vous? Le mariage dans l'islam est censé être facile comme ça», dit-il.

Or, tout ça n'est que mensonges, affirme aujourd'hui Cécile Gagnon.

«On a juste habité ensemble, mais il voulait qu'on dise qu'on était mariés, sinon c'était péché. On n'était pas mariés pour vrai!» raconte-t-elle.

Ce qui était vrai, c'était l'amour de Poulin pour Cécile Gagnon. Et sa jalousie. Le jeune homme se met à menacer à répétition Tassawar. «Si tu maltraites ma femme à laquelle je suis marié islamiquement, tu ne t'en sortiras pas», prévient-il. Puis, le ton durcit.

«Frère, j'ai entendu dire que tu te convertis au christianisme et je vais m'assurer que tu meures», lui lance-t-il avec colère, devant témoin. Tassawar n'a pourtant jamais eu l'intention de se convertir. Il a seulement dit apprécier le mode de vie de ses amis chrétiens à Timmins. Un mode de vie que Poulin rejette maintenant violemment.

À l'époque, Poulin passe pour un hurluberlu lorsqu'il se promène dans les rues de Timmins, habillé d'une longue tunique et d'un turban. Il discute d'ailleurs de la couleur la plus appropriée pour son couvre-chef sur les forums de discussion en ligne et souligne que son accoutrement fait peur à certaines personnes dans sa ville, qui le considèrent comme un «terroriste». Il parle beaucoup de l'Afghanistan, dénonce les musulmans qui fraternisent avec les «infidèles» et aime rappeler qu'il a appris dans sa jeunesse comment fabriquer des bombes.

Tassawar a si peur qu'il part se cacher quelques semaines. C'est là qu'il dénonce Poulin et ses vues « talibanes » à la police. « J'avais vraiment peur de lui », raconte-t-il.

La police de Timmins réagit. Poulin est arrêté pour menaces et libéré sous promesse de comparaître. Cécile Gagnon comprend qu'il dérape. Elle le quitte et recommence à voir Tassawar. Selon des documents judiciaires, Poulin, lui, va vivre cet été-là avec sa mère dans un parc de modestes maisons mobiles, en marge de la ville. Il commence à travailler chez Walmart.

Deux semaines après son embauche, le 3 août 2009, il est à son travail lorsque quelqu'un l'avise que son ex-conjointe est en train de discuter avec Tassawar, quelque part en ville. Il enrage. Il laisse son travail en plan et saute dans un taxi. Un exacto bien en vue et une lourde chaîne dans la main, un rictus sur le visage, il surgit devant le couple. Il fait peur. Il leur inflige une bonne frousse. La police l'arrête de nouveau. « J'aurais pu le démolir, j'aurais pu sortir le couteau », déclare-t-il en interrogatoire, en ajoutant être prêt à se « sacrifier ».

Il dit aussi ne pas craindre la prison et n'avoir aucun respect pour la police et la loi. Il sait qu'il a brisé ses conditions de libération, mais il prétend que sa conscience a pris le dessus sur la loi. C'est à lui de protéger Cécile, prétend-il. Il craint qu'elle soit en danger, sans lui.

« Il était paranoïaque, c'était évident », raconte le procureur de la Couronne Gerrit Verbeek, qui avait déjà remarqué Poulin sur la rue, à Timmins, avant d'hériter de son dossier judiciaire.

« C'était ce jeune Canadien-français tout maigre et il était habillé comme s'il était en Afghanistan, se souvient-il. De toute évidence, il était désillusionné du mode de vie canadien. Je lui ai parlé à quelques reprises et il avait tout de même l'air plutôt raisonnable. Je me disais que c'était peut-être une phase qui allait passer. Il avait l'air un peu perdu. »

Poulin est un des premiers Canadiens convertis connus pour s'être radicalisés jusqu'à adhérer à un groupe terroriste. Aujourd'hui, son cheminement déclencherait probablement une série d'alertes rouges et il serait suivi de plus près par des spécialistes de l'antiterrorisme. À l'époque, le phénomène n'est pas encore connu comme une menace. Il passe sous le radar.

Libéré de nouveau en attente de procès, Poulin n'arrive pas à se contrôler. Il est arrêté une troisième fois à l'hiver pour non-respect des conditions. Il passe 15 jours en détention, 15 jours au cours desquels il rumine davantage sa révolte et sa colère. Puis, il plaide coupable et écope d'une période de probation de 12 mois. C'est Tassawar qui intervient auprès du procureur pour lui éviter la prison, de peur qu'il s'y radicalise davantage.

LES TRACES D'UN RECRUTEUR

Les 17 000 messages laissés par André Poulin sur le forum de discussion Ummah.com au fil des années montrent son évolution et offrent une fenêtre ouverte d'une rare ampleur sur son processus de radicalisation. On y constate qu'après 2010, il cherche de moins en moins des conseils et donne de plus en plus de leçons aux autres en citant des textes religieux. Il s'exprime sur l'acceptabilité des amitiés avec les « infidèles », l'habillement approprié, le jeûne, les prières, et les courants de l'islam qu'il juge trop modernistes ou qui enseignent « de la merde chiite fabriquée ».

Il regarde aussi déjà vers l'étranger. « Oui, je suis au Canada, mais pas par choix », martèle-t-il.

Une préoccupation constante pour lui demeure le sexe, l'amour et les femmes. Il passe des phases d'optimisme (le mariage et l'amour sont censés être faciles et rapides grâce à Dieu) à des phases de découragement (il est difficile de trouver une bonne femme musulmane dans sa région).

Un jour, il écrit qu'il se sent parfois comme un très mauvais musulman. «Je repense à l'époque de ma conversion, j'étais plus fort à l'époque, j'avais toujours un livre en main, j'étudiais. Ensuite, je me suis marié et tout est tombé dans la merde.»

Il croit que l'homme peut battre sa femme, mais avec retenue, de façon plutôt symbolique. «Parfois, les femmes tentent de devenir *l'homme de la maison*», souligne-t-il en appui à sa thèse.

Il cherche dans les textes religieux et dans les discussions en ligne les règles exactes qui devraient encadrer la pratique de la masturbation, la satisfaction des désirs des hommes non mariés, le sexe anal, la fellation, les costumes, les accessoires sexuels, la polygamie. Parfois, son rigorisme bascule dans le comique: il dit faire tout son possible pour ne pas regarder les femmes dans les yeux sur la rue, mais il se trouve alors obligé de fixer le sol, ce qui l'empêche de voir où il va!

Entre la fin 2011 et le début 2012, Poulin quitte Timmins pour Toronto. Dans la métropole ontarienne, il est confronté à toutes sortes de nouvelles réalités qui répugnent à son esprit étroit. Ainsi, il dit chercher «d'urgence» sur le Web un professeur de langue qui l'aidera à parfaire sa capacité à converser en arabe, mais il refuse d'aller s'inscrire à des cours donnés dans un secteur qui le force à traverser le quartier gai.

Cette période de sa vie, après son départ de Timmins, est marquée d'une certaine aura de mystère. Dans l'anonymat d'une grande ville, Poulin ne détonne plus comme à Timmins. Il se fond plus dans le décor. On en sait moins sur ses agissements. Il demeure aussi à l'écart des tribunaux et reste sur ses gardes. Par exemple, sur Ummah.com, il se dit convaincu que les échanges entre internautes sont surveillés par le SCRS.

Un groupe de chercheurs, le Réseau canadien pour la recherche sur le terrorisme, la sécurité et la société (TSAS selon l'acronyme anglophone), a réussi à en savoir un peu plus grâce à des entrevues avec des contacts de Poulin, à qui les chercheurs ont promis l'anonymat en vertu de strictes règles d'éthique.

Ils ont découvert que Poulin a partagé un logement dans l'est de Toronto avec trois jeunes hommes d'origine somalienne qui «s'étaient radicalisés», eux aussi, et qui, selon les chercheurs, ont encouragé Poulin dans son extrémisme.

Le réseau CBC a poussé l'enquête encore plus loin et découvert qu'un groupe de jeunes fervents musulmans se réunissait autour de Poulin pendant son séjour à Toronto.

Quatre d'entre eux étaient des jeunes dans la vingtaine d'origine bangladaise, fils d'immigrants qui avaient tout quitté dans l'espoir d'offrir une meilleure vie au Canada à leur famille: il s'agit de Tabir Hasib, d'Abdul Malik, et de deux autres, prénommés Adib et Nur, dont les patronymes sont inconnus.

Poulin était si influent que les quatre jeunes l'appelaient «cheikh», nom donné à une figure d'autorité chez les musulmans. Ils se réunissaient pour prier et discuter de la religion, qu'ils entremêlaient intimement avec la politique. Le détail est lourd de signification: les disciples de Poulin venaient de familles musulmanes et étaient issus d'une culture où la religion occupait une place importante. Pourtant, ils avaient choisi comme leader spirituel un petit délinquant canadien qui s'était converti trois ans auparavant, après avoir fait des recherches sur le Web et échangé dans les forums de discussion.

Devant ces fils d'immigrants, Poulin prétend révéler ce que pensent vraiment les Blancs, les chrétiens et les Occidentaux des musulmans. Son message est percutant: souvent, vous ne le savez pas, car ils le cachent, mais ces gens vous détestent. Vous ne pourrez jamais vous intégrer dans cette société d'infidèles. Ils parlent de vous de façon horrible quand vous n'êtes pas là.

«Je sais cela, car je suis un converti blanc. Les conversations de ces gens derrière des portes closes surprendraient beaucoup de musulmans. Ces gens vous détestent, clairement, sans aucun doute. Si le gouvernement décidait de faire la guerre aux musulmans pour la seule raison que nous sommes musulmans, la majorité de la population l'appuierait, car les gens nous détestent tout simplement, en raison du lavage de cerveau et de la propagande des médias contre nous», explique-t-il.

Il explique que les Blancs sont élevés de façon à ne pas même se soucier de la mort d'un million d'Irakiens, mais qu'ils se prétendent ensuite hypocritement les amis de leurs voisins musulmans. «Sachez que j'ai été parmi ces imbéciles fanatiques et étroits d'esprit pendant 19 ans avant qu'Allah me sauve de leur mécréance. Ils ne vous accepteront jamais à moins que vous abandonniez complètement votre mode de vie. Même les hypocrites religieux comme Tarek Fatah (un écrivain musulman canadien progressiste, pour la démocratie et contre l'islamisme) ne sont pas acceptés par ces infidèles.»

Mais le travail d'animation d'André Poulin à Toronto n'est qu'une étape. Il lui reste à faire le grand saut.

En 2013, il confirme dans ses messages sur Ummah.com qu'il est maintenant en Syrie aux côtés de combattants islamistes engagés dans la sanglante guerre civile qui déchire le pays.

«Le jeûne avec les moudjahidin est une bénédiction. Sous le chaud soleil syrien, surveillant tout ce qui pourrait être suspect, vous sentez cette connexion à Allah que vous n'aurez nulle part ailleurs», écrit-il pendant le ramadan.

Sa métamorphose est complète. Chez lui, il n'était rien. Un perdant, malchanceux en amour, blessé dans ses amitiés, coincé dans des *jobs* de misère, incompris dans ses convictions, enragé contre la société. Le voilà maintenant devenu un valeureux guerrier du désert : il porte des armes, fait partie d'un groupe uni qui inspire la peur et qui, à coups de massacres et d'exactions, donne vraiment l'impression de changer le monde. À preuve : les yeux du monde entier, ceux des musulmans comme ceux des « infidèles », semblent rivés sur eux.

Après l'annonce de son arrivée en zone de combat, Poulin est encore plus adulé par les internautes d'Ummah.com. Il en profite pour tenter d'attirer de nouvelles recrues pour la cause.

« Les moudjahidin ici ont besoin d'hommes autant que d'argent ou d'armes. L'armée syrienne en soi est forte de 300 000 hommes. Combinés aux Gardiens de la révolution iraniens et aux diables du Hezb (le Hezbollah libanais, allié de l'Iran et du président Bashar al-Assad), ils sont encore en plus grand nombre. Bashar a aussi l'une des plus grandes colonnes de tanks au monde. Sans mentionner l'aide de la Russie », explique-t-il.

« Et le nombre de toutes les forces anti-Assad est tout au plus 80 000. Donc il y a un besoin de troupes aussi. Nous ne mettons pas notre confiance dans la quantité, mais sans quantité il n'y a pas de djihad. C'est aussi simple que ça », poursuit-il, en s'adressant à un public très réceptif, indigné par les bombardements menés par l'armée syrienne.

AU FRONT AVEC LA BRIGADE DES ÉMIGRÉS

Au cours de l'année 2013, un cinéaste américain converti à l'islam, Bilal Abdul Kareem, retrouve André Poulin sur le terrain, en pleine guerre civile. Le jeune Canadien combat aux côtés d'un groupe appelé la Brigade des émigrants, formé de recrues djihadistes arrivées de différents pays. Il y a des Européens, des Nord-Américains, mais surtout beaucoup de natifs du Caucase russe, d'Ukraine, de la Crimée, du Daghestan, d'Azerbaïdjan, du Tadjikistan et du Kazakhstan.

La Brigade a d'abord combattu aux côtés du Front Al-Nosra, un groupe djihadiste salafiste affilié à Al-Qaïda, avant de se rapprocher davantage de l'EI. En octobre 2014, le Canada a spécifiquement ajouté la Brigade à sa liste des entités terroristes. Les autorités canadiennes estimaient alors ses combattants à environ un millier qui utilisaient des tactiques comme « l'usage d'attentats suicides avec de gros engins explosifs portés par véhicules, des assauts terrestres, la prise d'otages et le kidnapping, incluant d'étrangers et de civils loyaux à Assad ».

Dans le documentaire du cinéaste diffusé par la chaîne britannique Channel 4, André Poulin donne une entrevue et affirme que sa famille sait qu'il est en Syrie. Coiffé d'un turban, avec ses petites lunettes fumées, sa barbichette, il semble à l'aise, serein. « D'un côté, ils sont heureux que je suive mon propre chemin, que je fasse mes propres affaires et que je sois ici à aider les gens. Mais en même temps, ils ne comprennent pas totalement pourquoi je suis ici », dit-il. Selon le cinéaste, Poulin a demandé un téléphone pour prendre des nouvelles de ses deux demi-frères, âgés de 9 et 10 ans.

Les images montrent le groupe qui s'entraîne au tir dans la bonne humeur ou prie à l'unisson, devant de grandes bannières noires marquées de leur profession de foi, symbole des combattants djihadistes.

On aperçoit aussi le commandant de la Brigade, Abu Omar « le Tchétchène », un ancien sergent de l'armée géorgienne à la mine patibulaire et à la longue barbe rousse. Né d'un père chrétien orthodoxe et d'une mère musulmane, ce dernier a grandi dans la vallée de Pankissi, une région frontalière entre la Géorgie et la Tchétchénie, terreau fertile pour les militants islamistes lors des guerres de Tchétchénie. Après avoir combattu les Russes dans l'armée géorgienne, il avait été arrêté et condamné à la prison pour possession illégale d'armes. Pendant son incarcération, il s'était rapproché de l'islam radical. Après sa sortie de prison, il s'était rendu en Syrie et s'était rapidement imposé comme un leader militaire. C'est le «calife» Abou Bakr al-Baghdadi, le chef de l'EI en personne, qui l'a nommé commandant en mai 2013.

C'est sous le commandement du Tchétchène qu'André Poulin participe à l'attaque sur la base aérienne au cours de laquelle il trouve la mort, à l'été 2013. Selon l'enquête de la chaîne CBC, il venait de se marier et sa femme attendait leur premier enfant lorsqu'il est tombé au combat.

Peu après, à des milliers de kilomètres de la Syrie, le téléphone se met à sonner chez Tassawar et Cécile Gagnon. La mère de famille répond.

Au bout du fil: un responsable canadien de la lutte contre le terrorisme qui lui annonce la nouvelle. Elle qui était sans nouvelles d'André Poulin depuis des années, elle est soudain bombardée de questions qui semblent avoir la plus haute importance pour la sécurité nationale du Canada. Elle veut bien collaborer, mais elle a peu de réponses à fournir.

«Ils enquêtaient pour savoir comment André s'était rendu là. Apparemment, il n'avait pas les bons papiers pour son voyage», explique-t-elle.

«C'est un petit peu triste», concède-t-elle, sans grande conviction. Triste, mais pas si surprenant, à ses dires.

«C'était son caractère, aussi. Quand il avait quelque chose en tête, il n'y avait pas grand-chose pour le faire changer d'idée», se souvient-elle. «Je ne sais pas s'il s'est rendu par lui-même ou s'il a rencontré quelqu'un à Toronto qui l'a aidé.»

La mort d'André Poulin est exploitée par la propagande de l'EI. Deux vidéos très léchées sont produites où il relaie l'appel au djihad.

«C'est plus que de combattre, nous avons besoin d'ingénieurs, de docteurs, de professionnels, de volontaires, de financement, nous avons besoin de tout», lance-t-il.

Il critique aussi le fait de vivre dans un pays comme le Canada où il faut « utiliser leur électricité et payer des taxes alors qu'ils utilisent ces taxes pour faire la guerre à l'Islam ».

Une voix hors champ vante ses qualités de combattant : « Il savait que la vraie vie l'attendait et c'était seulement une question d'être frappé par les armes des infidèles. »

Or, le réseau CBC révèlera plus tard que la participation d'André Poulin au recrutement de combattants djihadistes ne se limitait pas au tournage de vidéos promotionnelles. Mohammed Ali, le jeune homme originaire de Mississauga, en Ontario, et qui discutait depuis des années avec Poulin sur Ummah.com, a suivi ses traces jusqu'en Syrie, d'où il a publié fréquemment des images de la guerre civile. Sur les réseaux sociaux, il l'a avoué clairement : « Sans lui, je ne serais pas ici. »

Certains croient qu'André Poulin et Mohammed Ali se sont rencontrés en personne à Toronto et qu'ils ne faisaient pas que correspondre en ligne. Ce dernier, qui se décrit comme un ancien étudiant en génie aérospatial de l'Université Ryerson, dit avoir abandonné son projet de devenir astronaute pour venir plutôt mener le djihad. Sur Internet, où il utilise le pseudonyme Abu Turaab al-Kanadi, il a célébré les attentats d'Ottawa et de Saint-Jean-sur-Richelieu, proféré des menaces directes envers le Canada et s'est amusé des décapitations d'otages ou des prisonniers par l'EI.

À l'été 2014, Mohammed Ali a publié une capture d'écran d'un message texte qu'il disait avoir reçu sur son cellulaire. « Ici les amis d'Omar Abu Muslim du Canada. Nous sommes en Turquie et nous voulons savoir comment entrer en Syrie pour joindre l'État islamique. » L'individu prétend que ces recrues ont atteint leur but.

Nous lui avons demandé s'il croyait qu'André Poulin allait inspirer d'autres Canadiens pour rejoindre les djihadistes. « Espérons que ce sera le cas. Il a déjà inspiré plusieurs d'entre nous, ceux qui le connaissaient », a-t-il répondu.

Selon le réseau CBC, les quatre jeunes d'origine bangladaise qui appelaient Poulin leur «cheikh» ont aussi suivi ses traces vers le Moyen-Orient. Ils voulaient se rendre en Syrie, mais ont d'abord fait un arrêt au Liban. Là-bas, ils ont été rattrapés par les pères de deux d'entre eux. Terrifiés à l'idée de voir leurs fils participer aux aventures funestes des djihadistes, les deux hommes avaient sauté dans un avion et s'étaient lancés aux trousses de la petite bande. À force de persuasion, ils ont réussi à les ramener tous quatre au Canada.

Mais pour trois d'entre eux, ce n'était que partie remise. Malgré les efforts de leurs familles et de leur communauté, ils sont repartis vers la Syrie peu après. Leurs familles et les autorités croient qu'ils ont finalement rejoint l'EI, possiblement avec l'aide de Mohammed Ali.

L'image idéalisée d'André Poulin est passée à la postérité à travers la propagande de l'EI. Les bannières à son effigie, sa photo, ses citations, sont exploitées *ad nauseam*, tout comme les vidéos dans lesquelles il apparaît: *Flames of War*, déjà mentionnée plus haut, mais aussi *The Chosen Few of Different Lands* (Les rares élus de différents pays). Il est bien possible qu'il ait contribué à attirer encore d'autres jeunes dans l'enfer syrien. Sur le forum de discussion Ummah.com, où il aura publié à lui seul plus de 12 000 messages entre 2009 et 2013, son profil est toujours existant. Lorsqu'il est décédé, un administrateur du forum a simplement changé sa location: «Retourné à Allah», a-t-il inscrit. Les internautes qui participent au forum gardent son souvenir bien vivant et l'encensent comme un véritable martyr.

À Timmins, au contraire, il ne reste plus grand-chose de lui. La modeste petite maison grise où il a vécu avec Cécile Gagnon et Tassawar a été vendue, ironiquement, à un retraité de l'armée canadienne, vétéran de la guerre en Afghanistan. Un de ceux que Poulin, quand il habitait encore à Timmins, appelait déjà les «combattants ennemis».

«C'était un gars intelligent. S'il était allé à l'école ou s'il avait appris un métier, il aurait pu faire quelque chose dans la vie, dit-il.

Je partage la douleur de sa mère et de ses frères. Il est parti, mais eux vont vivre avec cette douleur toute leur vie», raconte Tassawar.

Joint au téléphone, un membre de la famille nous a dit avoir promis à ses proches qu'il n'accorderait aucune entrevue. La mère de Poulin et le conjoint de cette dernière ne se sont pas exprimés publiquement sur le sujet. La dame fait l'école à la maison à ses deux autres fils. Sur les réseaux sociaux, elle milite ouvertement en faveur du Parti conservateur et fait montre d'un grand patriotisme canadien, avec des images de drapeaux et d'hommages aux policiers.

En 2014, un an après la mort de son fils, elle a publié l'image d'une femme caressant les cheveux d'un enfant, avec un message de circonstance: «Un jour, tu seras seulement un souvenir, pour certaines personnes. Fais de ton mieux pour en être un bon.»

Dans un autre message rédigé à la même époque, elle se portait à la défense d'un de ses jeunes enfants, aux prises avec un trouble d'apprentissage, et insistait sur le respect de la différence. «Mes enfants sont bizarres. Mon mari et moi sommes bizarres. Je suis fière que nous soyons bizarres. Le soi-disant *normal* est ennuyant, non imaginatif, restrictif et démoralisant. À nous les bizarres! Nous rendons la vie intéressante.»

Son conjoint, lui, a publié à peu près au même moment des commentaires beaucoup plus sévères. Après la lecture d'un article du réseau conservateur Sun News qui traitait d'un vol à main armée commis dans une station-service par deux adolescents, il a écrit que des accusations pour «mauvaise éducation» devraient être déposées contre les parents. «Je sais qu'il n'y a probablement pas de lois pour ça, mais il devrait y en avoir», disait-il.

Impossible de dire s'il voyait l'ironie de sa proposition, lui dont le beau-fils avait rejoint un gang de coupeurs de tête semant la terreur à l'étranger.

L'imam Adil Charkaoui, soupçonné dans le passé d'avoir été un agent dormant d'Al-Qaïda.
Photo : Olivier Jean, *La Presse*

Chapitre 6

—

CELLULE DE MONTRÉAL : LA GENÈSE

On est parti d'une affaire de faux documents, on est arrivé à démonter une structure qui couvrait l'ensemble de la planète, depuis le Canada jusqu'en Afghanistan.

— Louis Caprioli, ex-chef de la lutte au terrorisme à la Direction de la surveillance du territoire (DST) de la France

En ce 6 avril 2001, il règne une frénésie peu ordinaire sur l'île de la Cité à Paris. Les policiers en faction autour du vénérable palais de justice sont sur les dents. C'est une nouvelle page de l'histoire du terrorisme qui se tournera bientôt derrière les murs de cet édifice historique. La 14e chambre du Tribunal de grande instance de Paris s'apprête à condamner une vingtaine d'individus à des peines de prison fermes pour leur implication dans les activités d'un groupe terroriste formé de nombreux vétérans du djihad afghan et bosniaque.

Parmi eux, cinq Montréalais !

Le jugement de 133 pages prononcé ce jour-là venait sceller la décapitation d'un groupuscule djihadiste bien organisé semblable à ceux qui allaient frapper les années suivantes à Casablanca, à Londres et à Madrid.

On a coutume de dire que connaître le passé aide à comprendre le présent, et peut-être aussi ici le futur. C'est pourquoi nous avons jugé utile de remonter à une quinzaine d'années en arrière, car cette affaire a encore aujourd'hui des répercussions directes ou indirectes dans plusieurs procédures judiciaires intentées actuellement au Canada. (Les faits décrits ci-après ont été reconstitués essentiellement à partir de documents judiciaires canadiens, français et américains.)

Ce mégaprocès constituait l'épilogue d'une incroyable traque qui conduisit les policiers et magistrats français spécialisés dans l'antiterrorisme jusque dans les rues de Montréal. Leurs cibles : des membres de la mouvance djihadiste issus de la filière terroriste dite « maghrébine ».

« C'était une vraie cellule opérationnelle, le cœur du dispositif était à Montréal », nous confiera des années plus tard l'ex-juge antiterroriste Jean-Louis Bruguière, chargé de cette enquête. Le temps a passé, mais « le cowboy », ainsi que ses détracteurs le surnommèrent à cause du .357 Magnum qu'il portait sous sa veste, n'avait rien oublié du dossier et de ses ramifications canadiennes.

L'histoire de cette cellule est liée à celle du « gang de Roubaix », du nom d'une ville du nord de la France. Elle était en fait une composante d'un réseau international islamiste radical. Sa structure était hétéroclite. On y trouvait des membres ou des sympathisants du Groupe islamiste armé (GIA) algérien, des petits délinquants radicalisés et deux Français de souche convertis, soit Lionel Dumont dit « Bilal », et Christophe Caze dit Abou Walid, le chef du groupe.

La dizaine de membres du groupe de Roubaix étaient surnommés « les Bosniaques » parce qu'ils avaient combattu en 1994 et en

1995 aux côtés des Bosniaques musulmans durant la guerre civile dans les Balkans. Ils étaient intégrés au redoutable « bataillon des moudjahidin », de l'émir algérien Abou El Maali, basé dans la ville de Zenica. Caze s'est vite fait remarquer par sa férocité. Un des passe-temps favoris de cet ex-étudiant en médecine réputé violent était d'ailleurs de jouer au soccer avec une tête de Serbe décapité.

Certains de ces volontaires n'en étaient pas à leurs premiers combats. C'étaient des vétérans du djihad contre l'armée soviétique en Afghanistan. Dans le lot, plusieurs étaient des militants convaincus du bien-fondé humanitaire et religieux de la cause bosniaque. Mais lorsque la guerre s'acheva à la suite des accords de Dayton, en novembre 1995, tous ces djihadistes étrangers furent priés de plier bagage et de quitter la Bosnie. La population locale, musulmane, supportait de moins en moins la présence de ces djihadistes salafistes intégristes. La colère et l'amertume succédèrent à l'euphorie de la victoire chez ces fanatiques devenus trop encombrants pour le pays hôte. L'émir Abou El Maali s'en plaindra : « Même nous, les moudjahidin venus pour aider le peuple bosniaque contre leurs agresseurs, on nous considère comme des terroristes. »

Christophe Caze et sa poignée de moudjahidin frustrés se replièrent dans la région de Roubaix où ils commirent en quelques semaines une série de braquages « d'une rare violence » qui firent un mort et plusieurs blessés.

Les documents judiciaires français résument leur histoire comme celle d'« une dérive assez inorganisée de violence terroriste précisément parce qu'ils n'étaient pas des activistes terroristes avant le conflit bosniaque et ne faisaient pas partie d'une organisation élaborée les encadrant ».

Le 28 mars 1996, c'est l'escalade. Peu avant l'ouverture d'un sommet des chefs d'État du G7, à Lille, une légère déflagration retentit dans le coffre d'une automobile garée près d'une station de métro et du commissariat de police. Les artificiers appelés d'urgence sur place découvrirent que le véhicule était piégé avec trois bonbonnes de gaz de 13 kg chacune. C'est une défaillance du système de mise à feu qui avait permis d'éviter le pire.

Le lendemain, les policiers prirent d'assaut une petite maison de la rue Henri Carette qui servait de refuge à ces *gangsterroristes*, auteurs de la tentative d'attentat. Les Bosniaques n'avaient pas dit leur dernier mot. Ils se défendirent avec des Kalachnikov, des pistolets-mitrailleurs et des grenades offensives. Une vraie scène de guerre. Un incendie se déclara dans la bâtisse. Quatre cadavres seront découverts par la suite dans les décombres.

Christophe Caze, un Français converti, avait profité du chaos pour prendre la fuite avec un lance-roquettes antichar RPG-7, une mitrailleuse, trois pistolets-mitrailleurs Scorpion, un pistolet 9 mm, des grenades et une réserve de munitions. Cet arsenal ne l'empêchera pas d'être abattu peu après par des gendarmes belges après une fusillade. Lionel Dumont, lui, prit le large et se réfugia en Bosnie avec un autre membre du groupe.

« Ça n'a rien à voir avec le terrorisme et l'islamisme », assura le ministre de l'Intérieur d'alors. Pour lui, la police avait affaire à un simple groupe de braqueurs.

Mais, le juge Bruguière et les policiers disposaient de renseignements qui les orientèrent vers une piste de financement du terrorisme et de trafic de faux passeports. Ces documents étaient destinés, d'une part, à faciliter les déplacements de moudjahidin et, d'autre part, de terroristes djihadistes appelés à commettre des attentats en Europe.

L'arrestation d'un membre du groupe, en juillet 1996, fit avancer l'enquête. Mais il y avait surtout l'agenda électronique de Christophe Caze, retrouvé dans son véhicule. Le petit appareil livrera des informations capitales pour la suite des choses. Les enquêteurs remarquèrent des numéros de téléphone localisés à Montréal, dont celui de Mohamed Omary, accompagné de la mention « FATAH

CAN ». Ceux-ci décidèrent d'alerter sans délai le Service canadien du renseignement de sécurité (SCRS) de la présence, dans la métropole québécoise, de suspects reliés au terrorisme islamiste.

L'enquête française se déplaça au Québec au printemps 1999. La cible numéro 1 des policiers n'était pas Omary, mais son ami Fateh Kamel, le « FATAH CAN » de l'agenda de Caze, que le juge considérait comme le leader du groupe. Mais on visait aussi Adel Boumezbeur, Abdellah Ouzghar, Mourad Ikhlef et Ahmed Ressam, un petit voleur vivant de l'aide sociale. Le jeune Algérien écumait avec assiduité les hôtels du centre-ville pour détrousser les touristes de leurs pièces d'identité, qu'il revendait par la suite, et de leur argent. Il fut arrêté environ cinq fois, et condamné une seule fois à payer une amende.

Ressam, débarqué au Québec en février 1994 avec un faux passeport français au nom d'Anjer Tahar Medjadi, avait immédiatement invoqué le statut de réfugié. Il affirmait s'être enfui de son pays natal, l'Algérie, mais en fait il venait de séjourner une année en Corse comme travailleur clandestin dans les vignes et dans un complexe touristique. Sa demande fut rejetée, mais Ressam profita d'un moratoire sur les renvois vers son pays natal pour demeurer au Canada.

Le juge Bruguière et son équipe voulurent interroger les suspects et perquisitionner chez eux, en particulier au 6301, Place Malicorne, à Anjou. Cet appartement était à la fois le centre opérationnel et repaire de la plupart des membres du groupe. Les limiers français étaient à la recherche de passeports, de carnets d'adresses, de photos prises en Bosnie et à Montréal et, surtout, des grilles de codage élaborées par le groupe pour permettre aux enquêteurs de décrypter certains documents récupérés à Roubaix.

Mais les choses se gâtèrent pour la délégation française. « Dès mon arrivée [...], nous nous heurtons à un obstacle quasi infranchissable : les autorités canadiennes, fort peu coopératives, refusent de nous délivrer un mandat de perquisition », déplore Jean-Louis Bruguière dans son livre intitulé *Ce que je ne n'ai pas pu dire*.

L'équipe antiterroriste devra batailler en cour pour parvenir à ses fins. « Nous ne naviguions manifestement pas dans le sens du vent », poursuit-il, cinglant. Les perquisitions n'eurent lieu qu'à l'automne 1999.

Si la justice traînait les pieds, les agents du SCRS et les policiers de la GRC s'étaient en revanche attelés à la tâche. Un des suspects visés par leurs homologues français leur donna pas mal de fil à retordre. L'homme était un fin renard rompu à la clandestinité qui rusait dès lors qu'il devait communiquer avec les autres membres du réseau. Il utilisait plusieurs cabines téléphoniques. Pour compliquer la tâche des policiers, il passait ses appels à partir de certaines, mais recevait ses appels dans d'autres à la suite de rendez-vous téléphoniques pris à partir d'autres cabines.

En examinant les relevés téléphoniques des différents suspects et ceux de l'appartement de la Place Malicorne, à Anjou, les enquêteurs français répertorièrent des communications avec le QG du bataillon des moudjahidin à Zenica, en Bosnie, mais aussi des appels au Koweït et au Qatar. C'est tout un réseau logistique parfaitement organisé qui se dessinait petit à petit.

Il devenait évident pour eux que Montréal était alors la plaque tournante de l'approvisionnement en faux passeports. Les enquêteurs notèrent que certains individus arrivaient à Montréal de différents pays européens pour récupérer de faux passeports, notamment marocains, et repartir ensuite à Istanbul pour les livrer dans les locaux d'une association humanitaire affiliée à la mouvance islamiste en Bosnie et en Afghanistan.

L'étau se resserra sur Fateh Kamel, Ahmed Ressam et plusieurs de leurs relations. Mais Kamel et Ressam profitèrent notamment des tergiversations de l'appareil judiciaire pour disparaître dans la nature.

La fuite de Kamel prit fin en 1999, en Jordanie. Exfiltré vers Paris – et non pas extradé faute d'accords d'extradition–, il se retrouva sans délai dans le bureau du juge Bruguière. « Après avoir accepté de répondre aux questions posées lors des premiers interrogatoires, il va adopter rapidement une position de déni systématique », lit-on dans un document judiciaire français. Il était « assez bloqué et très hostile », se souvient Jean-Louis Bruguière.

Fateh Kamel a toujours nié, que ce soit lors du procès en France ou en entrevue, avoir été un terroriste. Il estime avoir été un bouc émissaire. « J'ai la conscience tranquille », nous a-t-il déjà dit.

Le procès des 24 membres du groupe de Roubaix débuta le 7 février 2001. Un mois plus tard, le verdict tombait : Fateh Kamel écopa de huit ans de prison, et Ressam, Ouzghar, Choulah, Atmani, et Boumezbeur de cinq ans.

Pour la justice française, la cellule de Montréal était décapitée. Le 25 octobre 2001, le procureur de la République de Paris écrit : « Il est clair que sans le démantèlement de ce vaste réseau islamiste terroriste, d'autres actions violentes auraient été enregistrées non seulement en France, mais aussi aux États-Unis. »

LE « MILLENIUM BOMBER »

Certains des membres de cette cellule étaient demeurés introuvables depuis des années et brillaient donc par leur absence lors du procès. Les policiers français et canadiens ainsi que le SCRS tentaient désespérément de retrouver la trace d'un suspect nommé Ahmed Ressam dans la métropole montréalaise.

Mais, le petit voyou se promenait depuis 1998 avec un vrai passeport, obtenu grâce à un complice dans l'administration fédérale, sous le nom d'Antoine Benni Noris. C'est sous cette identité fictive qu'il s'envolera vers Karachi, au Pakistan. Il entrera ensuite en Afghanistan, le 17 mars 1998, pour apprendre son métier de terroriste pendant six mois dans un camp d'Al-Qaïda.

Son recrutement s'était effectué dans la mosquée montréalaise Assuna où il était au contact de «mauvais amis», dira plus tard le Mauritanien Mohamedou Ould Slahi, détenu depuis à Guantanamo. Ressam avouera lui aussi lors d'un de ses témoignages en cour aux États-Unis, notamment lors du procès de Mokhtar Haouari en juillet 2001, que c'était son «ami» Raouf Hannachi, qui faisait l'appel à la prière dans le lieu de culte, qui s'était aussi chargé d'organiser son voyage et de le recommander auprès du groupe terroriste.

Après son retour au Canada, en février 1999, Ressam s'installa quelques mois à Montréal dans un appartement de la rue du Fort, loué sous son nom d'emprunt. Il y demeura jusqu'à l'automne avant de filer à Vancouver avec de sombres desseins en tête. Et en compagnie d'un complice, Abdelmajid Dahoumane, dit «le rouquin». L'homme va disparaître rapidement ne laissant que peu d'indices et de traces même physiques (empreintes digitales) de son passage au Québec, ce qui, des années plus tard, accentuera les rumeurs qu'il aurait pu agir comme informateur des services secrets algériens.

Les agents du SCRS et de la GRC ainsi que les enquêteurs français étaient toujours dans le brouillard. Aucune nouvelle de Ressam qui se planquait dans un motel de Vancouver. Jusqu'au 14 décembre 1999. Ce jour-là, vers 18 heures, une douanière américaine en service au poste-frontière de Port Angeles, dans l'État de Washington, est intriguée par le comportement d'un automobiliste canadien dont le visage perle de sueur. La fonctionnaire ne le sait pas encore, mais le coffre de la Chrysler conduite par Antoine Benni Noris renferme les éléments d'une bombe de près de 6 kg à base de sulfate d'urée. Le système comprenait une montre électronique Casio, une pile 9 volts et une ampoule dont le filament avait été mis à nu. Copie conforme des bombes ayant explosé dans le métro de Paris en 1995. Le Montréalais avait comme objectif de la faire exploser le soir du 31 décembre 1999 à l'aéroport de Los Angeles. C'est ce qui lui vaudra le surnom de «Millenium Bomber».

«C'est un coup de chance et grâce à la sagacité de cette douanière au nez creux que nous avons évité un drame», estime l'ex-juge Bruguière.

Un drame qui, nul doute, aurait eu un impact négatif pour le Canada dès lors que la saga Ressam aurait été éventée publiquement. Selon plusieurs experts, il aura fallu cette arrestation pour que le Canada prenne réellement conscience de l'étendue des ramifications sur son propre sol de cette mouvance extrémiste djihadiste qui sévissait en Algérie et en France principalement. Les Français avaient, par la force des choses, une bonne longueur d'avance en raison des attentats sanglants qui avaient frappé l'Hexagone au cours des années précédentes.

Jusqu'à présent, le terrorisme, en particulier celui inspiré par l'idéologie islamiste, n'était pas vraiment perçu comme une menace prioritaire et urgente au Canada. Dans les arcanes du renseignement, on s'intéressait plutôt en priorité à l'espionnage, comme aux grandes heures de la guerre froide.

Aux yeux de certains pays étrangers, la justice canadienne projetait aussi une image d'indolence et de relative naïveté face aux enjeux du terrorisme. Les Français digéraient mal le «service très minimum» que leur offrait la justice canadienne dans leur enquête. Ces extrémistes de la mouvance du GIA algérien en auraient profité pour en faire leur base arrière dans les années 1990.

Le Canada traînera encore plus comme un boulet cette étiquette de passoire à terroristes après le 11 septembre 2001, avec cette rumeur non fondée voulant que certains des pirates aient transité par le Canada. Le SCRS s'en plaindra amèrement dans un rapport rédigé en 2011 sur «L'extrémisme islamique d'origine intérieure aux États-Unis»: «[...] Les attentats du 11 septembre ont nourri l'idée que le Canada était le maillon faible des pays d'Amérique du Nord en ce qui a trait à l'extrémisme islamique. Même si le Canada s'est efforcé de casser le mythe pendant plusieurs années, des représentants du gouvernement américain continuent de le perpétuer. »

Bien avant l'affaire Ressam, c'était pourtant au Canada que des extrémistes sikhs avaient fomenté le complot qui allait provoquer la destruction en vol, le 23 juin 1985, d'un Boeing 747 d'Air India reliant Montréal-Mirabel à Londres. Ce jour-là, 379 passagers périrent à cause de la folie meurtrière de radicaux. Certains l'ont peut-être oublié, mais cet attentat est demeuré le plus meurtrier de l'histoire mondiale du transport aérien jusqu'au 11 septembre 2001. C'est celui qui a « fait entrer [le Canada] dans le monde moderne du terrorisme », écrit Bob Ray en 2005 dans son rapport public sur cet évènement.

Ressam arrêté, policiers, agents de renseignement et magistrats – américains, canadiens et même européens, français en particulier – se mirent à défiler devant le « Millenium Bomber » pour recueillir ses confidences.

Ils ne furent pas déçus. Le Montréalais, qui risquait jusqu'à 130 ans de prison, se mit à table. Il n'hésita pas à leur parler, y compris lors de procès, de plusieurs individus qui avaient croisé son chemin au cours des dernières années et à les incriminer. C'était désormais toute une toile d'araignée djihadiste qui sortait de l'ombre.

Lorsqu'en janvier 2002 des agents du SCRS lui montrèrent deux photos de filature en noir et blanc d'un individu croqué de profil, coiffé d'une casquette et portant un sac de sport, Ressam l'identifia « sans hésitation » sous le pseudonyme guerrier de Zubeir Al-Maghrebi.

Selon les documents déposés en cour depuis, Ressam, assisté d'une avocate, expliqua alors à « deux reprises » aux agents du SCRS avoir « rencontré Zubeir Al-Maghrebi en Afghanistan durant l'été 1998 alors qu'ils s'entraînaient » dans le camp d'Al-Qaïda à Khalden.

L'homme dont on avait glissé deux photos distinctes sous le nez de Ressam n'était nul autre, soutiendra-t-il, qu'Adil Charkaoui, un

Montréalais d'origine marocaine immigré au Canada en 1995 et aujourd'hui imam. «J'ai moi-même de la difficulté à me reconnaître sur ces photos tellement leur qualité est mauvaise», dira Adil Charkaoui quelques années plus tard.

Charkaoui, considéré longtemps comme un «agent dormant» d'Al-Qaïda lié au Groupe islamiste combattant marocain (GICM) infiltré au Canada, avait raconté plus tard dans un entretien avec deux agents du SCRS être seulement allé au Pakistan, et non en Afghanistan, pendant cinq mois en 1998, de février à juillet, afin de perfectionner sa culture religieuse et s'adonner au tourisme.

Les agents du SCRS n'en avaient pas cru un mot, persuadés, au contraire, même si personne n'en a jamais eu la preuve, que leur cible avait franchi la frontière pour rejoindre les infrastructures d'entraînement du réseau du défunt Oussama ben Laden à Khalden.

Charkaoui se serait même montré très loquace avec eux lors d'une rencontre survenue en avril 2001 sur le processus de recrutement de djihadistes à Montréal. Le rapport d'entrevue rendu public par le SCRS en 2008 résume ainsi la teneur des propos du Montréalais: «Il y a beaucoup d'appelés, mais peu d'élus. C'est l'effet entonnoir. Un individu considéré par un recruteur comme ayant du potentiel sera amené à participer à certaines activités ayant trait au djihad. L'individu est testé. Si on perçoit chez cet individu une faille quelconque quant à la sécurité qu'il doit respecter, il sera immédiatement expulsé du groupe.»

Des informations circulaient aussi concernant la présence à Khalden, aux côtés de Ressam, de Mustapha Labsi, un copain qui avait habité un temps à Anjou. Labsi fut condamné en 2006 à six ans de prison à Paris pour sa participation aux activités terroristes du gang de Roubaix.

Pour la petite histoire, Labsi s'est rapidement réfugié en Slovaquie avec son épouse originaire de ce pays avec qui il s'était marié à Londres, en 2001. Mais son nouveau pays d'accueil l'expulsera en

2010, à la suite d'une longue procédure, vers l'Algérie où il sera à nouveau condamné pour terrorisme. Petit baume pour Labsi, la Cour européenne des droits de l'homme statuera deux ans plus tard que l'expulsion par la Slovaquie de cet ex-Montréalais avait violé trois articles de la Convention européenne des droits de l'homme.

Autre stagiaire aussi remarqué à Khalden était le Français Zacarias Moussaoui. Le jeune homme résidant dans le sud de la France, décrit comme le « 20e pirate de l'air du 11 Septembre », a été condamné depuis à la prison à perpétuité par la justice américaine. Il devra finir ses jours dans la prison de très haute sécurité (supermax) de Florence, dans le Colorado, qui abrite aussi Ressam.

Cela faisait un moment qu'Adil Charkaoui s'était retrouvé sur le radar des autorités canadiennes. Le SCRS, qui souhaitait épier ses moindres faits et gestes, avait soumis dans le plus grand secret des demandes de « mandats » à un juge de la Cour fédérale qui les avait autorisés. Un mandat est l'étape obligée lorsque l'organisme fédéral souhaite passer à une étape supérieure dans ses enquêtes, en ayant recours à des moyens « intrusifs » dans la vie privée, en particulier l'écoute électronique, l'interception du courrier et les fouilles clandestines dans une résidence. Chaque moyen d'enquête doit faire l'objet d'un mandat. C'est le juge qui décide quel(s) pouvoir(s) d'enquête il accorde au SCRS et qui détermine la durée du mandat après avoir entendu les arguments du demandeur, déclaration sous serment à l'appui. Les agents de renseignement doivent convaincre le tribunal que leur requête est « justifiée par la gravité et l'imminence de la menace à la sécurité nationale ».

À cette époque, le SCRS disposait d'environ 250 mandats actifs annuellement (visant une personne ou plus), dont les deux tiers étaient des mandats renouvelés. À titre de comparaison, lors de l'exercice 2013-2014, le SCRS détenait 263 mandats actifs et travaillait sur près de 400 cibles d'enquête (individus et groupes, toutes menaces confondues, y compris l'espionnage). Précisons qu'il est impossible de faire un lien direct entre le nombre de mandats et le nombre d'individus qui font l'objet d'une enquête au Canada. Un individu peut en effet faire l'objet de plusieurs mandats et un mandat peut viser un groupe d'individus.

Dès lors, en plus de chacun de ses déplacements surveillés par des équipes de filature, les conversations de Charkaoui, y compris téléphoniques, étaient interceptées tout comme celles de plusieurs Québécois d'adoption suspectés par le Canada de faire partie de la même mouvance extrémiste. Le SCRS nota très vite que Charkaoui était très prudent dans le contenu de ses communications, rappelant à l'ordre au besoin certains contacts trop imprudents dans leurs propos, mais aussi en délaissant son téléphone résidentiel au profit de cabines téléphoniques, y compris celle installée juste en face de son domicile.

Malgré toutes les précautions prises par leur suspect, deux funestes projets d'attaque terroriste parvinrent jusqu'aux oreilles du SCRS.

La première conversation, tenue au mois de juin 2000, était plutôt effrayante. Les agents chargés d'intercepter les conversations du Montréalais soutiennent l'avoir entendu échafauder le scénario du détournement d'un avion sans donner plus de détails, si ce n'est d'évoquer le nom d'Air France « ou de n'importe quelle autre compagnie aérienne ».

Malgré le manque de précisions sur le vol visé, les spécialistes de la lutte au terrorisme étaient quasi convaincus que la cible du complot serait un des vols long-courriers d'Air France reliant chaque jour la métropole québécoise à Paris. « Le contexte et le contenu de cette conversation donnent l'impression que Charkaoui et Abdelrazik planifiaient d'attaquer un avion », écrit un haut responsable de la lutte au terrorisme du SCRS dans une note de quatre pages adressée en 2004 à Transports Canada.

L'interlocuteur principal de Charkaoui dans cette conversation troublante serait Abousfian Abdelrazik alias « Djolaiba le Soudanais », un autre Montréalais dont l'histoire est évoquée plus loin dans ce chapitre.

— Si nous partions d'ici (Montréal) pour aller, par exemple, en France. Le voyage serait long. Nous pourrions tous nous enregistrer le même jour et chaque personne embarquerait séparément. Il y en aurait deux en avant, deux au (inaudible) et deux derrière. Six en tout, expliqua Adil Charkaoui.

— Oui, opina simplement Abdelrazik.

Mais « le Soudanais », qui revenait d'un séjour de plusieurs mois en Tchétchénie pour mener le djihad contre les troupes russes, ajouta dans la foulée qu'il jugeait le plan trop problématique et « dangereux », surtout du point de vue logistique.

— Ce sera vraiment un problème, insista-t-il.

Charkaoui tenta alors de convaincre son ami que « ce n'est pas un problème », cela serait même plus simple qu'il le pense en raison du nouvel emploi qu'il venait de décrocher. Plus tard, on apprendra que Charkaoui avait obtenu à peu près à la même époque un emploi de bagagiste à temps partiel chez Air Canada, à l'aéroport de Mirabel.

— Quoi ? Parce que c'est dangereux, dit Abdelrazik.

C'est alors que Charkaoui aurait balancé une autre idée « plus simple » : provoquer la destruction en vol de l'avion en ayant recours à un porte-clés piégé à l'explosif.

— J'ai un stylo en forme de porte-clés, dit Charkaoui, tu sais comment dire porte-clés en arabe ? C'est quelque chose pour mettre tes clés. C'est quelque chose de très pur, à 100 %. Lance ça dans l'avion et tout l'avion saute.

Un troisième résident de Montréal, compatriote marocain bien connu aussi des services de renseignement et vétéran des camps terroristes afghans, était présent, semble-t-il, lors de cet échange. Mais celui-ci n'a jamais été inquiété par les services policiers.

Nul ne sait s'il s'agissait plus de bla-bla et de propos en l'air que d'embryons sérieux d'un complot qui préfigurait les évènements dramatiques du 11 septembre 2001.

— Je n'ai jamais parlé à M. Charkaoui à ce sujet. Ce n'est pas vrai, martèlera par la suite Abdelrazik.

Hasard ou pas, un an plus tard en octobre 2001, les agents du SCRS auraient découvert en fouillant dans l'auto du Soudanais des traces de RDX, un composant essentiel d'explosifs de type plastic C4 réputé stable et puissant.

La conversation qu'auraient tenue les deux Montréalais se répercuta jusqu'à Paris. Les services antiterroristes concernés furent immédiatement alertés par leurs homologues canadiens du contenu de cette menace larvée.

Des années plus tard, les noms de Charkaoui et d'Abdelrazik résonnaient encore dans les mémoires de spécialistes français chargés de la lutte au terrorisme. « Ils sont apparus périodiquement dans certains de nos dossiers », nous dira simplement l'un d'eux sans en ajouter davantage.

Le cas d'Abousfian Abdelrazik est évoqué effectivement à deux reprises dans un procès-verbal rédigé le 3 juillet 2000 par un policier français commandant de la DST, à Paris. Ce procès-verbal que nous avons découvert dans un dossier archivé au palais de justice de Montréal est en fait l'« étude » détaillée par les enquêteurs français du contenu d'un petit agenda saisi par la GRC le 13 octobre 1999 au domicile d'Abdellah Ouzghar, à Montréal. La perquisition avait été faite à la demande de l'ex-juge Jean-Louis Bruguière dans le cadre de son enquête sur les ramifications montréalaises du groupe de Roubaix. Le nom d'Abdelrazik est cité la première fois par les policiers de la DST à propos de la mention «Abderraouf 728.32.00» inscrite à la page B du carnet saisi :

Disons que ce numéro est connu de nos archives comme étant celui utilisé par le nommé Hannachi Raouf [...]. Ce dernier est connu comme activiste islamiste du «djihad international» en relation entre autres avec ABDELRAZIK Abousoufian Salman, alias ABOU SOUFIAN alias SOFIANE «le Soudanais», important activiste islamiste du «djihad international» proche d'Abou Zoubeida au Pakistan.

Abdelrazik était arrivé au Canada en 1990 et avait sollicité le statut de réfugié, qui lui a été accordé en 1992. «Le Soudanais» s'était présenté comme un opposant ayant été incarcéré par le régime d'Omar al-Bashir, un colonel qui avait pris le pouvoir par les armes en 1989. Trois ans plus tard, Abdelrazik obtenait sa citoyenneté canadienne.

Raouf Hannachi et Abousfian Abdelrazik fréquentaient la même mosquée montréalaise qu'Ahmed Ressam et ses acolytes et se seraient rendus ensemble en Afghanistan, en 1996.

Quant à Zoubeida, Palestinien né en Arabie saoudite, il a longtemps été présenté comme un lieutenant d'Oussama ben Laden au Pakistan chargé du recrutement des futurs terroristes. Il a été arrêté en 2002.

La seconde discussion incriminante interceptée deux ans plus tard, en juillet 2002, met encore une fois en scène, toujours selon les informations du SCRS, Abousfian Abdelrazik ainsi qu'un restaurateur montréalais fiché comme membre de la mouvance radicale lui aussi, «dans laquelle ce dernier relatait une conversation préoccupante avec un Adil au cours de laquelle ce dernier aurait évoqué une possible attaque biochimique contre le métro».

Le nom du réseau de transport visé n'est pas mentionné dans la conversation, mais plusieurs sources dans le milieu de l'antiterrorisme ont rapidement été d'avis que les deux « éléments terroristes » ciblaient certainement celui de Montréal.

Quant au « Adil » cité, les procureurs du gouvernement canadien avancent la thèse qu'il s'agissait d'Adil Charkaoui. C'est du moins ce que l'on peut lire dans un document d'une soixantaine de pages qu'ils ont déposé en Cour supérieure en mai 2013 : « Malgré le fait que la teneur de la conversation ne permettait pas de confirmer définitivement l'identité du *Adil* en question, le SCRS était d'avis qu'il s'agissait effectivement du demandeur (Adil Charkaoui) en raison des liens étroits du demandeur avec Abdelrazik et Ezzine et de la prononciation particulière du prénom utilisé. [...] »

Toujours selon ce document, deux transferts d'argent vers l'étranger auraient d'ailleurs eu lieu. Le suspect et un complice avaient aussi été épiés en train d'acheter deux ordinateurs portables à Ottawa « avec une carte de crédit déclarée perdue ou volée ».

LONGUE SAGA JUDICIAIRE

Après plusieurs années d'enquête et de collecte de renseignements, le SCRS estima qu'il avait assez de cartes en main pour neutraliser Adil Charkaoui à propos de qui il mentionnait avoir « des motifs raisonnables de croire » qu'il « est ou a été membre du réseau Al-Qaïda ». Charkaoui avait aussi été rencontré à six reprises en 2001 et 2002 par des agents du SCRS.

Les autorités canadiennes choisirent l'option du controversé certificat de sécurité plutôt que d'emprunter la voie de la poursuite criminelle. Cet outil de la Loi sur l'immigration permet, sur la foi d'une preuve secrète, l'arrestation, la détention puis l'expulsion vers son pays d'origine d'un non-citoyen représentant à leurs yeux une menace à la sécurité nationale.

Le 21 mai 2003, cinq jours après que Wayne Easter et Denis Coderre, alors respectivement Solliciteur général et ministre de l'Immigration, eurent apposé leur signature sur le certificat de sécurité, Adil Charkaoui était intercepté sur l'autoroute 20 à Montréal par des membres de l'Équipe intégrée sur la sécurité nationale (EISN), puis incarcéré en attendant son expulsion éventuelle vers le Maroc.

Le Canada s'est servi de cette même disposition en 2006 pour arrêter et renvoyer à Moscou un espion russe (Paul William Hampel) vivant sous une fausse identité à Montréal. L'affaire fut bouclée en à peine six semaines. L'espion a discrètement quitté le territoire sans sourciller le jour de Noël. Ce ne sera pas le cas dans le dossier d'Adil Charkaoui. Commence en effet une longue saga judiciaire de sept ans qui conduira Adil Charkaoui et le gouvernement canadien à plusieurs reprises devant les tribunaux, dont deux fois en Cour suprême.

Il serait trop fastidieux de résumer ici toutes ces procédures. Mais Adil Charkaoui fut libéré en février 2005. La justice lui imposa néanmoins une longue liste de 16 conditions, dont celle de porter un bracelet GPS à la cheville, de ne pas quitter Montréal, de n'utiliser ni cellulaire ni ordinateur et de se présenter chaque mercredi aux bureaux de Citoyenneté et Immigration Canada. Son certificat de sécurité sera finalement révoqué par la juge de la Cour fédérale Danielle Tremblay-Lamer en octobre 2009, sans que le fond de l'affaire ait pu être étudié, après que le gouvernement fédéral eut retiré, plutôt que de la remettre aux avocats de la Défense, la majeure partie de sa preuve qui reposait sur des écoutes et des sources.

Richard Fadden, qui était à cette époque le directeur général du SCRS, expliqua ainsi des années plus tard la raison de leur volte-face : « Nous faisions face à un dilemme assez fondamental : divulguer des informations qui auraient donné aux potentiels terroristes un plan virtuel de nos sources et nos façons de faire, ou retirer les informations du dossier et causer l'effondrement d'un certificat de sécurité. Nous avons choisi le chemin qui causerait le moins de dommages à long terme pour le Canada et retiré l'information. »

Dans le clan Charkaoui, on estimait à l'époque qu'il était au contraire légitime, par exemple, de «connaître la source» des écoutes électroniques.

— Le dossier est terminé, lâcha sur un ton laconique un des avocats du gouvernement fédéral.

— Le certificat va tomber, venait d'annoncer la juge Tremblay-Lamer.

Dénouement impensable quelques mois plus tôt, Adil Charkaoui quitta prestement la salle d'audience entouré de ses proches et de son avocate. Une fois sur les marches à l'extérieur du bâtiment, il s'accroupit, releva le bas de son pantalon de sa jambe gauche, puis coupa avec un large sourire le «bracelet de la honte» avant de l'exhiber devant les objectifs des photographes et les caméras de télévision.

Neuf mois plus tôt, la même juge avait assoupli de «façon significative» les conditions de libération du Montréalais. Elle estimait que le danger qu'il était censé représenter pour la sécurité nationale était «neutralisé en grande partie à cause de l'écoulement du temps» depuis son arrestation.

Le combat mené par Charkaoui et ses avocats n'aura pas été vain puisqu'il a contraint notamment le gouvernement à revoir sa procédure relativement aux certificats de sécurité après que ceux-ci eurent été déclarés inconstitutionnels par la plus haute cour du pays. Le SCRS aussi a été forcé de revoir certaines de ses procédures opérationnelles.

Entre-temps, Ahmed Ressam s'était rétracté à deux reprises en ce qui concerne Adil Charkaoui dans autant de missives envoyées à partir de sa cellule exiguë du Colorado à l'auteur de ces lignes.

Dans un premier courrier expédié le 11 avril 2007, il affirmait ceci: «Ce que j'ai dit aux enquêteurs n'est pas vrai, car j'étais confronté à des circonstances psychologiques difficiles, je ne savais pas ce que je disais.»

Dans une seconde missive datée du 13 juin 2007, Ahmed Ressam renchérit en niant cette fois-ci la véracité de ses témoignages concernant d'autres suspects montréalais: «Je ne veux aucune entrevue. Au sujet de mes dires au SCRS Canada concernant d'autres personnes de Montréal, ce n'est pas vrai.»

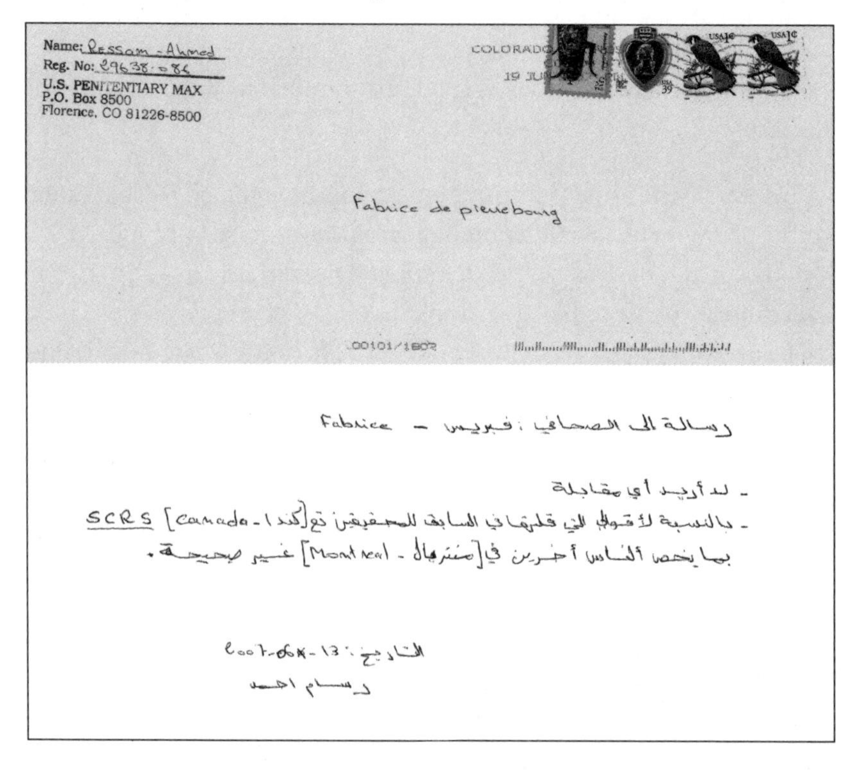
Name: Ressam - Ahmed
Reg. No: 29638-086
U.S. PENITENTIARY MAX
P.O. Box 8500
Florence, CO 81226-8500

COLORADO
19 JU

Fabrice de pierrebourg

رسالة الى الصحافي : فبريس – Fabrice

- لا أريد أي مقابلة
- بالنسبة لأقوالي التي قلتها في السابق للمحققين في [كندا - Canada] SCRS
بما يخص الناس أخرين في [مونتريال - Montreal] غير صحيحة.

التاريخ : 13-06-2007
رسام احمد

Ces rétractations seront balayées du revers de la main par la justice canadienne et le gouvernement canadien. Depuis, Ressam s'est réfugié à nouveau dans le silence.

En 2010, Adil Charkaoui déposait une poursuite de 24,5 millions de dollars contre le gouvernement, incluant le SCRS, la GRC et l'Agence des services frontaliers du Canada, à titre de compensation pour tous les dommages subis, la violation de ses droits constitutionnels, ses «arrestation et détention illégales», l'atteinte à sa réputation, etc. Dans sa poursuite intentée aussi au nom de ses enfants mineurs, Adil

Charkaoui affirme que sa « qualité de vie a été anéantie » et qu'il est « stigmatisé à jamais, tant au Canada qu'à l'étranger ». Il déplore aussi que désormais des « milliers de documents accessibles sur Internet le relient aux terroristes, de sorte que sa réputation est à jamais entachée ».

Le gouvernement canadien riposta en déposant en mai 2013 devant les tribunaux un document dévastateur pour Adil Charkaoui. Le résumé de 60 pages concocté par le SCRS, déjà évoqué auparavant, révèle aussi qu'en 1999 et en 2000, des agents de la GRC filant Charkaoui l'avaient surpris à plusieurs reprises en train de voler des objets et des documents dans des automobiles garées près de centres commerciaux de la Rive-Sud. Le SCRS disait alors avoir eu des « motifs raisonnables de croire » que les nombreux larcins et « fraudes par cartes de crédit » commis par Charkaoui avaient pour but de financer des activités terroristes.

Le document rappelle aussi les grandes lignes de l'enquête du SCRS contre Adil Charkaoui. Il avait, affirme-t-on alors à nouveau, participé à des camps d'entraînement d'Al-Qaïda en Afghanistan, prôné le djihad armé, discuté de la « planification d'attentats » évoqués auparavant en plus d'avoir le profil d'un agent dormant. On rappelle aussi ses liens avec six hommes qualifiés d'« extrémistes islamistes » montréalais (certains condamnés depuis pour terrorisme) : Ahmed Ressam, Abdellah Ouzghar, Said Atmani, Samir Ait Mohamed, Raouf Hannachi, tous des ex-membres de la cellule de Montréal, ainsi qu'Abdelrazik « le Soudanais » qui faisait partie de la courte liste de cinq personnes avec lesquelles il n'avait pas le droit de communiquer après sa libération, en 2005.

L'ÉPOPÉE D'ABDELRAZIK

Mais il y avait belle lurette que « Djolaiba le Soudanais » s'était volatilisé pour se réfugier auprès des siens, à Khartoum. En mars

2003, soit quelques semaines avant l'arrestation d'Adil Charkaoui, le quadragénaire à lunettes et à la silhouette élancée avait réussi à fausser compagnie aux agents du SCRS et à passer entre les mailles du filet qui avait été mis en place. Abdelrazik s'était envolé de Montréal vers le Soudan sans éveiller le moindre soupçon et encore moins être intercepté. Cet homme réputé colérique laissait derrière lui une femme, une ex-femme et trois jeunes enfants.

Allait-il simplement rendre visite à sa mère souffrante, comme ses proches l'ont évoqué ensuite ? Ou croyait-il échapper dans son pays natal au « harcèlement du SCRS » dont il déplorait être la victime depuis les attentats de septembre 2001 ? Son départ pour le Soudan se révèlera une grossière erreur de jugement : Abdelrazik sera arrêté quelques mois plus tard à Khartoum, puis jeté dans une prison de la « sécurité de l'État ».

Dans une déclaration sous serment produite en 2008 devant les tribunaux canadiens, Abdelrazik décrivit ainsi les sévices infligés : « [...] Qu'on l'a battu avec un tuyau de caoutchouc, qu'on lui a donné l'ordre de se tenir au garde-à-vous pendant des heures, qu'on l'a isolé dans une cellule glaciale et, en outre, qu'on lui a retiré ses médicaments contre l'asthme et ses lunettes. » À la prison de Kober, il a fait trois grèves de la faim et il dit avoir été « puni en étant roué de coups et placé en isolement cellulaire ».

Des documents datés de 2005 portant le sceau « secret » obtenus par le biais de la Loi d'accès à l'information laissent entendre que l'Agence nationale du renseignement et de la sécurité du Soudan (National and Security Intelligence Agency) est intervenue entre autres sur « recommandation du SCRS en raison de soupçons de liens avec des éléments terroristes ».

Voici ce qu'on lit dans un courriel envoyé le 16 décembre 2005 par l'ambassade du Canada à Khartoum et dont des passages ont été retranchés : « Abusfian Abdelrazik a été arrêté le 10 septembre 2003 (NDLR : passage retranché) et recommandé par le SCRS, pour association présumée à des éléments terroristes. (NDLR : passage retranché) premières recommandations concernant sa détention avaient émané du SCRS. »

Le directeur du SCRS de l'époque nia toute implication de son organisme dans ce que les proches d'Abdelrazik considéraient comme une sous-traitance de la torture, comme dans l'affaire Maher Arar.

Abdelrazik croupira un an dans les geôles du régime soudanais avant d'être libéré. Au cours de son incarcération, il a été questionné par des agents du SCRS, mais aussi par de mystérieux visiteurs venus de France, probablement des agents de l'antiterrorisme.

La suite de son histoire ressemble à une véritable épopée kafkaïenne. Sitôt libéré sans qu'aucune accusation soit portée contre lui, Abdelrazik voit sa première tentative de retour au pays au cours de l'été 2004 tourner au fiasco. Il avait obtenu un passeport d'urgence valable pour la période du retour ainsi qu'un billet d'avion Lufthansa/Air Canada Khartoum-Munich-Montréal. Le Canada avait aussi prévu qu'il soit escorté par un fonctionnaire des Affaires étrangères ainsi qu'un policier armé. Mais il sera refoulé de l'aéroport. Quatre raisons seront fournies aux autorités canadiennes par la compagnie aérienne allemande :

- son inscription sur la liste américaine des personnes interdites de voyager à bord d'un avion ;
- son association avec Al-Qaïda ;
- son escorte insatisfaisante ;
- le refus d'Air Canada de l'accepter.

Plusieurs discussions ont alors lieu entre le gouvernement du Canada et celui du Soudan afin de trouver un moyen de le rapatrier. Mais Ottawa semblait peu motivé à trouver une issue favorable à ce dossier, à en lire la teneur des centaines de pages de documents et de correspondances officiels obtenus par la suite grâce à la Loi d'accès à l'information.

En octobre 2005, Abdelrazik fut de nouveau arrêté et jeté en prison à Khartoum, d'où il ne sortira qu'en juillet 2006. À la même date, le département d'État américain frappa un grand coup en affirmant dans un communiqué que le Montréalais représentait un risque pour la sécurité des États-Unis en raison de ses liens avec des personnes accusées d'être liées à Al-Qaïda. On lui reprochait aussi un séjour dans les camps afghans de l'organisation terroriste. Plusieurs autres organismes et États, dont l'Union européenne, Interpol et le Conseil de sécurité de l'ONU, feront de même en plaçant à leur tour le nom d'Abdelrazik, de son vrai nom Abu Sufian Al-Salambi Muhammed Ahmed Abd Al-Razziq, sur leurs listes noires avec ses 14 noms d'emprunt…

Le mois d'avril 2008 marqua un tournant dans le dossier d'Abdelrazik. Le Montréalais pénétra dans les locaux de l'ambassade du Canada à Khartoum et décida de ne plus en sortir ! Il vivra cloîtré dans une petite pièce transformée en campement de fortune. Jamais il ne mettra le nez dehors. Ses distractions seront rares, voire inexistantes. Hormis les appels téléphoniques quotidiens de ses avocats canadiens et les lettres envoyées par ses « supporters ».

Au printemps 2009, nouvel espoir. Abdelrazik a enfin une place réservée sur un vol Khartoum-Dubaï-Toronto, départ prévu le 3 avril. Plus d'une centaine de Canadiens émus de son sort avaient mis la main à leur portefeuille afin de lui payer le billet de retour. Peine perdue. Deux heures avant son décollage, Ottawa lui communiqua son refus de lui délivrer un passeport d'urgence. Le ministre des Affaires étrangères, Lawrence Cannon, justifia sa décision en invoquant le fait que le nom d'Abdelrazik était placé depuis 2006 sur la liste noire du Conseil de sécurité des Nations Unies (et de plusieurs autres organismes internationaux) en vertu de la résolution 1267. L'autoriser à rentrer violerait les obligations internationales du Canada, argua-t-il.

Abousfian Abdelrazik n'était pas prisonnier des geôles de Guantanamo comme Omar Khadr, mais les deux histoires avaient un point commun: le gouvernement conservateur n'était pas pressé de le voir rappliquer dans le premier avion pour Montréal. Les avocats du Montréalais se tournèrent alors vers les tribunaux pour forcer la main d'Ottawa, avec succès. Le 4 juin 2009, le juge de la Cour fédérale Russel Zinn ordonna au gouvernement de rapatrier Abdelrazik dans un délai de 30 jours.

«Je conclus qu'en ne lui délivrant pas un passeport d'urgence, les défendeurs ont porté atteinte au droit que la Charte confère au demandeur, en tant que citoyen canadien, d'entrer au Canada», trancha le juge.

Le 27 juin 2009, c'est un Abdelrazik visiblement éprouvé, vieilli, mais heureux, qui est finalement de retour au pays. Deux agents de la GRC et un représentant du gouvernement canadien étaient également du voyage pour s'assurer qu'il ne soit pas importuné par les autorités des pays dans lesquels il faisait escale. Dix jours plus tard, le voici devant le même juge Russel Zinn qui avait permis son retour au bercail.

— Je suis heureux de vous voir ici monsieur Abdelrazik. Bienvenue chez vous, *welcome home*, lui lança le magistrat.

— Je suis heureux de vous voir aussi, monsieur le juge, répondit Abdelrazik.

Celui-ci attendra encore deux ans avant que l'ONU annonce qu'il n'était plus assujetti au «gel des avoirs, [à] l'interdiction de voyager et [à] l'embargo sur les armes prévus par la résolution 1989 du Conseil de sécurité». Cette décision faisait suite à une recommandation de la juge canadienne Kimberly Prost à titre d'ombudsman du comité de l'ONU sur Al-Qaïda. «Mon rôle était de déterminer si aujourd'hui, au moment présent, il satisfait les critères pour être sur la liste, c'est-à-dire être associé à Al-Qaïda. Je n'ai pas à statuer sur le passé», justifia-t-elle.

«Je dis au gouvernement canadien: *Vous avez rendu ma vie misérable. J'espère que vous allez réaliser que vous avez affaire à une personne innocente et que vous ferez ce que vous auriez dû faire il y a longtemps* », déclara Abdelrazik juste après avoir appris la nouvelle.

Le dossier Abdelrazik est revenu une fois encore dans l'actualité lorsque le Comité de surveillance des activités du SCRS blâma (dans son rapport 2012-2013) le Service de renseignement canadien pour sa gestion de ce dossier.

Même si le SCRS est sorti blanchi des accusations de complicité directe avec le Soudan, il n'était pas exempt de reproches entre autres dans son processus d'échange d'informations, dont certaines jugées « inexactes et exagérées » avec ses partenaires étrangers :

« [...] Dans les mois qui ont précédé le départ pour l'étranger de M. Abdelrazik et son arrestation, le SCRS a tenu ses alliés étrangers du renseignement au courant de toute nouvelle information recueillie sur M. Abdelrazik. Au cours du développement de l'affaire, le CSARS (le Comité de surveillance des activités de renseignement de sécurité) a conclu que les autorités soudanaises avaient gardé l'impression erronée que le Canada, notamment le SCRS, avait soutenu la décision initiale d'arrêter et de détenir M. Abdelrazik », lit-on dans le rapport du CSARS.

Le Montréalais réclame alors 24 millions de dollars en dédommagement au gouvernement canadien et 3 millions à l'ex-ministre des Affaires étrangères Lawrence Cannon à titre personnel. Le dossier suit son cours.

OUZGHAR, LA SOURCE DE FRICTIONS

Dans la liste des six personnes avec lesquelles Adil Charkaoui ne devait pas entrer en contact lorsqu'il était en libération conditionnelle figurait notamment, hormis Abdelrazik, un certain Abdellah Ouzghar.

Né en 1964, cet informaticien canadien d'origine marocaine et vétéran de la guerre en Bosnie faisait partie du groupe de Montréalais ciblés par les policiers français dans le cadre de leur enquête sur le groupe de Roubaix. Il a sa photo en bonne place dans l'album que la sous-direction du terrorisme de la DST avait constitué à l'époque.

Selon les enquêteurs français de la DST, Ouzghar était un « activiste islamiste convaincu, virulent et sectaire ». Il avait exercé des talents de falsificateur de passeports afin de faciliter les déplacements de certains des membres du groupe de terroristes partout dans le monde. Il aurait aussi donné son propre passeport à l'un des membres du groupe.

L'enquête française s'était transportée à Montréal ainsi qu'à Hamilton, en Ontario, où Ouzghar avait déménagé. Lors d'une perquisition menée en octobre 1999 à son domicile, les policiers de la GRC, assistés de leurs homologues d'outre-Atlantique, firent des découvertes intéressantes. En particulier, un petit agenda rouge contenant les coordonnées personnelles d'individus qualifiés par les Français « d'activistes islamistes du djihad international » ainsi qu'une cassette vidéo « faisant l'apologie du djihad » en Bosnie et en Tchétchénie. Le film se terminait avec les numéros de téléphone et de télécopieur où pouvait être joint en Bosnie le chef du « bataillon des moudjahidin »...

Ouzghar avait aussi été interrogé le même jour par les enquêteurs français en tant que témoin. Dans un compte rendu de cette audition datée du 4 juillet 2000, les policiers déplorent la « mauvaise foi évidente » d'Ouzghar et le fait qu'il n'aurait « eu de cesse d'invoquer son droit canadien de ne pas répondre à telles ou telles questions embarrassantes » en plus de « faire devant la cour l'apologie du djihad ».

Dans un procès-verbal de la police antiterroriste française résumant l'interrogatoire d'Ouzghar, on peut lire cet extrait des propos qu'il a tenus devant un commandant de la DST : « Si vous ne voulez pas entrer dans l'islam (vous convertir), vous allez payer la jizia (impôt), c'est-à-dire une somme d'un certain montant… et on (les islamistes) va vous couvrir, vous protéger… et si vous ne voulez pas vous convertir ou payer la protection… c'est la guerre entre le prophète et le pays qui ne veut pas entrer dans l'islam… »

Le 4 octobre 2000, le juge d'instruction antiterroriste parisien Jean-François Ricard signa un mandat d'arrêt international à l'encontre d'Abdellah Ouzghar, mandat qui fut transmis aux autorités canadiennes. Le document mentionne qu'Ouzghar est « mis en examen (accusé) d'association de malfaiteurs ayant pour objet de préparer un acte de terrorisme, complicité de falsification de documents administratifs et d'usage de documents administratifs falsifiés en relation avec une entreprise terroriste ; infractions commises en France, Bosnie, Belgique, au Canada et en Turquie courant 1996, 1997 et 1998 ».

...Précisons que OUZGHAR a imposé à la Cour canadienne une interruption de séance, afin de pouvoir faire sa prière en tant que musulman pratiquant..........

...Egalement OUZGHAR Abdallah est apparu comme un activiste islamiste convaincu, virulent et sectaire. Il a fait devant la Cour. l'apologie du "Djihad" en donnant son explication personnelle de la "DAWA", à savoir : "*...si vous ne voulait pas rentrer dans l'Islam* (N.B. : se convertir), *vous allez payer la "gisia"* (N.B. : "Jizia" = impôt), *c'est à dire une somme d'un certain montant..., et on* (N.B. : les islamistes) *va vous couvrir, on va vous protéger..., et si vous ne voulez pas vous convertir ou payer la protection..., c'est la guerre entre le prophète* (N.B. : Eux, les islamistes) *et le pays qui ne veut pas rentrer dans l'Islam...*" sic..........

...Il est évident que OUZGHAR Abadallah a menti sur les points les plus déterminants pour la présente enquête..........

...Ses mensonges sont en contradiction flagrante avec les éléments déjà recueillis dans nos investigations précédentes. Ainsi, concernant ses coordonnées téléphoniques personnelles (514) 934.47.53, il n'a donné aucune explication logique, sur le fait qu'elles étaient en possession, codées, de ressortissants français impliqués en France dans des affaires criminelles..........

...Dont acte..........

..........L'Officier de Police Judiciaire

Rien ne se passa, si bien qu'Ouzghar brilla par son absence en mars 2001, à Paris, pour entendre le Tribunal de grande instance lui infliger une peine de cinq ans de prison à l'issue du procès des membres du groupe de Roubaix.

Ouzghar fut finalement arrêté le 12 octobre 2001 par la GRC. Mais il fut relâché deux mois plus tard par la justice canadienne, au lieu d'être extradé, sous le prétexte qu'il ne représentait pas une menace et qu'il n'avait pas commis d'acte de violence au Canada. Cette décision mettra en furie le célèbre juge antiterroriste français Jean-Louis Bruguière, celui-là même qui avait démantelé ce groupe «inscrit dans la mouvance djihadiste salafiste».

Les années passèrent et le dossier Ouzghar devint rapidement une source de tensions entre Français et Canadiens, les premiers reprochant aux seconds leur manque de coopération, voire ce que certains décriront alors comme un angélisme très anglo-saxon dans la traque aux terroristes.

Les policiers antiterroristes français ne manquaient pas de rappeler cet irritant à leurs collègues canadiens chaque fois qu'ils en avaient l'occasion. «La justice canadienne, au contraire des Anglo-Saxons après les attentats de 2005, n'a toujours pas pris la mesure de la menace», fulminait une source du milieu antiterroriste français à qui nous avions parlé à l'époque. «Les groupes terroristes ont un catalogue d'États laxistes, des zones de basse pression où ils peuvent s'établir sans crainte», avait-il tonné. Bien sûr, le Canada était cette zone de basse pression.

Même l'ex-président français Nicolas Sarkozy qualifia le cas d'Ouzghar de «scandale» et comme un exemple d'enquête «ralentie par une entraide pénale internationale insuffisante».

Le ton était d'autant plus acrimonieux qu'un second motif de frictions s'était ajouté à celui d'Ouzghar: Hassan Diab. Les Français réclamaient en vain l'extradition de ce professeur de sociologie de l'Université d'Ottawa soupçonné d'avoir déposé une moto piégée devant une synagogue de Paris, en 1980. Quatre personnes avaient été tuées dans cet attentat commis par le Front populaire de libération de la Palestine (opérations spéciales).

Tandis que les officiels se chicanaient, Ouzghar menait un long combat judiciaire. Il s'acheva en juin 2009 lorsque la Cour suprême refusa d'entendre sa cause. Dès le soir même, Ouzghar était placé dans un vol à destination de Paris pour faire face à son destin. Il comparut le lendemain sitôt descendu de l'avion.

En 2007, la Cour de l'Ontario, qui avait approuvé son extradition, avait estimé néanmoins que la preuve d'appartenance à un groupe terroriste présentée par la justice française n'était pas assez convaincante. Ouzghar, qui avait fait appel de la décision, avait montré du doigt le SCRS, qui, argument maintes fois entendu, l'aurait transformé en terroriste en guise de représailles parce qu'il aurait refusé de devenir son informateur.

En décembre 2009, Ouzghar est enfin présent dans le box des accusés à Paris. La 14e chambre du Tribunal correctionnel de Paris le condamne à une peine de quatre ans de prison assortie d'une interdiction de séjour sur le sol français. Le Canado-Marocain a été libéré au cours de l'automne 2011 et expulsé vers le Canada. Il avait fait savoir, par le biais de ses avocats, qu'il ne souhaitait pas « communiquer directement ou indirectement » avec les médias et qu'il « s'opposait à toute transmission de pièces relatives à son dossier ».

Depuis, Hassan Diab a lui aussi été expulsé vers la France. Le 14 novembre 2014, le sexagénaire a été conduit sous escorte policière à l'aéroport Trudeau et placé dans un avion pour Paris. Quelques heures plus tard, il était assis et menotté dans le bureau du juge antiterroriste Marc Trévidic. Après sept ans d'attente, le magistrat lui signifia sa mise en examen (inculpation) pour assassinats, tentatives d'assassinat et destruction de biens par l'effet d'une substance explosive ou incendiaire commise en bande organisée. Au moment d'écrire ces lignes, son procès n'avait pas encore eu lieu.

« Moi, ma famille, mes amis et ceux et celles qui me soutiennent, nous allons continuer à lutter contre les fausses allégations qui m'ont été imposées, à moi, un citoyen canadien respectueux de la loi, paisible, compatissant et qui a horreur de la violence », écrivit Hassan Diab quelques heures avant son extradition.

ET LES AUTRES ?

Que sont devenus certains autres membres de la cellule de Montréal épinglés par l'ex-juge Bruguière et leurs relations proches ?

L'ex-moudjahid bosniaque Karim Said Atmani a disparu de la circulation après un séjour en Bosnie au milieu des années 2000 et son expulsion vers le Maroc. Selon certaines sources, il serait revenu par la suite à Montréal. Nul ne sait non plus où se trouve Adel Boumezbeur. Il était absent lors du procès du gang de Roubaix en mars 2001, à Paris. Il aurait été arrêté à Alger en 2006 et incarcéré. Mourad Ikhlef a été expulsé vers l'Algérie en 2003 en vertu d'un certificat de sécurité et condamné à sept ans de prison. Sa famille a dit avoir perdu sa trace depuis.

Mohamed Omary, lui, a été arrêté et détenu quelques jours au Maroc, son pays de naissance, sitôt descendu de l'avion à l'aéroport Mohammed V de Casablanca en janvier 2002. Son passeport canadien a aussi été confisqué. À sa grande surprise, il dut répondre à une foule de questions très précises qui le concernaient ainsi que sur certaines de ses relations à Montréal, y compris sur le propriétaire d'un petit café qu'il avait l'habitude de fréquenter. Omary resta confiné au Maroc jusqu'en septembre 2003.

Il n'avait jamais été accusé en France même si son nom apparaît à plusieurs reprises dans les documents judiciaires liés à l'enquête du juge Bruguière et de la DST sur le groupe de Roubaix. Son domicile montréalais avait été perquisitionné par la GRC en septembre 1999 en présence de responsables français de la lutte au terrorisme dans le cadre d'une « commission rogatoire internationale ». Il avait aussi été convoqué en Cour supérieure pour répondre aux questions des enquêteurs français qui le présentaient comme ayant « agi au sein d'un réseau islamiste international ». Ceux-ci souhaitaient en savoir plus sur ses activités au Canada, ses multiples voyages, leur financement et la nature de ses relations avec les autres individus ciblés par l'enquête. Mais Omary resta muet comme une carpe. Il sera aussi rencontré par la GRC et le SCRS à plusieurs reprises en 2001, en 2003 et en 2005. Ses communications ont aussi été épiées pendant quelques mois.

En 2008, Mohamed Omary a déposé une poursuite en dommages de 5,7 millions de dollars contre le gouvernement canadien, le SCRS et la GRC qu'il accusait d'être les responsables de sa « détention arbitraire et d'interrogatoires injustifiés dans son pays d'origine le Maroc ». Il alléguait aussi dans sa requête que le but de son séjour en Bosnie et en Croatie était de « faire du travail humanitaire pendant quelques semaines en aidant les réfugiés victimes de la guerre dans ces régions ». Il soutenait aussi que le SCRS et ses homologues marocains l'auraient « intimidé » afin de le pousser à devenir leur informateur. En échange, il pourrait récupérer son passeport canadien, rentrer à Montréal, « ne plus être harcelé par la presse canadienne et mener une vie tranquille ».

Allégations réfutées par le Procureur général du Canada. Dans sa défense datée du 10 juin 2011, ce dernier révèlera que Mohamed Omary s'entraînait au tir dans un club de Longueuil, qu'il aurait aussi appris le maniement du AK-47 en Bosnie et, surtout, que de 1993 à 1999 le plaignant avait parcouru le monde, du Canada à la Turquie en passant par la Bosnie, pour la cause du djihad, tout en étant bénéficiaire de l'aide sociale. Il y était toujours en 2011 au moment du dépôt de cette défense.

VIGILANCE TOUJOURS DE MISE

«Après la lecture des faits, d'aucuns pouvaient légitimement penser qu'il ne suffit pas d'affirmer, il faut prouver», lit-on à la dernière page de la demande d'extradition adressée aux autorités compétentes du Canada concernant Ouzghar Abdellah, signée le 25 octobre 2001 par le procureur de la République de Paris.

Le texte se poursuit ainsi : «Preuve est faite que les actions violentes, meurtrières et terroristes perpétrées en 1996 dans le nord de la France par les militants du groupe de Roubaix, s'inscrivaient dans le cadre d'un réseau international islamiste radical. [...] Le *Groupe dit de Montréal*, auquel appartenait Ouzghar, s'est chargé du soutien logistique des membres de ce réseau. [...] Il est clair que sans le démantèlement de ce vaste réseau islamiste terroriste, d'autres actions violentes auraient été enregistrées non seulement en France, mais aussi aux États-Unis (cf. arrestation de Ressam).»

En septembre 2011, l'ex-juge Bruguière estimait dans une entrevue qu'il nous avait accordée que la vigilance devait être toujours de mise. «Certains au Canada ont toujours des convictions extrémistes ou proches de l'ex-GIA algérien. Avec la montée en puissance de l'Al-Qaïda MI (en Afrique du Nord et au Sahel), on peut être inquiet.»

Il avait en partie raison. Cette menace s'est concrétisée, mais d'abord hors de notre sol, lors de la prise d'otages d'In Amenas, en Algérie, en 2012, puis avec l'enlèvement de deux diplomates canadiens au Niger. Deux évènements évoqués dans un chapitre précédent.

L'État islamique n'avait pas encore brouillé les cartes de la terreur. Pour le pire.

Le scientifique montréalais Chiheb Esseghaier projetait de faire dérailler un train de passagers. Photo : Chris Young, La Presse Canadienne

Chapitre 7

—

TRAQUER DES OMBRES

La terreur est le langage du 21e siècle. Si je veux quelque chose, je vous terrorise afin de l'obtenir.

— Cheikh Omar Bakri

Cela devait être une journée comme les autres au restaurant McDonald's de la gare Centrale de Montréal. Un va-et-vient continu des clients habituels descendus des tours de bureaux des environs, des gens pressés regardant frénétiquement le cadran de leur montre de peur de rater leur train et des paumés à la recherche d'un sanctuaire où se restaurer pour pas cher et tuer le temps.

Personne en cette mi-journée du 22 avril 2013 ne prêta attention à cet homme aux cheveux noirs frisés, barbu, portant des lunettes et un manteau d'hiver bleu crasseux, assis à une table devant un ordinateur portable. À l'extérieur du restaurant, de gros 4X4 noirs aux vitres fumées s'immobilisèrent dans la voie réservée aux taxis. Absorbé dans ses pensées, Chiheb Esseghaier, un chercheur âgé de 30 ans, ne remarqua pas ces hommes, dont deux en uniforme de la GRC, qui venaient de faire leur entrée par une petite porte latérale. Ils s'approchèrent de lui avec précaution et l'entourèrent. « Ça s'est fait très tranquillement et presque discrètement, raconte un rare témoin de la scène. L'un des agents l'a attrapé par le poignet, puis ils lui ont passé les menottes avant de le conduire à l'extérieur. Ils sont restés ainsi quelques minutes sur le trottoir. »

Presque deux ans plus tard, c'est encore avec des menottes aux poignets et, en plus, des chaînes aux pieds qu'il fait son apparition, escorté de trois gardiens, dans la cabine-parloir d'un centre de détention de Toronto où il est incarcéré. Esseghaier s'avance lentement, le dos légèrement vouté, comme un vieillard. Il est vêtu d'une combinaison orange semblable à celle des détenus de Guantanamo et des otages suppliciés de l'État islamique. Ses poignets entravés lui compliquent la tâche lorsqu'il doit attraper le combiné téléphonique qui lui servira de lien audio avec son visiteur du jour.

Ses journées s'égrènent lentement, entrecoupées de la routine des repas et de rares visiteurs. Ses contacts avec les autres détenus sont quasi inexistants. Et lorsque c'est le cas, ils sont « très brefs ». Esseghaier tue le temps en priant, en lisant et en réfléchissant sur « différents points en rapport avec la religion ».

Esseghaier n'a pas oublié ce moment où son rêve d'étendre le califat au monde entier et de punir, avec l'aide d'Al-Qaïda, ce Canada qui refuse d'« appliquer les lois de Dieu » a pris fin abruptement.

« J'étais surpris, c'est certain, dit-il sur un ton très posé. J'ai cru que cette arrestation avait un lien avec l'altercation que j'avais eue auparavant dans un centre d'achat du centre-ville avec un gars. Une fois à l'extérieur, ils m'ont dit pourquoi. Il n'y a pas eu de problème. C'était très calme comme intervention. Je n'ai pas eu de réaction de défense. Ils étaient au moins trois. Celui en civil, qui s'est présenté ensuite comme le chef de l'enquête, s'est approché de moi, il m'a interpellé par mon nom. J'ai répondu : *Oui, c'est bien moi.* [...] Les policiers ont récupéré mon cellulaire, mon *laptop*, mon bagage et nous sommes sortis. »

Des agents de la GRC retournèrent de nouveau à l'intérieur du restaurant afin d'obtenir les images des caméras de surveillance. Puis le convoi se mit en route pour l'aéroport de Saint-Hubert où un petit avion de la GRC attendait sur le tarmac pour conduire le suspect et les policiers à Toronto.

Deux autres individus, complices présumés, venaient eux aussi de subir le même sort simultanément. Raed Jaser, un Palestinien de 35 ans, était arrêté à Toronto et Ahmed Abassi, ex-étudiant en génie chimique à l'Université Laval, à l'aéroport JFK de New York. Dans le cas d'Abassi, cette arrestation fut tenue secrète jusqu'à son inculpation, le 9 mai. Les policiers de l'unité intégrée américaine chargée de la lutte au terrorisme (Joint Terrorism Task Force) avaient besoin d'un délai de plusieurs jours pour interroger celui qu'ils décrivaient à l'époque comme le radicalisateur d'Esseghaier et compléter certains aspects de leur enquête.

Petit couac : Esseghaier fut rapatrié au Québec dès le lendemain matin pour sa comparution au palais de justice de la métropole pendant qu'un mandat d'arrêt était présenté pour signature à un juge en Ontario... Les policiers de la GRC avaient agi un peu trop vite en expédiant Esseghaier à Toronto dans la foulée de son interpellation.

Debout dans le box, vêtu du même manteau d'hiver bleu défraîchi qu'il portait lors de son arrestation la veille, les traits tirés, la longue barbe hirsute et l'air un peu perdu, Chiheb Esseghaier écouta sans broncher le procureur de la Couronne du gouvernement fédéral égrener les cinq chefs d'accusation reliés à des activités terroristes. Son acolyte Jaser subissait le même sort dans la Ville Reine.

Esseghaier s'adressa brièvement à la cour avant d'être conduit à l'extérieur de la salle d'audience :

— Est-ce que je dois parler ?

L'homme qui venait de refuser les services d'un avocat en profita pour clamer son innocence : « Les conclusions ont été faites à partir de faits et de paroles qui ne sont que des apparences, a-t-il souligné d'une voix posée. On ne peut pas faire de conclusions. On n'est pas dans une étape tardive », marmonna-t-il, presque inaudible.

Cette formalité judiciaire achevée, le chercheur montréalais fut conduit à nouveau sous haute protection à l'aéroport de Saint-Hubert pour son retour vers Toronto.

Cette vague d'arrestations synchronisées au quart de tour, qui survint quelques jours après l'attentat au marathon de Boston, était l'aboutissement d'une enquête baptisée du nom de code « Smooth ». Un projet mené depuis un an par les deux Équipes intégrées de la sécurité nationale du Québec et de l'Ontario en collaboration notamment avec le SCRS, le SPVM, la Sûreté du Québec ainsi que le FBI américain. Les policiers du CN et de VIA Rail avaient aussi été mis à contribution dans cette opération qualifiée par la GRC de « complexe et longue ». Une enquête intéressante à plusieurs points de vue parce qu'elle a permis depuis d'en apprendre plus sur les techniques et tactiques utilisées de chaque côté de la frontière pour démanteler un groupuscule extrémiste ainsi que sur les motivations profondes des acteurs de complots terroristes.

Les policiers canadiens ne cachèrent pas leur enthousiasme après l'arrestation d'Esseghaier et de Jaser. L'enquête « Smooth » était, affirmèrent-ils alors, LE gros dossier qu'ils eurent à mener depuis le projet « Osage » qui portait sur le groupe dit des « 18 de Toronto », surnom donné en référence aux 18 individus arrêtés en 2006 qui voulaient « couper des têtes » au Parlement et faire sauter des édifices emblématiques avec des bombes au nitrate d'ammonium, dont la tour du CN. La GRC précisa toutefois que le complot en lui-même fomenté par Esseghaier et Jaser était majeur et dépassait celui des « 18 », même si les deux accusés n'en étaient encore qu'au stade de la planification puisqu'il impliquait directement le réseau Al-Qaïda, contrairement à celui de 2006 considéré comme une initiative 100 % locale inspirée par l'idéologie de la mouvance d'Oussama ben Laden.

Esseghaier et Jaser formaient un duo plutôt hétéroclite tant leurs profils étaient différents. Esseghaier, un scientifique impétueux et mystique, avait rencontré Jaser, un être plus cartésien et réfléchi, à la mosquée Jama Masjid à Markham, en Ontario. Jaser est né aux

Émirats arabes unis en 1977. Sa famille et lui s'étaient réfugiés en 1993 au Canada. Onze années plus tard, Jaser, qui avait quelques délits à son actif, avait échappé de justesse à deux reprises à la déportation en raison de son statut de Palestinien apatride. Depuis, il vivotait grâce à sa petite entreprise de transport d'écoliers.

Chiheb Esseghaier était arrivé au Québec au milieu de l'été 2008, en provenance de sa Tunisie natale. C'était alors un jeune étudiant prometteur de 26 ans, issu d'une famille aisée, qui venait d'obtenir son mastère en biotechnologie industrielle à l'Institut national des sciences appliquées et de technologie de Tunis (INSAT). Lorsqu'il quitta cet établissement, il laissa derrière lui le souvenir d'un garçon timide, austère, brillant et très rigoureux dans son travail: «Il était très discipliné: il alternait entre l'INSAT, la maison, l'INSAT, la maison, l'INSAT, la maison...», dira de lui son directeur de stage.

Il s'installa à Sherbrooke pour entreprendre un doctorat sur les nanosenseurs à l'université locale. Il avait été recruté par un des professeurs du campus. Il y mènera des recherches en particulier sur la détection du virus de la grippe.

C'est à partir de ce moment-là, selon ses parents et ceux qui l'ont fréquenté, qu'Esseghaier commença à ruminer des idées plus «radicales». Affranchi de la surveillance de ses parents qui lui pesait terriblement, il se mit à fréquenter avec assiduité la mosquée et l'association des étudiants musulmans locale. Il se laissa aussi pousser les cheveux et la barbe pour «être correct», et se plongea dans la littérature religieuse. Lorsque son père lui rendit visite, il eut un choc. Il ne reconnaissait plus son fils à cause de cette barbe qu'il considérait comme un signe ostentatoire d'engagement religieux. Il tentera en vain de convaincre son garçon de s'en débarrasser. Contrarié, le père d'Esseghaier ira même à la mosquée locale pour faire face à l'imam et lui demander des explications sur cette métamorphose. L'idée que son fils soit soumis à un discours radical se renforcera lorsqu'il assistera à des prêches, tant à Sherbrooke qu'à Montréal, qui lui déplairont. «C'est au Québec que mon fils a été radicalisé», nous dira-t-il après son arrestation. Une accusation que ce père éploré martèlera d'ailleurs lors de plusieurs entrevues.

C'est aussi à Sherbrooke qu'Esseghaier rencontrera Abassi pour la première fois. Ce sera le début d'une longue relation. En mars 2010, il croisera aussi brièvement le chemin d'Adil Charkaoui venu prononcer une conférence sur les certificats de sécurité. Esseghaier avait décidé d'assister à l'exposé donné par le Montréalais. «Je le connais, Adil Charkaoui, mais je ne l'ai pas fréquenté. Charkaoui nous a expliqué qu'il n'était pas d'accord avec certaines lois. Mais quelle est la solution si on n'est pas d'accord? D'après ce que j'ai entendu, il n'a pas envisagé la solution des lois de Dieu. Il a plutôt dit qu'il faut changer les lois et les conditions de détention des prisonniers politiques... de ceux qui sont censés avoir fait des attaques. La question n'est pas là. Le monde ne peut pas être divisé. Il n'est pas acceptable d'avoir plus qu'un pays sur terre.»

À l'automne 2010, Esseghaier déménagea à Montréal. Il entama un doctorat au campus Énergie Matériaux Télécommunications de l'Institut national de la recherche scientifique (INRS), à Varennes. Il se fera remarquer une fois encore pour son sérieux et sa motivation au travail, mais aussi sa très grande ferveur et parfois son impulsivité. Une affiche de la campagne 2011 de Centraide («En dessous on est tous pareils») mettant en scène 17 personnalités photographiées dans leur plus simple appareil fit les frais de ses convictions religieuses. Fou de rage, Esseghaier arracha l'affiche, ce qui lui valut d'être immédiatement rencontré par la direction pour se faire dire qu'«ici on ne fonctionne pas comme ça».

À demi-mot, Esseghaier nous laissera entendre, sans entrer dans les détails, que tous à l'INRS n'étaient pas hermétiques à son discours et insensibles à sa vision des choses: «Si j'en juge par les discussions que j'ai eues avec des gens, il y en avait qui les partageaient moyennement, complètement ou qui étaient silencieux. J'ai essayé de garder de bonnes relations avec eux. Le message que je lance aux musulmans, c'est d'essayer d'être sincères. La sincérité!»

Esseghaier travaillait sous la houlette de son directeur de thèse, le professeur Mohammed Zourob. Ce scientifique réputé au CV garni de doctorats des universités de Manchester et de Cambridge et d'un « postdoc », décrit par l'INRS comme « une étoile montante en santé mondiale », avait été embauché peu avant l'arrivée d'Esseghaier. Il quitta sans préavis l'établissement le 16 novembre 2012. Dans les heures qui suivirent l'arrestation de son ancien étudiant, il ferma son site Web personnel et ne répondit plus à ses courriels. Il réapparut en avril 2013 à l'Université de Cranfield, en Grande-Bretagne, où il y transporta son laboratoire de recherche. L'INRS refusera toujours de dévoiler la raison de ce départ. M. Zourob ne répondra pas non plus à nos questions.

Esseghaier et Zourob avaient corédigé et publié des articles scientifiques dans plusieurs magazines spécialisés prestigieux. Le Montréalais spécialiste des nanosenseurs était aussi invité à des conférences au Canada, au Mexique et aux États-Unis. C'est d'ailleurs lors d'un déplacement en avion le 17 juin 2012 entre Houston et Santa Clara, en Californie, pour assister à la conférence « Tech-Connect », qu'il fit la connaissance de Tamer el Noury, un agent immobilier musulman d'origine égyptienne. Esseghaier avait sympathisé instantanément avec cet homme à la suite d'une dispute sur l'attribution des sièges. « C'est Dieu qui nous a placés dans le même avion », lui dira Esseghaier après des salutations d'usage.

Mais cette rencontre et cette histoire de sièges ne tenaient en rien d'une intervention divine. C'était un scénario échafaudé par les autorités américaines. Tamer était une taupe qui travaillait depuis 2008 à la division antiterroriste du FBI après des années passées à chasser les trafiquants de drogue. Ce musulman vraiment pratiquant né à l'étranger autour de qui le FBI avait forgé une « légende » dissimulait sous ses vêtements tout un attirail d'enregistrement clandestin. Sa mission : infiltrer cette cellule djihadiste embryonnaire canadienne.

Pendant le vol, Esseghaier parlera avec fougue à son nouvel ami de religion, d'imams prêchant la mort pour les mécréants et aussi des valeureux moudjahidin afghans envers qui il vouait une solide admiration.

Esseghaier avait séjourné à deux reprises, en avril 2011 et en février 2012, à Zahedan dans le sud-est de l'Iran. La région, idéalement située au carrefour des frontières de l'Iran, de l'Afghanistan et du Pakistan, est connue comme un sanctuaire notoire d'islamistes djihadistes sunnites et de trafiquants d'opium. Ces deux voyages avaient mis la puce à l'oreille des Américains et des Canadiens. C'est lors d'un de ses séjours à Zehadan qu'Esseghaier aurait reçu des instructions pour commettre les attentats d'un individu relié à Al-Qaïda et qu'il a simplement identifié sous l'alias de « Responsable numéro 1 ».

Les autorités canadiennes ont toujours affirmé que les deux hommes étaient apparus sur leur radar grâce à des informations reçues de la communauté. Lors de la conférence de presse suivant les arrestations, la GRC dira que son enquête « Smooth » avait débuté en août 2012, soit bien après la « rencontre » avec l'agent infiltré du FBI. Mais la dénonciation déposée par la GRC mentionne le 1er avril 2012 comme date du début de certains faits allégués. Il est aussi acquis que les autorités avaient Esseghaier à l'œil en mai 2012 lorsqu'il prit un vol d'Air Canada vers Cancún. Au moins un agent en civil, chargé de la sécurité aérienne, fut témoin d'une violente altercation verbale entre leur cible et une agente de bord. Celle-ci avait été contrainte de forcer la porte des toilettes où Esseghaier s'était enfermé depuis plus de 30 minutes.

Le 7 septembre 2012, Tamer débarquait à Montréal à l'invitation d'Esseghaier. Celui-ci avait suggéré qu'ils se rendent ensemble à Toronto pour faire la connaissance de Jaser. En chemin, Esseghaier lui révéla pour la première fois ses différents scénarios de djihad au Canada entre deux conversations très terre à terre portant sur les bananes, le mariage et les femmes !

«J'ai parlé à mon frère, le responsable… moudjahid. Il m'a suggéré plusieurs idées.» L'une de ces idées consistait à embaucher un cuisinier musulman sur une base militaire dont la mission serait d'introduire une substance toxique mortelle dans des plats afin d'empoisonner le plus de monde possible. «Une idée magnifique», dira Esseghaier.

Cette idée avait déjà été soulevée à deux reprises en 2010 dans la mouvance djihadiste. Le forum al-Fallujah avait suggéré cette méthode pour s'attaquer aux spectateurs de la Coupe du monde de football, en Afrique du Sud. Et, au mois d'octobre, le magazine djihadiste *Inspire* avait vanté l'utilisation facile du cyanure et de la ricine aux mêmes fins en introduisant discrètement ces substances dans des comptoirs à salade et des buffets.

Le chercheur décidément très en verve évoqua le plan échafaudé avec Jaser, celui de s'en prendre à un train de passagers de VIA Rail. Leur cible: le train «The Maple Leaf» reliant Toronto à New York. Une cible à forte charge symbolique, selon les comploteurs, puisqu'il transporte des Canadiens et des Américains. Deux nations qu'ils exècrent en raison de leur engagement militaire dans le monde arabo-musulman. Le lieu de la catastrophe avait été choisi aussi: un pont ferroviaire près des chutes Niagara. «Le train va très vite sur les rails. [...] Ce qu'on fait, c'est un trou sur le pont, une heure ou deux avant qu'il passe.» Mais Esseghaier semblait tracassé par le fait que la plupart des passagers s'en tireraient si leurs wagons plongeaient dans l'eau au lieu de se fracasser sur la terre ferme.

L'idée que des civils puissent périr, y compris des femmes et des enfants, ne semblait pas le contrarier. «Nous ne pouvons pas dire qu'ils sont des civils, non, ils participent à la guerre contre nos frères. Ils sont dans l'armée aussi, mais avec des vêtements civils», justifiera-t-il en agitant les bras et en élevant la voix. Et, pour s'assurer que la catastrophe ne soit pas considérée comme accidentelle, elle devait être filmée en direct et les images diffusées par la suite avec un message de revendication et de justification.

Le 24 septembre 2012, les trois hommes se rendirent à Scarborough pour faire des repérages près du pont qui franchit la rivière Highland Creek. Pendant près d'une heure, ils observèrent dans les moindres détails cette structure qui leur paraissait plus vulnérable à un sabotage que le Jordan Harbour Bridge, près des chutes Niagara, où ils s'étaient rendus sept jours plus tôt. « Voilà notre cible », s'exclamera Jaser avec enthousiasme lorsqu'un convoi de VIA Rail les frôlera en plein milieu de la structure.

Ce que Jaser et Esseghaier ignoraient, c'est qu'en plus d'être enregistrés par l'agent double du FBI, ils étaient filmés du haut des airs par un drone qui captait tous leurs mouvements.

De retour dans leur auto, les trois compères établirent une liste du matériel à se procurer pour la suite des choses, en particulier une caméra vidéo, un radar pour mesurer la vitesse des trains sur ce tronçon et, surtout, un appareil assez puissant et efficace pour sectionner les rails, ce qui ne semblait pas une mince affaire.

Cette petite séance de cogitation logistique tournera court à la suite d'un évènement imprévu qui faillit compromettre la suite de l'opération, une preuve de plus qu'un grain de sable peut toujours se glisser dans un engrenage, même le plus huilé. Des policiers de Toronto qui avaient été avisés par le chef de train de la présence d'individus suspects sur les rails surgirent dans leur auto-patrouille. « La police s'en vient pour nous parler », dit Tamer à ses deux acolytes. L'opérateur du drone et les enquêteurs chargés du projet n'en croyaient pas leurs yeux. La tension monta d'un cran. Sur leur écran de contrôle, ils observèrent, tétanisés, les policiers torontois s'approcher de l'automobile du trio. L'un d'eux frappa à la vitre. Il questionna alors les trois hommes sur la raison de leur escapade sur le pont ferroviaire.

— Faisiez-vous des allers-retours le long de la voie ferrée ? demanda l'un des agents.

— Oui, répondit Jaser.

Tamer lui coupa la parole pour s'adresser au policier.

— Nous étions venus marcher. Nous pensions que le chemin pour se rendre à la passerelle était ici. [...] Lorsque nous avons réalisé que nous étions dans la mauvaise direction, nous sommes revenus sur nos pas.

L'explication sembla convaincre les policiers municipaux. Ils prirent néanmoins en note les noms des trois individus et l'immatriculation de leur véhicule avant de quitter les lieux.

Les enquêteurs du projet « Smooth » pouvaient souffler.

Mais cet évènement imprévu mit Jaser hors de lui. Il était vraiment fâché et ne se gêna pas pour faire savoir à ses deux acolytes à quel point ils étaient « stupides ». Leur plan avait forcément du plomb dans l'aile maintenant qu'ils avaient été repérés. Et les policiers ne tarderaient pas à faire le rapprochement avec cet évènement et à les placer sur la liste des suspects numéro 1 si l'attentat planifié avait lieu à cet endroit.

Le Palestinien suggéra une autre idée meurtrière qu'il jugeait plus facile à mettre en œuvre que celles de faire sauter un pont ferroviaire, qui ne ciblerait que « quelques moutons » selon lui, ou d'empoisonner une base militaire. Il fallait trouver un tireur d'élite, ou apprendre lui-même le tir, pour loger une balle dans la tête de personnalités de premier plan et de « Juifs de Toronto, les plus riches de la planète ». Des « loups », à ses yeux. « Nous ne voulons pas du mouton, nous voulons le loup, insista Jaser. Nous pouvons nous payer le loup, mon frère. »

La chicane continua de plus belle durant le trajet du retour, tandis qu'ils accompagnaient Esseghaier à la gare d'autobus de Toronto.

— Le diable veut que tu quittes ce projet, lancera Esseghaier à Jaser.

— Tu es trop agressif, répliqua alors Jaser. Je ne peux pas travailler avec toi. [...] Tu n'es pas très professionnel *habibi*.

Il n'en fallait pas plus pour qu'Esseghaier sorte de ses gonds.

— Tamer, nous allons partir à la recherche d'un autre complice. On ne veut pas d'un peureux, mais de quelqu'un qui veut donner son sang pour Dieu, qui veut aller en prison par amour pour Dieu, fulmina-t-il, avant de claquer la porte de l'automobile.

Jaser décida dès lors de couper tout lien avec Esseghaier.

Les policiers canadiens obtinrent à peu près au même moment des mandats de la Cour fédérale pour faire progresser leur enquête. L'arsenal mis à leur disposition était assez varié, des classiques interceptions de communications jusqu'à l'autorisation de procéder à des « perturbations » au cas où l'un des individus passerait à une phase plus active dans la préparation du complot.

En octobre 2012, les policiers de la GRC effectuèrent une entrée clandestine dans le modeste appartement qu'occupait Esseghaier au deuxième étage du 1952, boulevard Rosemont, à Montréal. Ils en profitèrent pour dissimuler des dispositifs d'espionnage électronique et copier le contenu de son disque dur. Grâce à leur attirail technologique, les policiers étaient témoins du calvaire que faisait endurer leur cible à son colocataire, un chauffeur de taxi, et ses voisins. Bien que toujours poli avec eux, il mettait leurs nerfs à rude épreuve avec ses prières bruyantes à toute heure du jour et de la nuit. Ou quand il décidait de faire un barbecue en allumant des briquettes en plein milieu du salon parce que le vent soufflait trop fort dehors, ou quand il faisait résonner l'alarme parce qu'il avait fait brûler sa chemise après l'avoir mise sur la cuisinière pour la faire sécher plus vite… Son colocataire avait fini par claquer la porte, excédé par ce comportement et cette cohabitation houleuse. Esseghaier se retrouva peu après à son tour à la rue, expulsé par son propriétaire. Après son départ, le concierge fit venir un exterminateur, l'appartement étant infesté de punaises.

Le doctorant séjourna quelque temps à North York, en Ontario, avant de revenir dans la métropole québécoise et de se mettre en quête d'un nouveau toit, mais sans succès. Il deviendra alors un

« sans domicile fixe » malgré le soutien financier important dont il bénéficiait de la part de l'INRS, soit une bourse qui devait lui éviter de travailler en marge de ses études. Tel Fred, le fugitif traqué dans le film *Subway* de Luc Besson, Esseghaier choisira de se réfugier dans les couloirs du métro montréalais, ce qui compliqua la tâche des équipes de filature. Il passera la plupart de ses nuits sous terre jusqu'à son arrestation.

L'une de ses dernières visites à l'INRS, à Varennes, remonte au début de l'année 2013 à l'occasion de son examen doctoral et d'une rencontre avec son nouveau directeur de thèse. Les membres de la direction de l'INRS savaient déjà depuis plusieurs mois que leur établissement était visé par une enquête de sécurité nationale. Les policiers les avaient questionnés et avaient demandé leur collaboration, mais il semble que le nom de la cible ne leur avait pas été communiqué.

Durant la journée, le chercheur se promenait de café en café pour profiter du Wi-Fi gratuit et rédiger sa thèse. Les agents qui le filaient profitèrent d'une distraction de sa part pour lui subtiliser son ordinateur portable. Esseghaier, qui n'en était pas à un comportement bizarre près, avait commis l'erreur d'aller aux toilettes en laissant son appareil à la vue de tous.

Toujours aussi pieux, Esseghaier fréquentait la mosquée Al Qods (ouverte par Saïd Jaziri aujourd'hui déporté en Tunisie), sur le boulevard Rosemont, et une autre de moindre taille, Taiba, à l'intersection des avenues Van Horne et Côte-des-Neiges. Lorsqu'il venait prier, le chercheur était du genre solitaire et peu loquace avec ses autres coreligionnaires. Sa page LinkedIn, en revanche, parlait d'elle-même. Le drapeau noir avec la *shahada* musulmane adopté par la plupart des groupes djihadistes, en particulier l'EI, lui servait de photo de profil.

ABASSI DANS LE PIÈGE DU FBI

C'est le même Tamer qui avait été chargé du cas d'Ahmed Abassi. Au début de l'année 2013, l'agent double du FBI reçut comme mission d'attirer aux États-Unis l'étudiant de l'Université Laval. Les Américains s'intéressaient de près à lui. Ils mijotèrent un traquenard dans l'espoir que le Tunisien morde à leur hameçon. Et c'est précisément ce qui arriva. À ce moment-là, Abassi était coincé à Tunis. Le ministère canadien de la Citoyenneté et de l'Immigration venait, par un curieux hasard, de signifier à ce jeune marié que son visa lui permettant de séjourner et d'étudier au Québec lui avait été attribué par erreur et qu'il était par conséquent révoqué. Abassi devait donc non seulement tirer un trait sur ses études en génie, mais aussi sur la possibilité de rejoindre son épouse qui étudiait et résidait à Québec.

Abassi connaissait Tamer depuis à peine quelques mois. C'était Esseghaier qui lui avait présenté son grand ami agent immobilier américain dévoué à la même cause, lors d'une visite de courtoisie à Québec. La rencontre avait eu lieu dans un restaurant de la Vieille Capitale.

Tamer fit une proposition à Abassi qu'il ne pouvait pas refuser: quitter sa Tunisie pour venir le rejoindre à New York. Il lui offrirait du travail et l'aiderait à résoudre cette impasse administrative avec un avocat, à partir du sol américain. L'étudiant tunisien déclina l'offre. L'agent provocateur du FBI ne lâcha pas le morceau. Il augmenta la pression sur Abassi et ses proches, dont sa femme. Il lui envoya même près de 800 $ pour l'achat du billet d'avion. Abassi céda. Contre toute attente, cet homme de nature méfiante, au point de ne jamais s'asseoir dos à la porte dans les restaurants, n'avait pas réalisé que cette aide providentielle cachait en fait un piège passablement grossier.

Dans les jours après l'arrivée d'Abassi en sol américain, lui et Tamer eurent plusieurs conversations, toutes enregistrées grâce aux dispositifs clandestins portés par l'agent du FBI et ceux cachés dans «son» appartement loué pour les besoins de l'enquête. L'étudiant tunisien aurait évoqué, selon le FBI, son « désir de s'impliquer dans des actes terroristes contre des cibles aux États-Unis et d'autres pays et son intention de fournir un soutien et un financement à des organisations engagées dans des activités terroristes, y compris le Front Al-Nosra [...] et de recruter d'autres personnes pour ces complots terroristes ». Il aurait aussi parlé de connaissances de même sensibilité qui, à son avis, étaient prêtes à s'engager dans des activités terroristes.

En juillet 2014, Abassi fut finalement reconnu coupable de deux fausses déclarations en matière d'immigration faites lors de son arrivée en sol américain et condamné à 15 mois de prison. Les accusations de nature terroriste furent abandonnées. Il fut expulsé vers sa Tunisie natale deux mois plus tard et sa femme demanda le divorce. Il demande désormais réparation au Canada qui « a dit à la planète entière » qu'il était « un terroriste ». Pas question de s'excuser, répliquera le cabinet du ministre fédéral de la Sécurité publique.

La démarche d'Abassi en vue d'obtenir des excuses et une compensation financière surprendra Chiheb Esshegaier.

— Et pourquoi il veut cet argent ? s'exclame-t-il. Ces gens pensent vraiment à leur intérêt personnel. S'il y a des pertes (financières), c'est pour le désir de Dieu.

Il poursuit sur un ton plus sévère :

— Il a eu des contacts avec moi et l'agent du FBI. Je ne peux pas dire si sa demande est légitime ou pas. S'il affirme qu'il n'était pas en relation avec nous, c'est un mensonge. [...] Abassi ne devrait pas normalement exposer tout ça dans les médias. Je ne savais pas qu'il avait été libéré. S'il est convaincu de ce qu'il est et de ce qu'il fait, il doit en assumer les conséquences. [...] Lorsqu'il parle du projet, il doit dire la vérité par rapport à ses convictions. Abassi, c'est une personne qui voulait que les lois du Coran et de Dieu soient établies sur terre. C'est ça l'expérience que j'ai eue avec lui.

Esseghaier montrera un réel agacement au point de presque s'emporter lorsqu'il entendra le mot « terroriste » : « Je ne suis pas d'accord avec le terme terroriste. Terroriste c'est être effrayé, terrifié. Vous comprenez… On ne doit pas avoir peur des humains mais que de Dieu. Je fais de la linguistique là, vous comprenez ? »

La thématique de l'imposition de la charia et d'un califat étendu sur toute la surface du globe reviendra de façon récurrente dans les propos, souvent confus, que nous tiendra Esseghaier. Un combat juste à ses yeux parce que pas destiné à s'accaparer « des terres ou des biens matériels », mais plutôt pour « imposer les lois de Dieu » et œuvrer à la création de ce qu'il appelle « l'État islamique sur terre ».

Même s'il considère qu'il faut se poser des questions sur la « légitimité » du calife autoproclamé Abou Bakr al-Baghdadi et « de son État islamique » puisqu'il « ne parle pas d'étendre les lois de Dieu au reste du monde », l'ex-chercheur « encourage » quand même les musulmans à faire la *hijra* vers les terres de djihad. Il s'offusque au passage que le Canada utilise un arsenal de moyens coercitifs pour entraver toute velléité de départ.

— Ces personnes qui veulent participer au combat, elles ont de bonnes intentions. Ce ne sont ni des criminels ni des voleurs.

— Mais, en octobre dernier, un jeune musulman à qui on avait confisqué son passeport pour l'empêcher de quitter le Canada a écrasé à mort un militaire avec son auto…

— Vraiment ?

Visiblement surpris par cette nouvelle, le visage d'Esseghaier s'illumine. Son large sourire se transforme en un éclat de rire.

— Écoutez, aujourd'hui il y a des musulmans dans le monde entier qui sont sincères. Ils n'ont pas réussi à étendre le califat. Mais il faut patienter. Le chemin est long, il ne faut pas perdre le courage.

Lors de ses multiples apparitions en cour, y compris dans le cadre de son procès, Esseghaier rejeta systématiquement chaque fois qu'il en avait l'occasion le système judiciaire des « hommes » et son Code criminel. Ce scientifique de haut niveau exigea plutôt d'être jugé en vertu du « livre saint, le seul livre qui est parfait ». De la même façon, il protestera avec véhémence lorsqu'une agente correctionnelle voudra lui passer les menottes, n'enregistrera aucun plaidoyer de culpabilité ou de non-culpabilité, refusera les services d'un avocat, exigera des pauses assez longues pour faire ses prières quotidiennes obligatoires et fera des incantations remarquées lors de la sélection du jury.

Jaser, lui, avait adopté l'attitude inverse. Il tint un profil bas durant toutes les procédures et s'était payé les services d'un des meilleurs avocats canadiens spécialisés dans les dossiers de sécurité nationale. Me John Norris plaida que son client était simplement un « escroc » vivant misérablement et qui avait imaginé, en jouant le jeu d'Esseghaier et de Tamer, profiter de leur richesse. « C'était une façade. [...] Ses motivations étaient financières », insista l'avocat. Quant à leur complot, il « était tellement absurde qu'aucune personne sensée n'aurait accepté d'y participer ».

Après dix jours de délibérations laborieuses, les jurés déclarèrent les deux hommes coupables de huit des neuf chefs d'accusation. Jaser échappera à l'accusation de complot en vue de la destruction d'infrastructures. Son père, stoïque et digne, encaissera le verdict sans broncher. En apparence. Ses yeux rougis trahiront le chagrin qui l'envahit à ce moment-là.

Juste avant qu'ils se retirent pour délibérer, Esseghaier avait adressé une mise en garde aux membres du jury: «Je m'adresse à vous aujourd'hui non pas pour prendre part à ce procès ou pour me défendre. Pas du tout. Je le fais parce que je veux vous donner un avertissement sincère. » S'ensuivit alors un long argumentaire à saveur religieuse qu'il conclut en leur demandant de se « préparer » pour le « jugement dernier » et de se repentir.*

MENACE DIFFUSE, NIVEAU D'ALERTE ÉLEVÉ

Le projet « Smooth » ayant abouti à la neutralisation de cette cellule est l'illustration parfaite d'une enquête complexe impliquant plusieurs acteurs nationaux et transnationaux de la lutte au terrorisme. Du point de vue opérationnel, il s'agit d'un succès de A à Z. Il se peut que ce soient d'abord les déplacements d'Esseghaier en Iran qui l'aient placé sur le radar du FBI, qui aurait ensuite averti l'un de ses partenaires canadiens.

Bien qu'Esseghaier et Jaser complotaient déjà activement avant l'entrée en scène de Tamer, certains se sont interrogés sur ce qu'il serait advenu de leurs élucubrations criminelles sans l'implication de l'infiltrateur américain. Se peut-il que l'agent du FBI ait précipité les deux suspects dans un piège ? Peut-on dire de « Smooth » que c'est une « fabrication d'affaires » ? On doit cette expression à Mike German, ancien infiltrateur du FBI, pour dénoncer ce stratagème qui consiste à tenir des suspects par la main et à leur fournir de l'équipement avant de les coincer. Cette hypothèse est réfutée avec vigueur dans le milieu canadien de la lutte au terrorisme. Selon nos interlocuteurs, Tamer n'a fait que « mettre une cerise sur un beau sundae » déjà prêt à être dégusté. Le rôle de la taupe aurait consisté simplement à recueillir la preuve destinée à être présentée devant la justice.

Le même stratagème a aussi conduit à l'arrestation en mars 2015 de Jahanzeb Malik, un immigrant d'origine pakistanaise, soupçonné d'avoir voulu commettre un attentat contre le consulat américain de Toronto. Dans ce dossier, Malik avait été piégé par un soi-disant

* À la fin de juillet 2015, les sentences d'Esseghaier et de Jaser n'avaient pas été rendues.

vétéran de la guerre en Bosnie à l'identité tenue secrète qui avait réussi à gagner sa confiance. Quant au couple John Nuttall et Amanda Korody qui voulait faire exploser trois cocottes-minute piégées au parlement de la Colombie-Britannique le 1er juillet 2013, il avait été infiltré par deux agents doubles de la GRC : un caporal qui s'était lié d'amitié avec eux personnifiait « Mr Abdul », homme d'affaires aux sympathies djihadistes, tandis qu'un collègue se faisait passer pour un Libanais pouvant leur fournir de l'explosif de type C4. L'enquête avait commencé à la suite d'un tuyau provenant du SCRS cinq mois plus tôt. Près de 240 policiers avaient été mobilisés pour cette opération baptisée « Souvenir », en particulier en appui à leurs deux agents infiltrateurs.

À l'opposé de « Smooth » et de « Souvenir », Michael Zehaf-Bibeau et Martin Couture-Rouleau resteront plutôt dans l'histoire de la lutte au terrorisme canadien comme les symboles d'un échec. « Rouleau, on ne pouvait pas l'accuser pour des intentions. Dans son cas, la détection a bien fonctionné. Mais son geste par la suite a démontré les limites du système sur une personne déterminée. Ça incite juste celle-ci à changer de méthode », constate une source bien au fait de ces enjeux.

Combien y a-t-il de terroristes ou de suspects de terrorisme identifiés au Canada ? Combien de Canadiens ont-ils quitté le pays pour se joindre à un groupe terroriste et combien du lot sont-ils revenus au pays ? Ce sont là des questions qui reviennent immanquablement chaque fois qu'un évènement tragique survient ici ou ailleurs dans le monde.

À titre d'exemple, le ministère de l'Intérieur français publie chaque mois des statistiques détaillant le nombre estimé de djihadistes français « candidats au départ », de ceux « en transit », de ceux dans la « zone » de combat et de ceux ayant « quitté la zone ». Mais, contrairement à leurs homologues étrangers, en particulier européens, au Canada les ministres concernés par la lutte au terrorisme et les corps policiers rechignent toujours à dévoiler des données statistiques concernant ces «voyageurs extrémistes». Dans une entrevue accordée à l'animateur vedette Paul Arcand en février 2015, la ministre de la Sécurité publique, Lise Thériault, a assuré ne pas connaître le nombre de djihadistes identifiés au Québec. Elle expliqua que ce n'était pas dans ses prérogatives d'être tenue au courant de ces statistiques. Une façon diplomatique d'expliquer que les «partenaires» du fédéral ne les lui avaient pas communiquées. Le directeur du SCRS a déjà évoqué sa «réticence [...] parce que les gens finissent par avoir une fixation»! Argument partagé par le ministre de la Sécurité publique du Canada, Steven Blaney: «Dès qu'un nombre circule, les gens veulent savoir comment il se répartit. Où sont les Canadiens en question? Sont-ils au pays où à l'étranger? Sont-ils encore en vie? Annoncer les chiffres comporte de nombreux problèmes.»

Cette *omerta* est justifiée pour des «raisons opérationnelles», pour ne pas effrayer la population ou parce que, arguent tous ces hauts responsables, ces statistiques sont en perpétuelle évolution.

Face à cette loi du silence, il faut se rabattre sur les données divulguées dans des rapports annuels, des documents obtenus par la Loi d'accès à l'information ou lors de comparutions parlementaires de hauts responsables de la police et du renseignement pour obtenir un portrait de cette menace.

Au début et au milieu des années 2000, le SCRS indiqua dans ses rapports annuels et différentes études classifiées «secret» avoir à l'œil près de 350 individus proches ou membres d'une cinquantaine de groupes terroristes. Ce chiffre englobait aussi des extrémistes tamouls, sikhs, etc. L'organisme mentionnait ses «graves préoccupations» devant «la présence au Canada de jeunes djihadistes engagés. Ces individus ont grandi au sein de la mosaïque canadienne. [...] Ils représentent un véritable danger pour le Canada et ses alliés». Les espions canadiens observaient aussi avec attention la multiplication des cas de conversion (3 000 par an, selon leurs estimations). Dans plusieurs documents internes, les analystes du SCRS mentionnaient leur crainte que ces individus se tournent vers l'islam radical «parce qu'ils croient que leurs gouvernements ou sociétés sont responsables de la souffrance de leurs coreligionnaires» en Irak, Afghanistan, etc.

Déjà, à l'époque, c'était le retour possible de Canadiens ayant «combattu auprès des insurgés en Irak» qui suscitait l'inquiétude parce qu'ils «pourraient rentrer [...] avec de nouvelles compétences et motivations». On épiait aussi les individus ayant «séjourné dans des camps terroristes et des vétérans des conflits en Afghanistan, en Bosnie, en Tchétchénie...». Une vingtaine d'entre eux séjournaient alors au Québec.

Lors d'une réunion secrète rassemblant, en 2005, de hauts responsables canado-américains chargés de la lutte à la «criminalité transfrontalière», le sous-directeur des opérations du SCRS avait exposé à ses homologues quels groupes suscitaient alors un «intérêt croissant» de la part des autorités canadiennes. Il avait évoqué trois profils: les jeunes hommes anglophones ayant la citoyenneté canadienne et ayant la capacité de voyager, les convertis partisans du djihad et les militantes actives, en particulier des WASP (White Anglo-Saxon Protestants) converties ou issues de la première et seconde génération d'immigrants originaires du Moyen-Orient et d'Asie.

Quelques années plus tard, le nombre officiel de cibles du SCRS baissa à environ 200. Le nombre exact est tenu secret. Autres données à prendre en compte, celles des «voyageurs extrémistes» canadiens «soupçonnés d'activités liées au terrorisme» à l'étranger estimés en 2015 à «plus de 130» (voir le chapitre 4), et les 80 individus de retour en sol canadien après avoir pris part à de telles activités au sein de divers groupes.

Pour sa part, la GRC indiqua avoir constitué une liste noire d'une centaine de Canadiens radicalisés suspectés de vouloir rejoindre un groupe terroriste à l'étranger. En ayant recours à la Loi d'accès à l'information, on apprit que les gendarmes avaient mené une centaine d'enquêtes antiterroristes entre 2001 et 2010, dont quatre seulement au Québec, identifiées sous les noms de codes Calor, Colonial, Charitable et Chimique ! Les deux enquêtes les plus coûteuses étaient les projets Awaken (2,4 millions de dollars) visant Momin Khawaja, et Osage (2,3 millions) ayant mené au démantèlement du groupe des « 18 de Toronto » en 2006.

Dans le domaine municipal, on remarqua la même tendance exponentielle. Entre l'attentat de Saint-Jean-sur-Richelieu et la fin de l'année 2014, une centaine de dossiers d'enquête pour des « comportements suspects, des menaces de mort et de la radicalisation » furent ouverts à Montréal. Une vingtaine d'individus « sensibles » faisaient l'objet d'un suivi serré. À l'aube du printemps 2015, selon nos informations, le nombre de dossiers ouverts avait bondi à 200. Et dans le lot, près d'une trentaine d'individus faisaient désormais l'objet d'une enquête. Tous des individus « isolés », ainsi que deux imams.

Et il y a tous ceux dont les services policiers et de renseignement ignorent l'existence, qualifiés de « loups solitaires », adeptes d'un djihad individuel ou en microcellule comme les frères Tsarnaev à Boston, qui répondent aux appels à l'action lancés par des groupes terroristes via les réseaux sociaux. Des « individus encore invisibles » qui donnent des sueurs froides aux policiers et « empêchent de dormir » le patron des opérations du SCRS. Dans un document rédigé par la Division des enquêtes criminelles relatives à la sécurité nationale de la GRC à l'approche du 10e anniversaire du 11 septembre 2001, on disait redouter la multiplication d'attaques menées par un tireur, comme Zehaf-Bibeau trois ans plus tard ou éventuellement un « groupuscule » tel celui des frères Kouachi contre ce que l'on appelle dans le jargon des *soft targets* (terme désignant des cibles civiles accessibles en milieu urbain : transports en commun, magasins, etc.). Les policiers de la GRC insistaient aussi sur le caractère imprévisible de cette menace et les « dommages catastrophiques » que peuvent infliger ces individus inconnus des services de renseignement, en rappelant le cas du terroriste et tueur de masse d'extrême droite Anders Breivik qui a exécuté 77 personnes en 2011, en Norvège. « On a eu beaucoup de chance avec Zehaf-Bibeau qui ne disposait que d'une arme désuète si on compare avec l'équipement paramilitaire des frères Kouachi à Paris », fait remarquer un ex-policier de l'antiterrorisme.

« Nous enquêtons sur des ombres, et désormais des ombres numériques », souligne Paul Laurier, un ex-enquêteur et chef d'équipe de la SQ qui a consacré plusieurs années à la lutte au terrorisme. Sa formule résume bien le caractère clandestin, quasi insaisissable de ces adversaires qui, en plus, ne cessent de muter pour mieux déjouer ceux qui les traquent jour et nuit et ont fait du Web leur terrain de jeu.

Chaque année au Québec, de nouveaux suspects sont identifiés par les policiers antiterroristes, rencontrés puis fichés. Des propos haineux sur le Web, des informations obtenues de l'étranger ou l'équation « passé + potentiel » conduisent souvent ces individus sur le radar policier.

Ce mode opératoire découlant de la stratégie de « la résistance sans chef » appliquée par Zehaf-Bibeau était considéré il y a quelques années encore comme une « hypothèse d'école ». En Amérique du Nord, ces attentats en solitaire ont été d'abord l'apanage des suprémacistes blancs et de l'extrême droite (Thimothy McVeigh, Eric Robert Rudolph, etc.), rappelle le Centre intégré d'évaluation du terrorisme (CIET) dans une étude sur le sujet. Les extrémistes islamistes ont tôt fait d'en saisir les avantages. Le CIET considère le Syrien Abu Musab-al-Suri comme l'un « des plus grands promoteurs » de cette doctrine vantée également dans son manifeste par Breivik. Dans un ouvrage-fleuve de 1 600 pages, *The Call for a Global Islamic Resistance*, Abu Musab-al-Suri proposait de « remplacer les guérillas traditionnelles [...] par de petites cellules et des personnes indépendantes [...] » à qui il « conseille de tenir leurs liens organisationnels au strict minimum » pour éviter d'être repérés et neutralisés, lit-on dans ce rapport d'une dizaine de pages.

La tendance s'est accentuée avec des « sites islamistes [...] qui encouragent avec plus d'insistance les islamistes occidentaux à mener des attentats indépendants de petite envergure [...] dans leur ville ».

La doctrine individualiste de ce maître à penser du djihad salafiste (arrêté en 2005 et libéré depuis) a été ressuscitée et prônée plus récemment par le groupe État islamique, mais, surtout, par Al-Qaïda dans la péninsule arabique (AQPA) via sa fameuse revue électronique *Inspire* téléchargée des dizaines et des dizaines de milliers de fois. « Nous sommes tous des Oussama », proclame-t-on d'ailleurs au printemps 2013 en couverture du numéro 10 de cette publication. Chaque numéro est un florilège de suggestions d'attaques faciles à concrétiser avec les moyens du bord. Dzhokhar Tsarnaev avouera aux enquêteurs, après son arrestation, que son frère Tamerlan et lui avaient suivi à la lettre les conseils de la revue *Inspire* pour fabriquer leur cocotte-minute explosive. Dans une conversation enregistrée clandestinement par la GRC, on entend aussi le Canadien John Nuttall évoquer l'impact qu'a eu cette publication tant pour sa radicalisation récente que, plus concrètement, pour l'élaboration de ses engins explosifs. « Je crois que nous sommes Al-Qaïda parce que je me suis inspiré de leur magazine, avouera-t-il. Ils m'ont recruté avec leur magazine. Je suis Al-Qaïda, alors. Je suis fier de dire cela. » La seule chose qui le contrariait, c'était le faible bilan meurtrier, à ses yeux, lors de l'explosion de l'engin des frères Tsarnaev. « Ils ont fabriqué le même engin et il n'y a eu que huit victimes (trois morts et 264 blessés). Ce n'est pas assez bon. Nous pourrions avoir l'équivalent du 11 Septembre. Ce ne serait pas aussi spectaculaire, mais l'effet produit et le nombre de cadavres seraient similaires. »

Al-Qaïda dans la péninsule arabique éditera même en 2013 le *Lone Mujahid Qaïda Pocketbook*, un numéro spécial destiné au parfait djihadiste solitaire afin qu'il puisse réaliser des attaques et des actes de sabotage avec les moyens du bord. « Dans ces petites opérations, travaillez seul. Que cela soit un secret entre Dieu et vous. Faites qu'il soit impossible que vous soyez repérés ». Les rédacteurs du magazine plaident avec insistance pour ce combat individuel sur son propre sol. Ils citent en exemple le major Nidal Hassan, un psychiatre militaire qui a tué 13 soldats dans la base de Fort Hood, au Texas, en 2009. « Plusieurs croient que pour défendre la *oumma* (communauté), il est nécessaire de voyager afin de joindre les moudjahidin et de s'entraîner dans leurs camps, lit-on. Mais nous disons aux musulmans en Amérique et en Europe qu'il existe une solution meilleure et plus facile. »

Fabriquer des bombes artisanales « dans la cuisine de maman » avec des ingrédients usuels et anodins, des détonateurs à distance, élaborer une substance explosive, provoquer des accidents de la route mortels – si possible un samedi soir, car c'est le moment où « les mécréants ont souvent bu » –, rien ne manque dans cet opus. Y compris la suggestion d'écraser des piétons avec un véhicule et de mourir en martyr. Comme Martin Couture-Rouleau un an et demi plus tard... Le Canada figure d'ailleurs parmi la dizaine de pays à viser, tout comme les États-Unis, Israël et la France. Autant de pays ciblés en réaction au soutien de leur gouvernement et de leur population à l'occupation israélienne de la Palestine et de l'invasion en Afghanistan.

RÉDEMPTION OU RÉCIDIVE ?

Plusieurs évènements tragiques ont démontré l'influence et le rôle que peuvent jouer des années plus tard de vieilles figures du terrorisme que l'on pourrait croire assagies et rentrées dans le rang. Après les attentats de janvier 2015 à Paris, les enquêteurs s'intéressèrent au cas de Djamel Beghal, un Algérien arrêté en juillet 2001 à Abou Dhabi, extradé vers la France puis condamné à dix ans de prison pour un projet d'attentat contre l'ambassade des États-Unis et le Centre culturel américain à Paris.

Bien qu'incarcéré, Beghal, personnage important dans cette mouvance islamiste, fut rapidement suspecté d'avoir joué un rôle de mentor auprès des tueurs. Ce que niera farouchement son avocat, déplorant surtout que son client soit « devenu une sorte de totem cristallisant sur sa personne tout le ressentiment que peuvent générer les attentats de Paris ». Amedy Coulibaly et Chérif Kouachi venaient souvent le rencontrer lorsqu'il fut assigné à résidence dans un village perdu de la campagne auvergnate en 2009, entre deux séjours en prison.

Les chiffres que mentionne Louis Caprioli donnent le vertige : « En France, nous avons arrêté et mis en examen (accusé) depuis 1994 près de 1 500 à 1 600 personnes. Si on additionne ceux qui étaient dans leur mouvance, mais que l'on n'a pas pu accuser, on double ce chiffre. Et ces chiffres ne cessent de grimper si on ajoute ceux qui partent en Syrie et en Irak, au rythme d'une centaine par mois, et qui pour certains reviennent. C'est un volume tellement considérable que la réalité fait qu'aucun service, du moins en France, n'a la capacité de surveiller tous ces individus. »

Au Canada, dans la foulée des attaques de Saint-Jean-sur-Richelieu et d'Ottawa, en plus de gérer le flot croissant de signalements et de traiter les dossiers d'enquête en cours, il a fallu une fois encore « retourner toutes les pierres ». Autrement dit, vérifier non seulement les suspects contemporains, mais aussi rouvrir des dossiers et, au besoin, frapper à la porte d'individus fichés pour avoir trempé, ou qui ont été simplement soupçonnés d'avoir trempé, il y a quelques années dans des activités terroristes pour s'assurer qu'ils se tenaient tranquilles. Heureusement, le nombre de ces « ex » ne se compte pas par milliers comme en France, mais par dizaines.

Par expérience, policiers et agents du renseignement savent trop bien que la rédemption ou la réhabilitation n'est pas un concept intégré par tous. Prenons encore une fois l'exemple de Ali Mohamed Dirie, l'ex-membre des « 18 de Toronto » (2006), qui un an après sa libération s'enfuira du Canada pour rejoindre un groupe djihadiste en Syrie et participer aux combats. Ou encore Awso Peshdary arrêté à Ottawa en février 2015 et soupçonné par la GRC d'avoir joué un rôle pivot dans le recrutement de combattants de l'EI. Peshdary, un chiite de 25 ans converti au sunnisme, était déjà apparu sur le radar des policiers quelques années plus tôt dans une autre enquête antiterroriste baptisée « Projet Samosa ».

Le Québec n'était pas en reste avec ses vétérans moudjahidin des conflits tchétchène, afghan et bosniaque vivant en particulier dans la métropole montréalaise. Sans oublier les ex-condamnés pour des délits de nature terroriste à l'étranger et ceux toujours incarcérés ici pour les mêmes motifs (voir le chapitre 4). Que se passera-t-il, par exemple, lorsque Saïd Namouh, « le terroriste de Maskinongé » qui sera admissible à une semi-liberté et à une libération conditionnelle en 2017, se retrouvera dans la nature ? Et avec Momin Khawaja qui pourra lui aussi se prévaloir des mêmes droits dès 2016 ?

Lorsque nous avions demandé à l'ex-juge antiterroriste français Jean-Louis Bruguière si, par exemple, les ex-membres de la cellule djihadiste de Montréal – qu'il avait fait condamner à Paris en 2001 et qui s'étaient réinstallés ici après leur libération – avaient selon lui encore la capacité de nuire, il ne cacha pas son inquiétude : « Ils peuvent être en lien avec d'autres individus ou en inspirer d'autres », dira-t-il, insistant aussi sur la présence plus que probable d'autres éléments « ayant toujours des convictions extrémistes ou connues pour avoir été proches de groupes islamistes radicaux algériens comme l'ex-Groupe islamique armé (GIA) ».

Il y a quelques années, les analystes du SCRS s'étaient intéressés justement au profil d'ex-condamnés pour tenter de jauger leur niveau de dangerosité et la probabilité que certains repartent à l'assaut. Plutôt pessimistes, ils concluaient que ni l'incarcération ni l'identification publique n'atténueraient leur « zèle ». Quant aux vétérans des « camps d'entraînement terroristes », ils devraient être de la même façon « considérés, pour un avenir indéterminé, comme des menaces pour la sécurité publique du Canada ». Les auteurs du rapport soutenaient que les deux « paramètres sociaux » qui guident une vie en société harmonieuse, le « sens moral » et l'effet dissuasif du « risque d'être puni », « ne s'appliquent pas à l'extrémiste islamique ». Non seulement la fin justifierait-elle les moyens dans ce cas, mais de plus « la peur d'être puni n'est pas pertinente si on veut mourir ou être tué ». Il n'y a qu'à se rappeler cet avertissement lancé en 2002 par Abou Oubeid Al-Qurashi, un responsable d'Al-Qaïda : « La dissuasion disparaît complètement lorsqu'on a affaire à des gens qui se soucient peu de la vie et n'aspirent qu'à devenir des martyrs. » Concept martelé aujourd'hui par les jeunes djihadistes sur les réseaux sociaux avec cette phrase : « Nous tenons à la mort autant que vous tenez à la vie. »

VIGILANCE PARTAGÉE

Mais, au fait, qui lutte contre le terrorisme au Canada ? La réponse n'est pas simple. Essentiellement à cause du contexte historique qui a donné lieu à la création du SCRS au début des années 1980 et des spécificités « provinciales ».

En haut de la pyramide, sur le plan national, ce sont deux cousins, la GRC et le SCRS, qui ont la mainmise sur cette mission depuis 1984. Une cohabitation parfois délicate et source de frictions. Le très secret et très opaque Centre de sécurité des télécommunications, qui a déménagé récemment dans des installations ultramodernes et mitoyennes du quartier général du SCRS à Ottawa, fournit un rôle majeur de soutien technique dans les enquêtes antiterroristes (et de contre-espionnage) des deux organismes fédéraux. L'organisme militaire est aussi à l'origine de plusieurs enquêtes. Ses antennes, ses logiciels espions et ses systèmes d'espionnage électromagnétiques disséminés au Canada ainsi que dans des représentations diplomatiques canadiennes à l'étranger interceptent chaque mois des millions de métadonnées ainsi que de communications audio et écrites.

Cette séparation des rôles et des pouvoirs dévolus au SCRS et à la GRC est souvent méconnue. Au contraire de la GRC, le SCRS ne mène pas d'enquêtes criminelles, n'effectue pas d'arrestations et n'a pas de pouvoir de détention. Il ne s'agit pas d'un organisme d'application de la loi. Son mandat tel que décrit dans la loi qui le régit depuis sa création en 1984 – fruit de la scission du service de sécurité de la GRC à la suite des travaux de la commission d'enquête McDonald – consiste à recueillir des renseignements de sécurité et à informer le gouvernement du Canada des menaces qui visent le pays et ses citoyens. Informations qui sont aussi partagées à l'intérieur du «groupe des cinq» ou «Five Eyes» (États-Unis, Grande-Bretagne, Australie, Nouvelle-Zélande et Canada) ainsi que le «groupe des cinq élargi» (les «cinq» plus quelques pays européens). Le SCRS a aussi en main des ententes de coopération signées avec des dizaines de partenaires de services étrangers d'espionnage dans près de 150 pays. Ces ententes, qui sont tenues secrètes, peuvent être révoquées ou suspendues à tout moment pour des raisons politiques, diplomatiques, sécuritaires ou opérationnelles.

Lorsqu'un individu devient une cible d'enquête du SCRS, soit grâce à une source humaine ou soit le plus souvent à la suite d'une information provenant du renseignement électromagnétique, il se voit attribuer un code de classification. Ce code identifie immédiatement son niveau de menace et donne une idée de l'étendue des moyens d'enquête déployés.

Les «cibles» d'enquête du SCRS sont classées en quatre catégories: terroriste, extrémiste, supporter et sympathisant. Ensuite, on leur attribue l'un des deux niveaux de priorité suivants (contre trois auparavant):

- le niveau 1 implique tous les pouvoirs du SCRS dont la recherche dans des bases de données, les demandes d'informations auprès de services alliés, la filature «légère» et l'entrevue avec la cible;
- le niveau 2 implique tous les pouvoirs du SCRS plus la possibilité d'obtenir des mandats auprès d'un juge spécialisé de la Cour fédérale. Les pouvoirs accordés sont, par exemple, l'écoute électronique,

l'utilisation d'un « IMSI Catcher » (dispositif portable controversé pouvant intercepter par un subterfuge technique les communications et métadonnées d'un téléphone cellulaire à proximité), la fouille de courrier, etc.

En 2014, le SCRS détenait près de 260 mandats actifs visant chacun un ou plusieurs individus.

Cette codification n'est pas figée, mais en constante évolution selon le niveau d'activité et de menace de la cible. Un changement de comportement et de routine est un indice important qui sera scruté. Les méthodes doivent être proportionnelles à la menace, rappelle-t-on dans le milieu. Redescendre une cible sur l'échelle de la priorité est une décision toujours difficile à prendre.

Un converti manitobain de 20 ans s'est retrouvé sur la liste des cibles d'enquête du SCRS après avoir relayé sur son compte Twitter une vidéo de l'EI dans laquelle le djihadiste canadien John Maguire (probablement décédé depuis) appelait les musulmans à frapper le Canada. Aaron Driver, alias @HarunAbdurahman (un de ses pseudonymes sur les réseaux sociaux), ne cachait pas ses sympathies pour le groupe État islamique et fut rapidement contacté par le SCRS et convié à une petite rencontre. Il expliquera plus tard à un journaliste du *Toronto Star* avoir ressenti une vraie « excitation » devant le geste de « représailles » mené par Zehaf-Bibeau. La perspective d'être accusé et incarcéré pour avoir relayé ces appels à la violence ne semblait pas l'effrayer parce qu'il s'agissait à ses yeux de convictions sincères.

Plus les jours avançaient, plus Harun, qui n'était fiché au départ de l'enquête que comme « sympathisant », suscita de l'intérêt au sein du SCRS. Il faisait désormais l'objet d'une surveillance presque constante. Tous ses proches furent interrogés, y compris son ex-copine, son frère et son père, militaire dans l'armée de l'air. Les agents leur montrèrent notamment les messages que Harun diffusait sur Twitter.

Dès lors qu'une telle cible est suspectée d'activités criminelles, son cas doit être transféré à la GRC*. L'article 6 de la Loi sur les infractions en matière de sécurité prévoit que les gendarmes ont « la responsabilité première » des enquêtes sur les « activités constituant des menaces envers la sécurité du Canada ». (Un article que la GRC aime rappeler aux autres corps de police de niveau provincial et municipal lorsque ceux-ci empiètent trop à leur goût sur le terrain du terrorisme.)

Le SCRS résume l'essentiel du dossier dans une « lettre de divulgation » ou « lettre d'autorisation ». L'information transmise est réduite à sa plus simple expression pour protéger ses sources et informateurs d'une divulgation publique ultérieure en cour. Les gendarmes devront alors reprendre l'enquête à zéro et bâtir leur propre preuve qui pourra éventuellement mener au dépôt d'accusations. On est loin de la fluidité, de l'efficacité et de la maîtrise de A à Z de toute la chaîne de l'information.

Passer le flambeau à la GRC ne signifie pas pour autant que le SCRS s'en lave les mains et place le dossier du suspect au rancart sur une étagère poussiéreuse. Généralement, le SCRS va poursuivre en parallèle son enquête pour ses besoins propres dont la finalité, à la différence de la GRC, ne sera pas de porter des accusations. On parle plutôt de découvrir d'éventuelles ramifications, d'identifier des sympathisants à la cause en question, de tenter de recruter une ou des sources, etc. Bien sûr, cela implique des contacts étroits et fréquents entre les hiérarchies des deux organismes afin d'éviter une gaffe ou un doublon, la priorité étant toujours accordée à la GRC. Même si son enquête risque d'entraver celle du SCRS.

Mais parfois, ça déraille. C'est en raison d'un cafouillage dans l'échange d'informations que le SCRS a perdu la trace d'une de ses cibles au milieu des années 2000. L'homme faisait l'objet d'une

* Aaron Daniel Driver a été arrêté en juin 2015 par la GRC et son domicile perquisitionné.

enquête visant plusieurs autres individus soupçonnés d'être liés à deux groupes terroristes « moyen-orientaux » ou de vouloir agir en leur nom. Mais l'organisme de renseignement perdit sa trace en raison d'une « mauvaise coordination » avec la GRC, apprendra-t-on, ce que la GRC réfutera alors avec véhémence. Pendant cinq mois, le SCRS chercha en vain son suspect avant de découvrir avec soulagement qu'il avait quitté le territoire canadien.

Ce raté n'a pas eu de conséquences funestes. Mais cela n'avait pas toujours été le cas dans le passé. L'attentat du Boeing d'Air India, en 1985, ourdi par des extrémistes sikhs canadiens, est encore dans toutes les mémoires. Trois cent vingt-neuf personnes avaient payé indirectement de leur vie les relations alors houleuses et les défaillances dans le partage des renseignements entre la GRC et le SCRS.

Concrètement, les enquêtes criminelles sont menées par les Équipes intégrées de sécurité nationale (EISN) placées sous la responsabilité de la GRC. Ces cellules antiterroristes sont composées en majorité d'enquêteurs de la GRC assistés de représentants du SCRS et de plusieurs organismes ayant un rôle à jouer tels Transports Canada et l'Agence des services frontaliers (ASF). Se greffent aussi des avocats détachés par le Service des poursuites pénales du Canada (SPPC). Ils jouent un rôle de conseillers auprès des enquêteurs et les accompagnent jusqu'à l'étape du dépôt des accusations. Au Québec, des enquêteurs de la SQ et du SPVM y sont aussi détachés, dont certains sont affectés à la filature. Toutes les enquêtes menées d'un bout à l'autre du pays sont centralisées en temps réel dans un fichier central. Chaque EISN envoie aussi régulièrement au QG d'Ottawa ses plans d'enquête afin qu'ils soient révisés. Un processus qui alourdit et ralentit la machine, selon certains experts du milieu.

En parallèle de la portion enquête, la GRC a aussi mis sur pied un volet prévention-sensibilisation destiné à former des « coordonnateurs d'information sur la menace terroriste » au sein des corps policiers municipaux.

Le succès de la lutte contre le terrorisme, surtout depuis la montée en puissance du terrorisme intérieur (*homegrown terrorism*) et de la radicalisation, dépend de ce qu'on appelle la «vigilance partagée», autrement dit la capacité de chacun des partenaires de maintenir sur le territoire un filet aux mailles les plus fines possible. Le but est de détecter à l'échelle locale des individus qui pourraient représenter une menace de nature terroriste. «On peut mettre au jour des réseaux terroristes par la petite criminalité, le trafic de faux papiers, explique un ex-spécialiste canadien de la lutte contre le terrorisme. N'oublions pas qu'Ahmed Ressam et sa bande de la cellule islamiste de Montréal ont d'abord été de petits voleurs d'ordinateurs portables au centre-ville de Montréal.» D'autres dossiers, comme les vols d'uniformes et d'explosifs (plusieurs survenus ces dernières années), ou des suspects surpris en train de photographier des infrastructures essentielles, sont aussi scrutés avec attention, car ils peuvent être précurseurs.

Ces coordonnateurs sont donc les yeux et les oreilles de la GRC au niveau local. On attend d'eux qu'ils «puissent détecter les menaces le plus tôt possible» et sensibiliser à leur tour leurs collègues. Ce modèle a fonctionné à Saint-Jean-sur-Richelieu. C'est un policier municipal qui venait tout juste de suivre cette formation qui a eu le bon réflexe de décrocher son téléphone pour signaler le cas de Martin Couture-Rouleau à la SQ et à la GRC.

Le Québec tout comme l'Ontario ont comme particularité de disposer de leur propre corps de police provincial habilité lui aussi légalement à mener des enquêtes antiterroristes. Peu après les évènements du 11 Septembre, la SQ avait mis sur pied un Service de lutte contre le terrorisme (SLCT). Dès les premiers mois, il a hébergé dans ses bureaux un représentant de la police de New York (NYPD) spécialiste du renseignement terroriste (un autre est établi à Toronto). Mais le SLCT fut transformé, démantelé selon certains, d'abord en une nouvelle structure baptisée «Division de la lutte au terrorisme et de la menace active» (diluée dans le Service des enquêtes sur les crimes contre la personne), et plus récemment «Service des enquêtes sur la menace extrémiste» (SEME). Son rayon d'action est plus vaste et «généraliste», puisqu'il englobe aussi les groupes d'extrême droite, les environnementalistes, les antigouvernementaux, les cybercriminels, etc.

Cette mutation du SLCT vers le SEME provoqua des remous. Certains observateurs du milieu qualifièrent cette décision – et la qualifient toujours – d'absurde. «Le terrorisme n'est pas une science pure», nous dira l'un d'eux. Maintenir une équipe d'enquêteurs d'expérience spécialisés qui échangent avec leurs homologues dans le monde permet par exemple, selon lui, de suivre l'évolution du *modus operandi* des terroristes et d'être en meilleure posture pour anticiper ou détecter une menace. Ils ne comprirent pas pourquoi la SQ néglige le renseignement au profit de l'enquête. Or, quand on arrive au stade de l'enquête, rappellent ces policiers, il est trop tard. Le crime a été commis. «Au prochain attentat, on dira aux familles des victimes qu'on n'avait pas d'argent, déplora l'un d'eux avec amertume. C'est faux. Les budgets alloués au terrorisme sont encore là.»

Mais, au quartier général de la rue Parthenais, à Montréal, on jugea cette «évolution» nécessaire pour s'adapter au changement de profil des terroristes, de leurs stratégies et de leurs méthodes d'opération. La SQ plaida ne pas vouloir être prisonnière d'un modèle, d'un carcan, qui perdrait inéluctablement son efficacité. La réflexion a été entamée à la suite des attentats de l'été 2005 à Londres et de juin 2007 à Glasgow. Les agents dormants des années 1990 chers à Al-Qaïda et prêts à agir sur commande commençaient à céder leur place à des individus radicalisés répondant à des «appels à tous» lancés par des groupes terroristes internationaux via les réseaux sociaux. C'est ainsi qu'on décida d'élargir le radar vers les extrémistes et le potentiel de radicalisation.

En commission parlementaire, Jocelyn Latulippe, l'ex-directeur général adjoint à la SQ qui chapeautait entre autres la lutte au terrorisme, expliqua ainsi sa nouvelle philosophie: «Nous avons une approche qui vise à enquêter la radicalisation à la base, lorsqu'il y a vraiment une apparence de haine ou d'extrémisme ou une intention de vouloir poser des actes extrémistes sur l'ensemble du territoire. Lorsqu'il devient apparent, lors de l'enquête, que nous avons affaire à du terrorisme international ou de groupe, à ce moment-là, nous nous tournons vers notre partenariat au sein de l'EISN, laquelle utilise beaucoup plus les dispositions d'écoute électronique prévues au Code criminel à des fins d'enquêtes terroristes, notamment en se prévalant de l'article 83. Nous voulons vraiment éradiquer à la source, sur l'ensemble du territoire, les gens qui se dirigent vers une approche terroriste en les freinant avant d'arriver dans les détails ou les exigences liées à l'article 83, qui sont plus élevées. »

On misa aussi sur la décentralisation de Montréal vers les régions, où la SQ occupe le terrain jusqu'au fond des rangs, « pour gagner en efficacité ». Cette initiative se traduisit par la création de trois bureaux régionaux ayant pour tâche de réaliser la collecte d'« indices de radicalisation ». La SQ est aussi dans le monde virtuel, en particulier le « Web invisible » (*Dark Web*) à travers une équipe de vigie Internet et des médias sociaux.

ENCHEVÊTREMENT DE STRUCTURES

Continuons l'exercice. Toujours au Québec, il existe une strate intermédiaire en plus de l'EISN et du SEME : la Structure de gestion policière contre le terrorisme (SGPCT). Créée en 2003, cette entité tripartite qui regroupe la GRC, la police de Montréal et la Sûreté du Québec a quatre missions : prévention, renseignement, enquêtes et réponses post-incidents.

Et, au milieu de tout ça, pour tenter de coordonner l'ensemble, intervient le Commandement unifié. Il s'agit d'une structure virtuelle qui prend la forme d'une rencontre régulière entre hauts responsables pour faciliter l'échange d'informations, l'aiguillage des dossiers et la répartition des tâches opérationnelles entre le SEME, le SPVM et les sûretés municipales, d'une part, et le SGPCT et l'EISN, d'autre part. C'est à ce niveau que se décide quelle voie empruntera le dossier d'un individu qui apparaît sur la liste des cibles d'enquête.

Lorsqu'on descend au niveau municipal, certains corps de police ont aussi leur module antiterrorisme.

Enfin, n'oublions pas les entités rattachées au ministère de la Sécurité publique tel le Centre d'informations contre la menace terroriste (CIMT).

« Trop compliqué et ridicule, estime un de nos contacts. Ça laisse l'impression que tout le monde veut s'occuper de terrorisme et de radicalisation pour se faire de la publicité et c'est un prétexte pour aller chercher des fonds supplémentaires au fédéral et au provincial dans un contexte de réduction budgétaire. »

Au moment d'écrire ces lignes, la SQ, le SPVM et la GRC au Québec avaient trois numéros 1-800 de dénonciation différents. Le message d'unité dans la lutte au terrorisme envoyé par les autorités semble avoir de la difficulté à se concrétiser et à s'imposer sur le terrain. Les conséquences de cette organisation pléthorique est non seulement un travail en silo contreproductif, mais aussi un enchevêtrement de structures dont les missions se chevauchent, s'entrecroisent et se marchent parfois allègrement sur les pieds au gré des alliances naturelles et des inimitiés. Des petites frustrations et des grosses rancœurs aussi qui ne tardent jamais à réapparaître et qui sont souvent aussi des conflits de personnalités entre les hauts responsables des différentes escouades. Parfois le courant passe, parfois non… Les multiples opérations de relations publiques qui furent organisées depuis les attentats de Saint-Jean-sur-Richelieu et d'Ottawa pour mettre l'accent sur le partenariat et l'unité SQ-SPVM-GRC dissimulent mal les tiraillements inquiétants au cœur de la machine antiterroriste.

«Les verts (les policiers de la SQ) ne veulent pas perdre leurs prérogatives sur leur territoire», fait remarquer un interlocuteur du milieu. Celui-ci ajoute que les policiers de la SQ reçurent comme un affront le fait que les «rouges» (la GRC) les aient dépossédés de l'enquête qu'ils avaient entamée sur l'explosion d'un cocktail Molotov au centre de recrutement des Forces canadiennes à Trois-Rivières, en juillet 2010. Un attentat revendiqué par le groupe Résistance internationaliste. Le même groupe se serait attaqué à un pylône d'Hydro-Québec en 2005, en Estrie. En 2015, ce fut la tournée de la ministre de la Sécurité publique du Québec en Grande-Bretagne, en France et en Belgique en vue de créer des partenariats dans la lutte à la radicalisation et au terrorisme qui a fait grincer des dents. Certains accusèrent la délégation québécoise d'avoir court-circuité les agents de liaison de la GRC en poste dans les pays en question, en théorie les seuls interlocuteurs autorisés à échanger de l'information avec les corps policiers européens.

Mésentente récurrente et problématique aussi entre GRC et SCRS qui peuvent encore plomber dramatiquement la bonne marche des enquêtes, comme celle sur le financement des Tigres Tamouls à la fin des années 2000, ou bien avoir des répercussions inadmissibles sur le plan humain. Le meilleur exemple est celui de Christianne Boudreau, mère d'un jeune djihadiste, qui s'est fait sermonner par un agent du SCRS parce qu'elle avait aussi cherché de l'aide auprès de la GRC.

Il y a aussi ce parfum de suspicion qui flotte dans l'air. Dans chaque camp, on a toujours une anecdote embarrassante à raconter au sujet de l'autre. Comme cette histoire stupéfiante qui remonte à 1999 lorsque Ahmed Ressam a été arrêté à la frontière américaine. La bisbille aurait éclaté entre le SCRS et la GRC parce que les espions canadiens tenaient mordicus à avoir accès à l'appartement montréalais de Ressam en premier. Mais la GRC ne voulait pas en entendre parler non seulement au nom de la nécessaire protection de ce qui était devenu une scène de crime, mais surtout parce que certains policiers craignaient comme la peste que le SCRS ajoute subrepticement quelque chose, un document ou un objet, dans l'appartement du terroriste.

Au cours de sa carrière, Ray Boisvert, ex-directeur adjoint du Service de renseignement canadien, a pu constater que GRC et SCRS sont deux institutions auxquelles « les employés vouent une appartenance quasi tribale ». Il a admis lors d'une comparution devant des sénateurs que « c'est un aspect qu'il faut continuer à travailler. La haute direction doit envoyer un message clair. Le chef du programme de lutte contre le terrorisme de la GRC et moi avons rencontré les sergents, les sergents-chefs, les caporaux, les chefs de bureau et les agents du renseignement et leur avons dit que l'échec n'est pas une option, que si nous ne parvenons pas à collaborer, des gens mourront, tout simplement. Entre autres, nous avons réussi à faire comprendre aux gens de la GRC que les employés du SCRS ne peuvent pas dire grand-chose et que, en fait, ils ne s'attendent à rien, mais qu'ils ont de très grandes oreilles. Ils peuvent tout écouter. Passez à autre chose ». La même opération charme a aussi été menée auprès des agents du SCRS pour les sensibiliser aux besoins des agents de la GRC.

Méfiance aussi de la GRC qui demande que tous ses collègues des corps de police municipaux et provinciaux (Québec et Ontario) qui assistent aux séances d'information aient leur habilitation de sécurité « très secrète » afin d'avoir accès à certaines informations classifiées. « Ça va bien quand un policier n'a pas confiance en un autre policier... », soupire un haut gradé. Cet irritant illustre une faille préoccupante : l'absence d'une norme unifiée qui permettrait une meilleure circulation de l'information sensible entre policiers travaillant sur les dossiers de l'antiterrorisme, et non uniquement au sommet de la pyramide parmi un nombre restreint de hauts gradés, en particulier à la GRC et au SCRS, titulaires de la cote *ad hoc*. « Nous sommes ralentis par les processus ou la bureaucratie et, au bout du compte, ça ne sert personne à part les méchants », a déjà dit à ce sujet, cinglant, Rod Knecht, chef de police d'Edmonton.

Il faut néanmoins rappeler que ce télescopage entre le « besoin de connaître » et le « droit de savoir » est l'un des points abordés dans les recommandations du juge O'Connor en 2006 à la suite de son enquête sur l'affaire Maher Arar, un Canadien rescapé des geôles syriennes. Le juge blâmait la GRC et lui enjoignait de revoir et de resserrer ses règles de partage d'informations et de renseignements classifiés découlant d'enquêtes criminelles avec ses partenaires canadiens et étrangers.

Certaines voix dans le milieu se font de plus en plus entendre en faveur d'une intégration ou du moins pour la création, au Québec, d'une structure qui chapeauterait tous les organismes concernés et aurait une emprise globale sur le sujet. Un genre d'UPAC de l'antiterrorisme. Le modèle français de l'Unité de coordination de la lutte antiterroriste (UCLAT) semble séduire plusieurs de nos interlocuteurs. Cette structure qui relève du ministère de l'Intérieur assure une coordination opérationnelle entre tous les services policiers, la gendarmerie, mais aussi la DGSE, le renseignement extérieur français qui relève de la Défense. « Pour avoir un front efficace, il faut travailler ensemble, réunir tous les gens concernés par la lutte au terrorisme au sein d'une *task force*. Sinon il y a perte d'énergie et rivalités inhérentes à la nature humaine », concède le Français Louis Caprioli.

Ne rêvons pas. Le regroupement de ces forces n'est pas pour demain au Canada tant au niveau provincial que fédéral.

GESTION EN MODE RÉACTION ET PAR PRIORITÉS

Les attentats de Saint-Jean-sur-Richelieu et d'Ottawa, à l'automne 2014, déclenchèrent un véritable branle-bas de combat au sein de toutes les organisations impliquées dans la lutte au terrorisme au Canada. Le sentiment d'urgence était palpable du Pacifique à l'Atlantique. Il s'accrut encore plus après les attaques sanglantes menées à

Paris contre *Charlie Hebdo* et un supermarché juif par les frères Kouachi et leur complice, Amedy Coulibaly. « C'est un phénomène d'une ampleur jamais connue », fait remarquer Louis Caprioli.

À l'image de leurs collègues européens, les policiers canadiens ont dû eux aussi se réajuster et revoir leurs méthodes. Si l'adjudant Patrice Vincent a été tué, c'est entre autres à cause du manque de moyens pour surveiller et filer des suspects comme Martin Couture-Rouleau.

On assista alors à un transfert massif et sans précédent de ressources. À la GRC, des dizaines d'enquêteurs affectés habituellement aux dossiers liés aux stupéfiants et au crime organisé furent appelés sans délai en renfort au sein des EISN. Leurs effectifs bondirent de 200 à près de 600 en quelques semaines, dont 135 affectés à Montréal contre une soixantaine auparavant. Les *war rooms* surchauffèrent rapidement, croulant sous un afflux soudain de signalements et de dossiers d'enquête. « Nous n'avons jamais vu un degré d'alerte aussi élevé à la GRC », dira même le commissaire Bob Paulson.

Des cellules antiterroristes régionales créées dans la foulée du 11 septembre 2001, mais plongées petit à petit dans la léthargie, furent réactivées. En particulier celle de la Ville de Québec. À l'autre bout du pays, la police d'Edmonton, ville confrontée à des problèmes de radicalisation importants en particulier chez ses jeunes, n'a eu d'autre choix que de se départir de deux de ses enquêteurs ainsi que de ses équipes de surveillance au profit de l'EISN locale.

Dans la province de Québec, ce sont les Équipes régionales mixtes (ERM) qui firent les frais de ce brassage de cartes. Ces structures conjointes placées sous la responsabilité de la Sûreté du Québec durent laisser filer la dizaine de policiers de la GRC détachés jusqu'alors en leur sein. *Idem* pour la structure chargée de la cyberdélinquance.

Ces gestionnaires n'avaient pas le choix de composer avec l'argent et les moyens dont ils disposaient et d'accorder la priorité à la menace qui risque de faire couler le sang au sein de la population.

Un bon exemple est le SCRS qui, jusqu'en septembre 2001, consacrait l'essentiel de ses activités (environ 75 %) au contre-espionnage et le reste au terrorisme. Après les attaques massives orchestrées par la nébuleuse du défunt Oussama ben Laden, il y eut un transfert massif vers l'antiterrorisme et un renversement de la tendance. Cette fois-ci, c'était l'antiterrorisme qui était devenu, à juste titre, la priorité numéro 1 et qui occupe désormais jusqu'à 85 % des effectifs. En même temps, le service devait composer avec une diminution de l'ordre de 25 millions dans son budget 2013-2014 pour aider le fédéral à atteindre ses objectifs de réduction du déficit.

Lorsqu'il a comparu devant les sénateurs, le même jour que l'attaque de Saint-Jean-sur-Richelieu, Jeff Yaworski, directeur adjoint des opérations du SCRS, a convenu que ses agents étaient débordés par le nombre de cibles identifiées en sol canadien. En particulier les voyageurs extrémistes ou djihadistes, et les dizaines de citoyens canadiens «vétérans» de retour des zones de conflit comme la Syrie. «Quand ils reviennent au Canada, nous devons manifestement surveiller leurs activités autant que nous le pouvons, mais en fonction des priorités. Nous ne pouvons pas consacrer toutes nos ressources à tous ces gens-là en même temps.»

Au Québec, on remarqua la même tendance. Au début de l'année 2015, le quart environ des dossiers ouverts au SEME concernaient la «radicalisation islamiste». On constata aussi au quartier général de la SQ un «effet Saint-Jean-sur-Richelieu et Ottawa» sur le nombre de signalements. Ceux-ci se multiplièrent. Dans la vaste majorité des cas, ces alertes n'étaient pas fondées. Il ne s'agissait pas de canulars, mais plutôt du résultat d'une certaine paranoïa au sein de la population. Une cinquantaine de policiers de la SQ furent affectés à plein temps au suivi des dossiers, des enquêtes et de la coordination dans le domaine du terrorisme. Certains furent détachés au sein de l'EISN de Montréal. Environ 500 autres collègues pouvaient les assister selon les besoins opérationnels. Mais, en même temps, le budget alloué par le gouvernement provincial à la SQ pour la lutte au terrorisme ne cessait de fondre, atteignant 2,2 millions contre 3 millions au milieu des années 2000.

À la Ville de Montréal, le terrorisme accapara aussi désormais 90 % du temps de travail des agents de renseignement, contraints dès lors de mettre de côté d'autres dossiers. Quant à la centaine de policiers de la Section antiterrorisme et mesures d'urgence (SAMU), ils se sont retrouvés inondés de dossiers. Une lutte qui a un coût : de 15 à 20 millions rien que pour les contribuables montréalais. « On ne sait jamais à quel moment ces gens vont basculer et passer à l'acte. Cela nous demande une vigilance énorme et de faire des choix. Cela nous empêche de dormir la nuit », a dit Marc Parent, l'ex-patron de la police montréalaise.

Cette angoisse exprimée par ces hauts responsables et leurs mots « priorités » ou « choix » cachent en fait une réalité préoccupante : les forces policières et de renseignement sont débordées par l'ampleur de la tâche et, en même temps, victimes des réductions budgétaires. Impossible de l'avouer en public, mais, en privé, plusieurs s'inquiètent et fulminent contre le manque de ressources humaines et matérielles allouées malgré les beaux discours et les belles promesses des politiciens. Déshabiller une structure pour en habiller une autre dans l'urgence ne peut pas être une solution viable et efficace à long terme.

Les chiffres sont éloquents. Sachez que chaque suspect placé sous filature 24 heures sur 24, donc sur trois quarts de travail sept jours sur sept, monopolise à lui seul entre 20 et 30 enquêteurs selon son niveau de menace. Heureusement, les suspects de terrorisme sont réputés moins doués en contre-filature que les espions superentraînés. Ce qui ne les rend pas moins dangereux, tel cet islamiste montréalais qui a voulu tabasser en pleine rue l'agent du SCRS qui le suivait pas à pas !

Certaines opérations de surveillance s'échelonnent sur des semaines. Donc, en théorie, si on devait filer la centaine d'individus fichés à haut risque par la GRC, on devrait mobiliser près de 2 000 policiers et agents du SCRS. Même si la technologie, comme les dispositifs de localisation GPS et les caméras dissimulées dans un véhicule, ainsi que le recours à de très bons informateurs permettent d'économiser des ressources, le risque zéro devient un vœu pieux. Considérez aussi le fait que le SCRS a sa propre liste de cibles dont certaines doivent être filées plus ou moins en permanence selon le niveau d'enquête. Dans certains cas, il peut arriver qu'un même suspect soit filé par deux équipes distinctes du SCRS et de la GRC. Pour des raisons légales, la première se concentre sur le renseignement, la seconde sur la collecte d'éléments de preuve. Spécificité canadienne. Absurdité, selon plusieurs.

En plus des agents de filature, il faut ajouter les effectifs affectés à des opérations techniques connexes, ceux chargés d'installer, d'entretenir et d'enlever les systèmes d'écoute électronique ou de surveillance vidéo (10 à 12 techniciens par installation) placés clandestinement, les agents chargés des écoutes, les traducteurs, etc. Le renseignement technologique a une importance non négligeable dans les enquêtes, mais, là encore, les policiers se butent à des systèmes de plus en plus perfectionnés parfois réputés inviolables. C'est le cas des téléphones équipés du logiciel PGP dont il serait impossible d'extraire les données.

« BRÛLER » UN COMPLOT ET LE PERTURBER

En cours d'enquête, la GRC peut décider d'adopter des stratégies visant à contrecarrer ouvertement ou discrètement les plans d'un suspect. Cette technique a un nom : la perturbation (*disruption*, en anglais).

On peut, à titre d'exemple, faire comprendre à un individu qu'il est repéré et « brûlé ». Un (ou plusieurs) long interrogatoire suffirait dans certains cas à inciter un extrémiste à renoncer à ses activités ou même à quitter le pays. On peut aussi le filer presque 24 heures sur 24 de manière très évidente, contrarier ses procédures auprès des services d'immigration ou bien le placer sur la *no-fly list* canadienne.

Dans certains documents internes du renseignement canadien, on évoque une tactique dite de « perturbation/intervention » à des fins de « contre-radicalisation ». Celle-ci est définie comme une « intervention active d'une agence de sécurité ou des forces de l'ordre, avec d'autres partenaires, auprès d'un individu dont les activités sont une source de préoccupation ». On présente alors au suspect « des preuves d'activités considérées comme préjudiciables à la sécurité nationale ».

Considéré comme du harcèlement du point de vue des personnes visées, ce type d'action serait plus efficace dans certains cas qu'un long processus judiciaire ou un certificat de sécurité, explique-t-on dans le milieu de l'antiterrorisme. Cette philosophie qui consiste à prévenir, avant que le crime soit commis, plutôt que guérir est aussi une méthode employée par l'unité de renseignement de la police provinciale de l'Ontario (OPP).

À un stade supérieur, la perturbation peut aller jusqu'à une opération de sabotage qui consiste à trafiquer certains composants d'une bombe pour la rendre inoffensive, intercepter un colis avant sa livraison pour subtiliser son contenu et le remplacer par un autre, bloquer des communications ou s'attaquer à un site Web en le bombardant de pourriels.

Les policiers de l'antiterrorisme, comme leurs collègues des stupéfiants ou du crime organisé, peuvent aussi avoir recours à ce qu'ils appellent dans leur milieu un « C-24 ». Ce terme fait référence à la loi C-24 déposée par le gouvernement libéral de Jean Chrétien qui autorisait les fonctionnaires à commettre une infraction dans certaines circonstances exceptionnelles urgentes. Forcer le coffre d'une auto ou briser une vitre pour y dérober des documents ou un ordinateur, cambrioler un logement dans le même but ou provoquer un accident lors d'une filature sont des exemples de situations nécessitant un C-24. Chacun doit être autorisé par un supérieur hiérarchique et faire l'objet d'un rapport écrit. Mais le recours à cette technique d'enquête demeurerait rare.

Légalement, jusqu'à présent, les espions canadiens n'ont pas le droit d'employer ces procédés réservés aux agents de la paix. Lorsqu'ils mènent une entrevue (le mot interrogatoire est banni du dictionnaire du SCRS) avec une cible, l'objectif est « de recueillir des renseignements et non de dissuader la personne soupçonnée de prendre des mesures qui menacent la sécurité des Canadiens ». La ligne est toutefois mince. Dans certains cas, le SCRS n'aurait eu nul besoin de faire des pressions indues lors de ces entrevues pour que ces suspects décident de quitter le pays à la sauvette. Le simple fait de voir débarquer deux agents de renseignement a produit le même effet.

Plusieurs activistes islamistes montréalais proches d'Ahmed Ressam ont ainsi quitté le Canada subitement à l'automne 2001 après plusieurs rencontres avec des agents du SCRS. Même chose en 2004 pour un Algérien de Toronto, spécialiste en explosifs, soupçonné d'être le chef d'une cellule locale du Groupe salafiste pour la prédication et le combat (GSPC, Algérie).

Un des grands bouleversements apportés par les lois C-44 et C-51 promulguées en 2015 par le gouvernement conservateur est l'ajout des opérations de « perturbation » à l'arsenal déjà à la disposition des agents du SCRS. Opérations que les espions canadiens auraient le droit de mener en territoire étranger, peu importe le droit local… Le texte de loi précise seulement que le SCRS n'aurait pas le droit de causer des blessures ou la mort d'un individu. À l'extrême, rien n'empêcherait en revanche un agent de liaison du SCRS en mission en Turquie ou en Jordanie, par exemple, de confisquer le passeport d'un individu suspecté d'affiliation à un groupe terroriste ou d'annuler son billet d'avion pour le coincer loin du Canada. Il pourrait aussi éventuellement le faire placer en détention dans un tiers pays.

Depuis des années, le renseignement canadien militait en coulisse et faisait pression pour obtenir ce « mandat de réduction des menaces », jusque-là le monopole de la GRC. Le projet de loi prévoit que les agents du SCRS devront obtenir au préalable un mandat de 60 à 120 jours maximum – renouvelable – auprès d'un juge si les tactiques qu'ils comptent utiliser « contreviennent aux droits garantis par la Charte » ou par la loi.

La perspective que les agents du SCRS puissent mener des actions de perturbation ne fait pas l'unanimité ni à l'interne, ni dans les corps policiers chargés de la lutte au terrorisme. Il y a d'abord la crainte des dérapages et ensuite celle que les uns empiètent sur les prérogatives des autres au détriment de la bonne marche des enquêtes criminelles. « Perturber, ce n'est pas une fin en soi, c'est seulement contrôler une menace à court terme tout en restant dans un contexte où l'objectif est la judiciarisation, c'est-à-dire traduire le suspect devant la justice », rappelle un ex-responsable de la lutte au terrorisme. Le SCRS n'a pas cet objectif-là du fait de son statut. Perturber pour perturber est dangereux, car dans l'esprit de l'individu visé, ce ne sera que partie remise et rien ne l'empêchera de tenter autre chose, souligne-t-il.

Un autre pan de la loi vise à améliorer l'échange et la circulation de l'information entre les corps de police et les 17 organismes et agences fédérales (le Québec a demandé a ce que la SQ soit ajoutée à cette liste) impliqués dans les dossiers de lutte au terrorisme. Le fait que 14 d'entre eux échappent à tout contrôle suscita aussi de sérieuses réserves de la part du commissaire à la vie privée.

En parallèle, le gouvernement souhaita offrir une meilleure protection de l'identité des agents du SCRS, mais aussi des témoins et des sources humaines impliqués dans ces enquêtes délicates à qui on a promis l'anonymat, y compris les sources rémunérées à qui le service de renseignement confie certaines missions. Des sources que le SCRS protège férocement parce qu'elles sont des piliers essentiels de son système de collecte de renseignements, mais dont la Cour suprême a considéré (en 2014) qu'elles ne pouvaient pas bénéficier du privilège de protection de l'identité, contrairement aux informateurs de police.

Cette mesure législative est une réponse à l'inquiétude dans les milieux de la sécurité devant cette tendance lourde observée dans plusieurs dossiers judiciaires qui consiste à chercher à obtenir, par des biais plus ou moins directs, les sources de la GRC et du SCRS. Certains employés, en particulier les traducteurs qui sont issus des communautés, craignent aussi de voir leur identité dévoilée lors de procédures ou d'être contraints de témoigner, en raison du risque de représailles envers eux ou leur famille. Sans compter le signal négatif et l'effet néfaste sur le recrutement de futurs informateurs à qui on ne peut plus garantir la confidentialité absolue. La fiabilité de ces sources n'est toutefois pas toujours avérée comme le démontrent, par exemple, ces commentaires du juge Richard G. Mosley dans un jugement rendu en 2009 concernant Hassan Almrei. Ce Syrien vétéran du djihad en Afghanistan et au Tadjikistan avait été frappé en 2001 d'un certificat de sécurité, car suspecté alors par le SCRS d'être un agent dormant du réseau Al-Qaïda: «[...] Je suis convaincu que certaines des sources humaines en l'espèce avaient des motifs de fabriquer des récits présentant M. Almrei sous un jour sombre. [...] La source cherchait fortement à gagner la faveur du SCRS en 2001.»

C'est au nom de la «nécessité capitale» de «protection des informations sensibles» que le SCRS et le gouvernement canadien ont choisi de retirer, en 2009, une partie de la preuve secrète déposée contre Adil Charkaoui. Mais, en 2013, un juge de la Cour supérieure de Montréal avait donné gain de cause au Montréalais dans le cadre de sa poursuite en dommages et intérêts de 26 millions contre le Canada. Le magistrat exigea de la GRC, du SCRS et des services frontaliers qu'ils remettent à Adil Charkaoui un nombre important de documents secrets, de rapports de filature et d'enregistrements de conversations qui le concernaient.

Dans un volumineux document transmis au ministre Steven Blaney lors de son entrée en fonction au ministère de la Sécurité publique, le grand patron du SCRS attirait notamment son attention sur ces décisions dans le cadre de litiges « liés à la sécurité nationale » (une dizaine devant les tribunaux à l'époque) laissés à la « discrétion » des juges. Le SCRS déplorait la « compromission de la sécurité nationale par la communication d'informations sur les techniques du métier, les sources et les opérations », et la surcharge de travail engendrée par le volume de documents à traiter. Dans le cas d'Adil Charkaoui, un cadre du SCRS révéla dans une déclaration assermentée déposée en cour que son dossier contenait plus de 20 000 documents, incluant des enregistrements, correspondant à 430 000 pages de documents ultra-secrets entreposés et transportés sous haute protection.

Bien que les gendarmes de la GRC conservent la haute main sur les enquêtes criminelles, ce partage de prérogatives et l'octroi de nouveaux pouvoirs d'enquête à leurs cousins du SCRS ne firent pas que grincer des dents au sein des corps policiers. Ce projet de loi qui touchait en fait cinq ministères déclencha aussi une levée de boucliers dans la société civile. Les craintes étaient grandes que ces nouvelles mesures, censées lutter contre le terrorisme, soient détournées à l'encontre de groupes politiques, sociaux ou environnementaux, affaiblissent plus encore les droits individuels et ouvrent la voie à des abus et à plus d'intrusions dans la vie privée par des agences, en particulier le très secret Centre de sécurité des télécommunications (CST), la National Security Agency (NSA) canadienne.

L'ARTICLE 810.01, LONGTEMPS NÉGLIGÉ

Lors des premiers débats entourant le projet de loi C-51, plusieurs juristes et experts firent remarquer que le Code criminel recelait déjà plusieurs outils pertinents dans le cadre de la lutte au terrorisme, mais qui, bizarrement, demeuraient sous-utilisés, voire ignorés. Des outils que l'on pourrait pourtant brandir contre plusieurs Canadiens encore dans la zone verte ou orange du radar des policiers et ne pas attendre qu'ils soient dans la zone rouge pour agir !

Le meilleur exemple est l'article 810.01, appelé simplement «810» dans le jargon, qui impose à un individu pendant un laps de temps pouvant atteindre un an de «garder une bonne conduite et de ne pas troubler l'ordre public». Bien qu'il ne soit pas la panacée face à un individu déterminé, cette disposition fréquente dans les affaires de violence conjugale peut représenter dans certains dossiers de sécurité nationale une solution de rechange beaucoup plus souple que tout l'attirail spécifiquement antiterroriste du Code criminel (14 infractions de terrorisme). Essentiellement parce que ce sont des «motifs raisonnables de craindre qu'une personne commettra une infraction» qui en constituent le seuil, les policiers et la Couronne n'ont pas besoin de se présenter devant un juge de la Cour provinciale avec un dossier de preuve étoffé sous leurs bras.

Le «810» peut aussi être couplé à l'article 83.03 qui permet la mise en détention préventive en attendant que l'audience ait lieu.

François Bleau, inspecteur à la Division des services de renseignement du SPVM, en conviendra lors d'une comparution parlementaire: le «810», expliqua-t-il, «confère une certaine agilité dans le temps. Il est plus facile d'émettre des conditions et d'exclure les gens, et de pouvoir au moins exercer un contrôle sur ces personnes».

Pourtant, jusqu'au printemps 2015, les cas de «810» se comptaient à peine sur les doigts des deux mains pour tout le Canada. Aucun n'avait été requis contre Martin Couture-Rouleau malgré le risque qu'il représentait. Les autorités n'avaient même pas tenté d'entreprendre cette démarche, estimant le dossier trop faible pour convaincre un juge. Les conséquences ont été dramatiques.

Mais lorsque les policiers se présentent en cour, ils doivent composer avec des délais inhérents à la lenteur de la machine judiciaire. Les rôles sont encombrés, avocats et juges s'arrachent les cheveux devant leurs agendas déjà noircis de rendez-vous. Une justice que certains dans le milieu policier décrivent comme «archaïque» et peu adaptée à cette menace terroriste contemporaine qui exige, au contraire, une réactivité se mesurant parfois en terme d'heures et non plus de jours ou de semaines. Rien de nouveau toutefois dans cette guerre à finir entre police et justice, les premiers accusant souvent les seconds de ne pas être au diapason.

Le commissaire Bob Paulson de la GRC a lui-même exprimé publiquement son irritation et son impatience. « C'est le fonctionnement des tribunaux qui pose problème », a-t-il déploré devant les députés canadiens en mars 2015. La source de son courroux était le cas de Merouane Ghalmi, un ex-champion de combats extrêmes, qui a comparu en cour à Montréal le 25 février 2015. Les autorités canadiennes soutenaient avoir des « motifs raisonnables de craindre » que le jeune homme de 22 ans, qui avait remisé ses gants en mai 2012, pouvait commettre une « infraction terroriste ».

Mais l'étude de son dossier avait été renvoyée au 27 mars pour son audition, et Ghalmi a pu repartir chez lui aussi librement qu'il était venu. « C'est un délai qui n'est pas raisonnable, a protesté le chef de la GRC. Si jamais il fait quelque chose pendant ce délai, qui sera responsable ? Moi... » On peut toutefois imaginer que les policiers l'ont gardé à l'œil pendant cette longue période.

Merouane Ghalmi se présenta le jour dit devant le juge. Une comparution entourée de mesures de sécurité plus radicales que celles imposées dans les aéroports. Quiconque voulait accéder à la salle d'audience devait subir une fouille en règle, jusqu'au moindre recoin de son portefeuille. Le jeune homme de 22 ans à la barbichette pointue ne semblait pas vraiment stressé par le sort qui l'attendait. Il paraissait même au contraire impassible, son visage affichant un regard décidé.

La séance fut expéditive, quelques minutes à peine. Les enquêteurs de la cellule antiterroriste, badge à la ceinture, qui s'étaient déplacés pour l'occasion n'eurent pas à témoigner. Ghalmi accepta d'emblée d'être assujetti au «810» pour un an, mesure accompagnée d'une liste de 13 conditions.

Que reprochait-on à Ghalmi? Une lecture «entre les lignes» de ces conditions permet de déduire que le Montréalais avait probablement l'intention de quitter le territoire pour rejoindre la Syrie. En effet, la cour lui a notamment interdit de communiquer «via les réseaux sociaux avec toute personne en Syrie ou toute personne ayant un lien avec un groupe terroriste». Interdiction aussi de communiquer avec un résident de l'ouest de Montréal, Daniel Minta Darko, qui se verra imposer les mêmes conditions trois semaines plus tard. Ghalmi devait aussi remettre son passeport dans les 24 heures qui suivaient et ne pas faire de demande «pour un passeport de toute nationalité».

Le Montréalais ne devait plus «consulter du matériel terroriste ou tout matériel que ce soit qui promeut la violence ou des idées extrémistes ou radicales à des fins politiques, religieuses ou idéologiques» et devait fournir aux enquêteurs de l'EISN ses mots de passe pour qu'ils puissent accéder à tous ses appareils électroniques.

Mais le plus spectaculaire fut l'imposition du port permanent d'un bracelet électronique de type GPS pour suivre tous ses déplacements en temps réel. Jusqu'à présent, le seul Québécois qui avait eu à subir cette mesure était Adil Charkaoui.

Le juge leva la séance. Ghalmi quitta les lieux d'un pas pressé quelques minutes plus tard, les mains dans les poches, sans adresser un regard ni une parole aux journalistes agglutinés dans le couloir. Sitôt arrivé à son domicile, il se connecta à son compte Facebook et... supprima Mohamed Rifaat, Montréalais soupçonné d'être en Syrie, de sa liste d'amis! Trois mois plus tard, Ghalmi était de nouveau arrêté pour bris de ses conditions de libération, puis relâché...

Conclusion

—

COURIR PLUSIEURS LIÈVRES À LA FOIS...

Vous l'aurez compris à la lecture de cet ouvrage, les forces de police et du renseignement se retrouvent de nouveau sur un qui-vive semblable à celui qui a suivi la période de Septembre 2001. Elles subissent cette même pression de la part du public et des hauts responsables politiques.

Cela fait plus de 25 ans que le terrorisme inspiré par l'idéologie islamiste existe en Occident et personne n'arrive à l'endiguer. Non seulement ce terrorisme croît-il entre des périodes d'accalmie, alimenté par différents facteurs, dont les conflits armés, mais il mue sans cesse pour mieux déjouer ses prédateurs.

Auparavant la base arrière notoire de plusieurs organisations terroristes aux idéologies variées pour leurs opérations de financement et leur logistique, le Canada est devenu la cible de certains de ces groupuscules.

L'ex-policier antiterroriste Paul Laurier se remémore avec amertume les années passées où ceux qui, comme lui, se consacraient à ce type de criminalité, surtout sous l'angle du renseignement, « étaient la risée de certaines escouades ». « Nous n'avions pas de trophées à exhiber, que ce soit des liasses d'argent ou des kilos de cocaïne, mais la pression sur nous était énorme. » Le terrorisme est une menace diffuse qui n'a rien à voir avec le crime organisé. Elle est basée sur une idée et non sur le profit. Et la particularité de la lutte au terrorisme est que le droit à l'erreur est nul, car le prix à payer signifie souvent des pertes de vies, du sang qui coule et de la terreur au sein de la population. Qui donneront lieu par la suite à des critiques, de multiples questionnements légitimes sur les probables «failles» qui ont mené à la tragédie et des inquiétudes au sein de la population.

Pour un ex-policier qui a travaillé dans le domaine antiterroriste, le constat est implacable, cynique même. Selon lui, il a fallu que le sang coule à Saint-Jean-sur-Richelieu et à Ottawa pour que le «système» judiciaire se réveille, devienne subitement «plus agressif, plus enclin à porter des accusations» et que l'on note moins de résistance de la part des juges de paix et des procureurs.

«Notre système de justice fortement axé sur les droits de la personne nous a toujours offert une mince marge de manœuvre difficile à cerner, ajoute Paul Laurier. Nous attendons trop souvent des catastrophes pour réagir. Nos lois devraient évoluer constamment parce que la menace terroriste se transforme elle aussi constamment.»

Les services antiterroristes sont constamment coincés entre l'arbre et l'écorce. Au sein de la population, ils suscitent souvent la méfiance. Les dérapages des années 1970, qui ont mené à la création du SCRS en réaction à un rapport dévastateur sur des actions illégales de l'ancien Service de sécurité de la GRC, sont encore frais dans les mémoires. Les récentes révélations du lanceur d'alertes américain Edward Snowden sur l'écoute électronique pratiquée à grande échelle et la collecte de «métadonnées» par les services de renseignement occidentaux n'ont rien fait pour atténuer ce sentiment. Tout comme les révélations de La Presse Canadienne, en 2015, qui démontraient que le SCRS avait aidé le gouvernement fédéral à se préparer aux manifestations démocratiques contre le projet d'oléoduc Northern Gateway.

Les projets législatifs visant à renforcer la capacité d'action des unités antiterroristes provoquent toujours des levées de boucliers de la part de citoyens inquiets des dérives liberticides. Rien de plus normal en démocratie.

Mais, au même moment, cette opinion publique est prompte à crucifier les responsables sur la place publique lorsqu'ils échouent à empêcher un attentat. Ironiquement, les critiques proviennent parfois des mêmes personnes qui s'inquiétaient des trop grands pouvoirs accordés aux policiers et aux agents de renseignement : « Nous vous avons donné tous ces moyens et vous échouez quand même ? Que faites-vous vraiment avec ces fonds publics ? » demandent-ils alors.

L'ex-directeur général adjoint du SCRS Ray Boisvert observe la situation actuelle non sans appréhension : « Notre marge de manœuvre était quasi nulle à l'époque où je travaillais en contre-terrorisme en 2009-2010, a-t-il dit devant un comité sénatorial. Je ne peux même pas m'imaginer comment la situation est difficile aujourd'hui. Il y a des choix difficiles à faire. On travaille en fonction d'une matrice des menaces. C'est un coup de dés chaque fois. Pas seulement au SCRS. C'est la même galère à la GRC. »

Comme nombre de pays occidentaux, le Canada est désormais confronté à une menace à quatre visages. Il y a d'abord les adeptes du djihad individuel comme Martin Couture-Rouleau et Michael Zehaf-Bibeau. Deux convertis radicalisés avec une piètre culture religieuse comme c'est souvent le cas. La radicalisation n'est pas une menace en soi, mais le problème est que l'on ne sait jamais quand un individu radicalisé va passer à l'acte. Départager ceux qui ne feront que parler de ceux qui ont la capacité de passer à l'action est un autre défi. Défi que l'on a perdu dans le cas de Couture-Rouleau…

Ensuite, il y a Al-Qaïda et le modèle qui fut longtemps sa marque de commerce, soit des attentats conventionnels perpétrés par des microcellules. Enterrer trop vite la nébuleuse du défunt Oussama ben Laden et ce type d'attaque serait une grave erreur, estiment plusieurs experts. Ne serait-ce parce qu'Al-Qaïda pourrait chercher à revenir à l'avant-scène face à un omniprésent État islamique qui maîtrise parfaitement sa communication. Nous avons affaire à un terrorisme opportuniste qui emploie les armes qui lui tombent sous la main. La mode en ce moment en Europe est l'attaque au AK-47. Il y a aussi eu la vague des cocottes-minute piégées aux États-Unis et au Canada. Qui dit que l'on ne verra plus jamais de véhicules piégés ?

Il y a aussi cette nouvelle menace, surestimée selon certains, incarnée par les jeunes djihadistes de Montréal, de Toronto ou d'Edmonton déjà ou bientôt de retour du front irako-syrien avec une expérience paramilitaire inégalée. Qu'ils aient été des combattants impitoyables chargés des pires besognes ou assis devant un ordinateur pour les opérations de communication via les réseaux sociaux, ils devront faire l'objet d'une surveillance plus ou moins active dès leur retour au pays. « Celui qui revient peut influencer un autre cercle ici qui va le percevoir comme un héros. Il multipliera ainsi le support à un groupe comme l'EI et étendra son influence », s'inquiète un fin connaisseur de ces dossiers.

Dans une vidéo de sensibilisation, Rashad Ali, ex-membre repenti du parti islamiste Hizb ut-Tahrir qui oeuvre désormais à la déradicalisation des jeunes en Grande-Bretagne au sein de l'organisme Centri, s'inquiète de la dérive violente chez plusieurs de ces combattants qui, note-t-il, étaient sincères à l'origine : « Ce qui les a motivés au départ, c'est la tyrannie du régime d'Assad. Le problème survient lorsque cette motivation est refaçonnée par des discours djihadistes. Les sujets endoctrinés par leur idéologie puis endurcis par l'entraînement militaire n'ont plus de réticences à tuer. Ce qui crée une situation très dangereuse, si l'on en croit des déclarations de certains qui ont promis de revenir pour commettre des actes de violence, notamment l'assassinat d'Occidentaux. Je pense que c'est un problème extrêmement grave et qu'il existe un risque important d'actions terroristes. »

Autre source d'inquiétude, ceux que le SCRS qualifie dans une étude ultra-secrète de « djihadistes frustrés ». Autrement dit, les aspirants qui ont vu leurs « plans de combattre et éventuellement de mourir en martyrs être contrariés » soit parce qu'ils ont été stoppés au départ (par exemple Martin Couture-Rouleau), soit interceptés en chemin et renvoyés au Canada, soit rejetés par le groupe djihadiste à cause d'un manque de « compétence ». Les djihadistes occidentaux sont souvent réputés moins professionnels que les Tchétchènes, par exemple, considérés comme des combattants aguerris.

Ces djihadistes frustrés représenteraient une aussi grande menace à la sécurité du Canada que ceux qui reviennent ici après avoir atteint leur but. Ils pourraient décider de jouer le rôle de « facilitateurs », de radicaliser d'autres individus ou d'intégrer un groupe d'individus « en colère » ayant décidé de mener leur combat « d'une autre façon », en planifiant des attaques en sol canadien ou occidental, préviennent les espions canadiens.

NE PAS S'ALIÉNER LA COMMUNAUTÉ

Les policiers et agents de renseignement s'épuisent à courir plusieurs lièvres à la fois. « C'est une gestion de risque continuelle, nous devons placer le plus de filets possible », nous dit l'un d'eux. Beaucoup n'en dorment pas la nuit.

Une source spécialisée dans ces dossiers terroristes concède qu'il n'y a pas de solution miracle : « On ne sait jamais si et quand un individu considéré comme radical va disjoncter. Alors, que peut-on faire ? Si on veut le suivre 24 heures sur 24, cela exige d'énormes ressources. L'arrêter, le mettre en prison, sa frustration augmentera et il pourra éventuellement entrer en contact avec d'autres radicaux. »

Mais encore faut-il débusquer le lièvre. L'arrestation au cours de l'hiver 2015 du jeune couple d'étudiants montréalais qui, selon la poursuite, prévoyait commettre un attentat avec une bombe artisanale, rappelle que le risque zéro n'existe pas.

Cette fois-ci, on a eu de la chance. Il s'en est fallu de peu que les deux tourtereaux ne soient découverts. C'est la vigilance de leur entourage qui a fait en sorte qu'ils ont pu être neutralisés à temps, en l'occurrence une dénonciation faite par un membre de la famille d'un des deux jeunes. Ceux-ci avaient réussi à demeurer en dehors du radar des policiers et du SCRS malgré la mobilisation générale antiterroriste, l'accroissement des effectifs, la vigilance renforcée et la surveillance des réseaux sociaux.

Plusieurs de nos interlocuteurs vantent le rôle de la communauté et des familles. Ce sont des éléments clés de la détection que l'on risque de s'aliéner en employant une approche systématiquement répressive vis-à-vis des jeunes embrigadés. Des garçons et des filles issus pour la plupart de familles bien intégrées de la classe moyenne et bien scolarisés. Pas des damnés de la terre.

Des conférences sur la radicalisation organisées ces derniers mois pour la communauté par les forces policières avec la collaboration d'imams ont généré des dénonciations qui ont permis de faire progresser plusieurs enquêtes antiterroristes.

Le fait que de plus en plus de familles n'hésitent plus à appeler les policiers ou le SCRS est jugé encourageant. Ces pères, ces mères, ces frères ou ces sœurs ne craignent plus d'outrepasser le message de non-collaboration et de repli communautaire propagé par une poignée d'imams vindicatifs. Ceux-ci vont finir par s'isoler d'eux-mêmes ou être mis au ban par la communauté, prédit-on dans les milieux antiterroristes. Cette implication communautaire permettra aussi à court et moyen terme d'obtenir des statistiques plus précises sur les Canadiens partis combattre à l'étranger.

Plus préoccupante encore est la réduction marquée du temps s'écoulant entre le moment où un complot commence à se tramer, sa planification et son exécution. Désormais, on ne compte souvent plus en mois, mais en semaines et quelquefois en jours. Deux semaines avant les attaques de Saint-Jean-sur-Richelieu et d'Ottawa, le grand patron du SCRS mentionnait ne détenir « aucune information indiquant une attaque imminente »...

DÉTECTION ET RENSEIGNEMENT

À défaut de s'attaquer aux causes, ce qui n'est pas le rôle des forces de police et de renseignement, cette tendance peut-elle s'inverser ?

La plupart de nos interlocuteurs sont pessimistes en raison de la nature même de ce terrorisme des années 2010 qui ne ressemble en rien à celui des années 1980. À cette époque, les services occidentaux affrontaient des États acteurs du terrorisme telles la Libye ou la Syrie, soit directement par leurs services de renseignement, soit indirectement par des organisations terroristes qui exécutaient leurs basses besognes. « Dès lors que ces États étaient sanctionnés ou décidaient d'eux-mêmes de ne plus supporter des organisations terroristes, ce terrorisme disparaissait », fait remarquer Louis Caprioli. « Nous avions un interlocuteur face à nous. Mais avec des organisations comme Daesh (EI) et Al-Qaïda, nous ne sommes plus du tout dans cette configuration. Les années 1990 ont vu l'avènement du terrorisme salafiste djihadiste. Abdullah Azzam, théoricien et père fondateur du djihad, avait comme doctrine le fusil et le djihad. Pas de négociations, pas de discussions. Ce sont des adversaires qui n'ont pas l'intention de se conformer à la diplomatie ou aux règles internationales. Ils évoluent dans un monde qui leur est propre. »

Les évènements de Saint-Jean-sur-Richelieu et d'Ottawa sont-ils des épisodes sans lendemain ou le prélude à des actions plus spectaculaires, sachant que des complots d'envergure ont déjà été tués dans l'œuf ces dernières années ?

Paul Laurier ne baigne pas dans l'optimisme, surtout lorsqu'il observe les mécanismes en place pour prévenir ce type de criminalité et s'y attaquer, quelle que soit l'idéologie qui l'inspire : « Nous n'avons pas appris du passé. L'ADN policier est malheureusement axé sur la réaction. La détection en amont est la base de la réussite. En aval, il est trop tard. Le renseignement est la seule façon de prévenir. Au Québec, notre structure de lutte au terrorisme est complexe, probablement trop. La fluidité de l'information entre partenaires est encore trop restreinte. Nous devons réfléchir plus que jamais à mettre en place une organisation unique dédiée à cette lutte, car la menace ne disparaîtra jamais. »

SOURCES

—

Pour la rédaction de cet ouvrage, nous avons recueilli plusieurs témoignages en particulier lors d'entretiens, mais aussi lors de nos recherches sur le terrain tant au Canada qu'à l'étranger (voir aussi la section Remerciements).

Nous avons également consulté des dizaines de documents déposés lors de procédures judiciaires (Canada, États-Unis, France), des mandats de perquisition de différents corps policiers dont la GRC, des jugements de cours provinciale et fédérale ainsi que les comptes rendus des délibérations de comités parlementaire et sénatorial permanents de la sécurité nationale et de la défense.

Nous avons aussi puisé des extraits de divers rapports du SCRS, du Centre intégré d'évaluation des menaces et de la GRC obtenus par le biais de la Loi d'accès à l'information. Ceux-ci sont mentionnés dans le texte.

Enfin, nous nous sommes aussi appuyés sur divers articles, reportages et ouvrages répertoriés pour l'essentiel ci-dessous :

« Why a young Canadian's dream turned to ISIS », par Allan Woods, *Toronto Star*, 20 février 2015.

« Martin Couture-Rouleau : "Il avait le cœur noble et le cerveau déprimé" », par Marie-Michèle Sioui, *La Presse*, 24 octobre 2014.

« Police Radio Audio : Radicalized fanatic kills soldier in Quebec, Canada », vidéo diffusée sur YouTube par The 4K Guy, 21 octobre 2014.

« Gunman bought car used in Ottawa attack for $650 », par Joanna Smith et Tim Alamenciak, *The Toronto Star*, 24 octobre 2014.

« Toronto Jane : the first woman to be documented on the front lines with ISIS », par Jeff R. Weyers et Mubin Shaikh, site Internet d'Ibrabo, 30 janvier 2015.

« Hamza Chaoui contre Denis Coderre », reportage d'Azeb Wolde-Giorghis, Radio-Canada, 30 mars 2015.

« Les pénitenciers ne favoriseraient pas la radicalisation, selon une étude », par Jim Bronskill, La Presse Canadienne, *La Presse*, 29 avril 2015.

« Du djihad à la cabane à sucre », par Christiane Desjardins, *La Presse*, 18 avril 2015.

« ISIS just stole $425 million, Iraqi governor says, and became "The world's richest terrorist group" », par Terrence McCoy, *Washington Post*, 12 juin 2014.
http ://www.washingtonpost.com/news/morning-mix/wp/2014/06/12/isis-just-stole-425-million-and-became-the-worlds-richest-terrorist-group/

« Terrorisme : le nombre de transactions financières signalées explose », par Joel-Denis Bellavance, *La Presse*, 8 juin 2015.

« Three days before October terror attacks, alarm bells were sounding intelligence documents show », par Stewart Bell, *National Post*, 1er mars 2015.

« Spy's statement reveals his links with Canada and ISIS », *Daily Sabbah*, 15 mars 2015.

« Les Kurdes sont-ils les bienvenus dans l'EIIL ? », par Wassim Nasr, France 24, 1er juillet 2014.

« Deux Montréalaises parties rejoindre l'État islamique », par Andrew McIntosh, QMI, 23 janvier 2015.

« Les réponses d'un djihadiste montréalais que nous cherchions », reportage de Marie-Ève Bédard, Radio-Canada, 23 octobre 2014.

« Foreign jihadists flocking to Iraq and Syria on "unprecedented scale" – UN », par Spencer Ackerman, *The Guardian*, 30 octobre 2014.

« Ils m'ont demandé de faire un attentat en France », par Marie Lemonnier, *Le Nouvel Observateur*, 2 octobre 2014.

« Zehaf-Bibeau avait séjourné dans un refuge d'Ottawa », par Hugo de Grandpré, *La Presse*, 23 octobre 2014.

« The case of the big talker convicted of terrorism », par Michelle Shephard, *Toronto Star*, 23 juin 2014.

« Déclaration suivant le prononcé de sentence de Mohamed Hassan Hersi (Projet Severe) », site Internet de la GRC, 24 juillet 2014.

« Charkaoui se serait rendu chez un djihadiste allégué », par Hugo Joncas, *Journal de Montréal*, 5 mars 2014.

« La jeunesse erratique de Mehdi Nemmouche », par Laurent Borredon et Soren Seelow, *Le Monde*, 7 juin 2014.
lemonde.fr/societe/article/2014/06/07/la-jeunesse-erratique-de-mehdi-nemmouche_4434063_3224.html

« Une conversation compromettante entre Charkaoui et Abdelrazik », par Pierre-André Normandin, *La Presse*, 5 août 2011.

« Raed Jaser and Chiheb Esseghaier persuaded police they were up to nothing nefarious after casing bridge », par Richard Warnica, *National Post*, 10 février 2015.

« Massive RCMP probe stopped Al-Qaeda-linked conspiracy to derail passenger train : newly released documents », par Stewart Bell, *National Post*, 11 janvier 2014.

« Sur les traces de Chiheb. “Mon fils n'arriverait jamais à tuer”. Choc et stupeur à l'université », par Maxime Bergeron, *La Presse*, 25 avril 2013.

Terroristes : les 7 piliers de la déraison, par Marc Trévidic, JC Lattès, 2013.

Ce que je n'ai pas pu dire, par Jean-Louis Bruguière – Entretiens avec Jean-Marie Pontaut, Robert Laffont, 2009.

REMERCIEMENTS

—

Cet ouvrage n'aurait pu voir le jour sans l'aide précieuse de plusieurs collègues en particulier du journal *La Presse* : Daniel Renaud, Gabrielle Duchaine, Marie-Michèle Sioui, William Leclerc et Serge Laplante. Merci aussi à André Cédilot, à Wassim Nasr, analyste à France 24 et à Allan Woods du *Toronto Star*.

Merci et bravo aussi à l'avocat de *La Presse*, Me Patrick Bourbeau, et à tous ses collègues juristes, dont les démarches ont convaincu les tribunaux de rendre publics certains documents d'enquête.

Nous n'oublions pas non plus les chercheurs Amarnath Amarasingam et Romain Caillet.

Nous sommes aussi très reconnaissants envers tous nos interlocuteurs au Canada, en France et en Turquie, dont les noms sont cités au fil des pages ou qui doivent demeurer anonymes pour des raisons évidentes essentiellement liées à la nature de leur emploi actuel ou passé, ou encore à des motifs de sécurité.

Nos remerciements vont aussi à tous ceux qui ont aimablement accepté, tout en restant dans l'ombre, de consacrer de leur temps pour nous éclairer sur certains aspects évoqués dans cet ouvrage ou relire notre manuscrit pour s'assurer qu'il soit conforme à la réalité des faits. Ils se reconnaîtront dans ces lignes.

Bien sûr, nous n'oublions pas les proches de victimes d'actes terroristes ainsi que ceux de tous ces jeunes dont il est question dans cet ouvrage, qui ont accepté avec générosité de répondre à nos questions.

Nous exprimons notre gratitude à toute l'équipe des Éditions La Presse. En premier lieu à sa présidente, Caroline Jamet, et à son directeur de l'édition, Éric Fourlanty, qui ont cru en ce projet sensible.

Mais aussi à Sandrine Donkers, à Caroline Perron et à Marie-Pierre Hamel responsables de la commercialisation et de la promotion.

Enfin, le livre que vous tenez entre vos mains est le résultat du travail minutieux de notre éditeur, Yves Bellefleur, et du graphiste Simon L'Archevêque, créateur de la couverture et du visuel intérieur.

DES MÊMES AUTEURS

—

FABRICE DE PIERREBOURG

Montréalistan. Enquête sur la mouvance islamiste, Stanké, 2007.

Ces espions venus d'ailleurs. Enquête sur les activités d'espionnage au Canada (avec Michel Juneau-Katsuya), Stanké, 2009, et 10/10, 2010.

Martyrs d'une guerre perdue d'avance. Le Canada en Afghanistan, Stanké, 2010.

Taupes – Infiltrations, mensonges et trahisons, Les Éditions La Presse, 2014.

VINCENT LAROUCHE

Moi, Ziad, soldat des gangs de rue, Les Intouchables, 2010.

Taupes – Infiltrations, mensonges et trahisons, Les Éditions La Presse, 2014.

FSC
www.fsc.org